高等职业院校学生专业技能考核标准与题库

连锁经营管理

易兰华　何卫华　易　能　等编著

湖南大学出版社

内 容 简 介

对高职市场连锁经营管理专业人才需求与专业改革进行专项调研与剖析的基础上,将连锁经营管理技能考核内容划分为信息系统操作、商品陈列、商品盘点与质量控制、促销计划执行、报表分析、排班、会议组织、顾客投诉处理、商圈调查方案设计、组织架构与人员配备、卖场布局 11 个项目,分项目明确了技能与素养要求、考核评价要点、考核内容与考核方式,并为每个考核项目设置了 15—20 套附评分标准的考核试题。

图书在版编目 (CIP) 数据

连锁经营管理/易兰华,何卫华,易能等编著 . —长沙:湖南大学出版社,2017.9
(高等职业院校学生专业技能考核标准与题库)
ISBN 978 - 7 - 5667 - 1409 - 1

Ⅰ.①连… Ⅱ.①易… ②何… ③易… Ⅲ.①连锁经营—经营管理—高等职业教育—教学参考资料 Ⅳ.①F717.6

中国版本图书馆 CIP 数据核字(2017)第 240420 号

高等职业院校学生专业技能考核标准与题库

连锁经营管理
LIANSUOJINYING GUANLI

编　　著:	易兰华　何卫华　易　能等
责任编辑:	姚　锋
印　　装:	长沙超峰印刷有限公司
开　　本:	787×1092　16 开　**印张**: 13.5　**字数**: 355 千
版　　次:	2017 年 9 月第 1 版　**印次**: 2017 年 9 月第 1 次印刷
书　　号:	ISBN 978 - 7 - 5667 - 1409 - 1
定　　价:	40.00 元

出 版 人:雷　鸣
出版发行:湖南大学出版社
社　　址:湖南·长沙·岳麓山　　　　邮　　编:410082
电　　话:0731 - 88822559(发行部),88821327(编辑室),88821327(出版部)
传　　真:0731 - 88649312(发行部),88822264(总编室)
网　　址:http://www.hnupress.com
电子邮箱:presscheny@hnu.cn

高等职业院校学生专业技能考核标准与题库

编 委 会

主任委员：应若平

委　员：（按姓氏笔画排名）

马于军　王江清　方小斌　孔军山

邓德艾　左家哺　史明清　朱日红

向罗生　刘　婕　李　斌　余伟良

杨翠明　陈　波　陈鸿俊　罗先进

姚利群　龚声武　彭　元　舒底清

翟惠根　潘岳生

本册主要研究与编著人员

窦志铭（深圳职业技术学院）　　　　　易兰华（湖南商务职业技术学院）

何卫华（湖南商务职业技术学院）　　　易　能（湖南商务职业技术学院）

刘小莲（湖南商务职业技术学院）　　　廖　伟（湖南商务职业技术学院）

范　征（湖南科技职业学院）　　　　　曾玉湘（湖南现代物流职业技术学院）

张小桃（湖南现代物流职业技术学院）　邓　攀（湖南现代物流职业技术学院）

徐助胜（湖南化工职业技术学院）　　　戴开勋（湖南铁路科技职业技术学院）

王宏伟（湖南铁路科技职业技术学院）　喻　合（长沙职业技术学院）

常　珂（湖南新一佳商业投资有限公司）雷飞冰（湖南新一佳商业投资有限公司）

谢　敏（人人乐连锁集团股份有限公司）许勇波（湖南友谊阿波罗商业股份有限公司）

李英杰（湖南平和堂实业有限公司）　　任修霞（湖南商务职业技术学院）

方红梅（湖南商务职业技术学院）

总　序

当前,我国已进入深化改革开放、转变发展方式、全面建设小康社会的攻坚时期。加快经济结构战略性调整,促进产业优化升级,任务重大而艰巨。要完成好这一重任,不可忽视的一个方面,就是要大力建设与产业发展实际需求及趋势要求相衔接、高质量、有特色的职业教育体系,特别是大力加强职业教育基础能力建设,切实抓好职业教育人才培养质量工作。

提升职业教育人才培养质量,建立健全质量保障体系,加强质量监控监管是关键。这就首先要解决"谁来监控""监控什么"的问题。传统意义上的人才培养质量监控,一般以学校内部为主,行业、企业以及政府的参与度不够,难以保证评价的真实性、科学性与客观性。而就当前情况而言,只有建立起政府、行业(企业)、职业院校多方参与的职业教育综合评价体系,才能真正发挥人才培养质量评价的杠杆和促进作用。为此,自2010年以来,湖南职教界以全省优势产业、支柱产业、基础产业、特色产业特别是战略性新兴产业人才需求为导向,在省级教育行政部门统筹下,由具备条件的高等职业院校牵头,组织行业和知名企业参与,每年随机选取抽查专业,随机抽查一定比例的学生。抽查结束后,将结果向全社会公布,并与学校专业建设水平评估结合。对抽查合格率低的专业,实行黄牌警告,直至停止招生。这就使得"南郭先生"难以再在职业院校"吹竽",从而倒逼职业院校调整人、财、物力投向,更多地关注内涵和提升质量。

要保证专业技能抽查的客观性与有效性,前提是要制订出一套科学合理的专业技能抽查标准与题库。既为学生专业技能抽查提供依据,同时又可引领相关专业的教学改革,使之成为行业、企业与职业院校开展校企合作、对接融合的重要纽带。因此,我们在设计标准、开发题库时,除要考虑标准的普适性,使之能抽查到本专业完成基本教学任务所应掌握的通用的、基本的核心技能,保证将行业、企业的基本需求融入标准之外,更要使抽查标准较好地反映产业发展的新技术、新工艺、新要求,有效对接区域产业与行业发展。

湖南职教界近年探索建立的学生专业技能抽查制度,是加强职业教育质量监管,促进职业院校大面积提升人才培养水平的有益尝试,为湖南实施全面、客观、科学的职业教育综合评价迈出了可喜的一步,必将引导和激励职业院校进一步明确技能型人才培养的专业定位和岗位指向,深化教育教学改革,逐步构建起以职业能力为核心的课程体系,强化专业实践教学,更加注重职业素养与职业技能的培养。我也相信,只要我们坚持把这项工作不断完善和落实,全省职业教育人才培养质量提升可期,湖南产业发展的竞争活力也必将随之更加强劲!

是为序。

郭开朗

2011年10月10日于长沙

目 次

第一部分　连锁经营管理专业技能考核标准

第二部分　连锁经营管理专业学生技能考核题库

第一部分　连锁经营管理专业技能考核标准

一、专业名称

专业名称:连锁经营管理(630604)。

二、考核目标

本专业技能考核基本覆盖连锁企业小型门店店长及大型门店部门主管等专业主要目标岗位所要求的通用技能。具体通过设置信息系统操作、商品陈列、商品盘点与质量控制、促销计划执行、报表分析、排班、会议组织、顾客管理、商圈调查方案设计、组织架构与人员配备、卖场布局 11 个技能考核项目,测试学生门店商品管理、门店营销管理、报表分析、团队管理、顾客管理、商圈调查、团队建设、卖场布局等能力以及从事连锁经营管理工作所需的理解能力、分析能力、逻辑思维能力、执行力、时间管理能力、语言表达能力等职业素养。引导各高职院校连锁经营管理专业准确定位人才培养目标,加强教学基本条件建设,深化课程教学改革,强化实践教学环节,提高专业教学水平,促进学生技能水平的提高与专业培养目标的实现。

三、考核内容

连锁经营管理专业学生技能考核内容包括门店商品管理、门店营销管理、报表分析、团队管理、顾客管理、商圈调查、团队建设与卖场布局 8 个模块,共 11 个项目。

(一)专业基本技能

模块一　门店商品管理

1. 信息系统操作

(1)技能要求

①能熟练使用 Office 进行相关操作;

②能够对给定的背景资料进行认真、细致的分析,从背景材料的分析中获取有用的信息,并在此基础上正确实施 JIT 采购决策,制定采购计划表;

③能够运用信息管理系统熟练进行会员管理;

④能够运用信息管理系统熟练进行商品进、销、存的相关操作;

⑤能够熟练使用打印设备进行打印操作。

(2)职业素养要求

①对背景资料分析透彻、能从细节描述中找出有用的信息并加以利用,体现一定的分析能力与逻辑思维能力;

②能在测试时间内完成任务,体现良好的时间管理能力。

2. 商品陈列

(1)技能要求

①能对给定的背景资料进行认真、细致的分析,从背景资料的分析中获取有益的信息,并在此基础上确定商品陈列所需的资料;

②能根据商品明细表及货架排面与尺寸绘制手工商品配置表;

③能根据商品配置表在货架上进行商品陈列;

④能根据不同的商品,选用不同的陈列方式;

⑤能根据给定资料,进行相关商品陈列。

(2)职业素养要求

①掌握消费者心理,在商品陈列中体现一定的创新能力;

②能对背景资料透彻分析,从细节描述中找出有用的信息并加以利用,体现基层管理者所具备的观察力、分析力与逻辑思维能力;

③能根据商品陈列原则熟练地进行商品陈列,体现良好的理解能力与执行力;

④能在测试时间内完成任务,体现良好的时间管理能力。

3. 商品盘点与质量控制

(1)技能要求

①熟悉盘点作业流程,能对给定的背景资料进行认真、细致的分析,从背景材料的分析中获取公司的商品盘点制度等有用信息,并在此基础上做好商品盘点准备工作;

②能遵守公司商品盘点制度,根据商品盘点要求,认真、细致、负责地进行商品盘点;

③能对盘点过程中出现的具体情况进行正确的分析和准确的处理;

④能根据不同商品对质量标志的具体要求,明确判断商品质量标志问题商品;

⑤能根据商品标注的生产日期、保质期(或到期日期)正确判断保质期质量问题商品;

⑥能根据商品的包装密封性、包装破损状况、包装材料等正确判断包装质量问题商品;

⑦能正确填写商品盘点表,书写规范,字迹工整清晰,签字齐全;

⑧能进行盘点分析,提出盘点改善建议或意见;

⑨能正确填写商品质量检查报告,要求将质量问题商品的有关信息及处理办法填入报告中,填写时做到工整清晰。

(2)职业素养要求

①诚实严谨地完成盘点任务,体现良好的观察能力、分析能力与动手操作能力;

②心理素质好,从容冷静,能够妥善处理盘点过程中遇到的各种具体情况;

③遵守商品盘点制度,盘点操作文明规范,做到稳拿轻放、爱护商品,盘点后商品位置保持不变;

④树立很强的责任意识,杜绝质量问题商品流向顾客,以免影响企业声誉,破坏企业形象;

⑤能在测试时间内完成任务,体现良好的时间管理能力。

模块二 门店营销管理

1. 促销计划执行

(1)技能要求

①能对给定的背景资料进行认真、细致的分析,从中获取有用的信息;

②能针对给定的资料,明确促销的时间、地点、对象及活动形式;

③能根据给定资料明确促销主题;

④能根据促销主题选择促销商品;

⑤能根据给定资料备好促销商品；

⑥能够采用正确的方式陈列促销商品；

⑦能根据总部计划调整好促销商品的价格；

⑧能根据促销计划进行人员分工，落实到岗、到人；

⑨能根据总部计划进行资金的合理预算。

（2）职业素养要求

①对给定的情景进行分析，能从细节描述中找出有用的信息并加以利用，体现较强的理解能力、分析力与逻辑思维能力；

②能根据不同的促销主题对门店进行现场促销安排，体现较高的执行力；

③能够根据总部促销计划安排人财物，体现一定的统筹管理能力；

④能在测试时间内完成任务，体现良好的时间管理能力。

（二）岗位核心技能

模块一　报表分析

1. 报表分析

（1）技能要求

①能对给定的报表进行认真、细致的分析，从基础数据中找出有用的信息并加以利用；

②能对报表各项指标进行相关分析和计算；

③能在对报表数据指标进行分析的基础上，发现问题、分析问题，并提出解决问题办法及建议；

④能撰写格式正确、内容完整、思路清晰的报表分析报告。

（2）职业素养要求

①对报表分析指标非常熟悉，分析中体现出一定的学习能力；

②对数据分析透彻，体现出一定的观察力、分析力与逻辑思维能力；

③熟悉各项指标的意义、参考标准和应用，具有一定的指标应用能力；

④具有一定的文字表达能力，能准确分析结论；

⑤能在测试时间内完成任务，体现良好的时间管理能力。

模块二　团队管理

1. 排班

（1）技能要求

①能熟悉劳动法及劳动合同法关于工时以及加班的规定；

②熟知排班的原则，建立科学的排班思路；

③能对给定的背景资料进行认真、细致的分析，从背景资料的分析中获取有用的信息，并在此基础上确定排班所需的资料；

④能针对给定的资料，根据卖场的营业时间和员工人数合理地进行排班；

⑤能熟练地运用 EXCEL 软件。

（2）职业素养要求

①对各业态连锁企业的营业时间非常了解，排班设计中体现一定的学习能力；

②对背景资料分析透彻,能从细节描述中找出有用的信息并加以利用,体现基层管理者所具备的观察力、分析力与逻辑思维能力;

③能根据劳动法的规定和卖场的营业特点进行排班,体现良好的理解能力与执行力;

④能在测试时间内完成任务,体现良好的时间管理能力。

2. 会议组织

(1)技能要求

①能根据背景资料确定会议召开的时间、地点;

②能根据背景资料确定会议的主题和内容;

③能根据主持会议的需求准备相关数据资料;

④能灵活运用主持技巧,效果明显。

(2)职业素养要求

①具有良好的语言表达能力,语言清晰流畅、富有亲和力和穿透力;

②具有良好的组织协调能力,能自如驾驭会场、秩序井然;

③具有良好的思维应变能力,思维果断、随机处理突发事件;

④具有良好的时间管理能力,能在规定的时间内完成任务。

模块三 顾客管理

1. 顾客投诉处理

(1)技能要求

①熟悉相关商品知识及使用方法,了解制造流程及品质方面的要求,能根据题目提供的顾客投诉案件情景资料对投诉案件类型及投诉性质进行比较深入的分析,明确主要问题。要求具有较强的洞察力以及良好的分析判断能力;

②能根据对主要问题进行分析得出的结论,提出明确的投诉案件处理目标;

③熟悉顾客投诉的处理流程,具备投诉处理的实战能力;

④熟悉相关的法律、法规,掌握消费者的心理,能在处理方案中针对具体的投诉问题,有效运用恰当的顾客投诉处理技巧、方法,提出有效的解决问题的对策措施或建议;

⑤能用简练、准确、流畅的文字,撰写一份内容翔实完整、逻辑清晰、资料充分、观点突出、格式规范、易于阅读与执行的投诉处理方案;

⑥具有良好的语言表达与沟通能力、较强的亲和力,能随机应变、临场发挥、有效处理顾客投诉。

(2)职业素养要求

①对给定顾客投诉情景进行分析,方案中体现一定的判断力;

②对给定的顾客投诉情景进行分析,能从细节描述中找出有用的信息并加以利用,体现连锁经营管理从业要求的观察力、分析力与逻辑思维能力;

③能针对具体的投诉问题,采取合理的措施及对策,体现连锁经营管理从业要求的执行力;

④能在测试时间内完成任务,体现良好的时间管理能力;

⑤能在规定的时间内对方案进行口头阐述,体现良好的表达能力。

(三)跨岗位综合技能

模块一　商圈调查

1. 商圈调查方案设计

(1)技能要求

①能根据背景资料明确商圈调查目的;

②能根据背景资料及商圈调查目的确定商圈范围和层次;

③能根据背景资料确定商圈调查内容;

④能根据商圈调查目的、调查内容设计调查表。

(2)职业素养要求

①对各业态连锁门店的商圈范围划定非常了解,商圈调查方案设计中体现一定的学习能力;

②能将所学的市场调研知识和技能运用到商圈调查方案设计中;

③对背景资料分析透彻,能从细节描述中找出有用的信息并加以利用,体现基层管理者所具备的观察力、分析力与逻辑思维能力;

④能在测试时间内完成任务,体现良好的时间管理能力。

模块二　团队建设

1. 组织架构与人员配备

(1)技能要求

①能对背景资料进行认真、细致的分析,确定门店岗位设置与人员配备的原则与要求;

②能确定组织架构与人员配备的方法与步骤;

③能确定具体的职务岗位;

④能明确指定岗位的工作职责;

⑤能为各职务岗位配备适量的职务人员;

⑥能用简练、准确的文字书写一份条理清晰、内容简洁、具有一定操作性的文字说明书。(字数不少于500字)

(2)职业素养要求

①熟悉给定背景企业所处的市场营销环境,方案中体现出一定的学习能力;

②对背景资料分析透彻,能从细节的描述中找出有用的信息并加以利用,体现连锁经营从业要求的观察力、分析力和逻辑思维能力;

③能在测试时间内完成任务,体现良好的时间管理能力。

模块三　卖场布局

1. 卖场布局

(1)技能要求

①能对给定的背景资料进行认真、细致的分析,从背景资料的分析中获取有益的信息,并在此基础上确定卖场布局所需的资料。

②能针对给定的资料,根据消费者行动路线及消费习惯等设计货位布局和商品面积的配置;

③能够根据不同的商品,配置相应的货架;

④能熟练运用磁石点理论进行商品配置;

⑤能熟练地运用 Office 软件。

(2)职业素养要求

①对消费者行为非常了解,布局设计中体现一定的学习力;

②对背景资料分析透彻,能从细节描述中找出有用的信息并加以利用,体现基层管理者所具备的观察力、分析力与逻辑思维能力;

③能根据卖场设计原则熟练地进行布局设计,体现良好的理解能力与执行力;

④能在测试时间内完成任务,体现良好的时间管理能力。

四、评价标准

1. 评价方式

本专业技能考核采取过程考核与结果考核相结合,技能考核与职业素养考核相结合。根据考生操作的规范性、熟练程度等因素评价过程成绩;根据设计作品、提高文档质量等因素评价结果成绩。

2. 分值分配

本专业技能考核满分为 100 分,其中专业技能占 90 分,职业素养占 10 分。

3. 技能评价要点

本专业技能考核的各项目重点考核学生对该项目所必须掌握的技能和要求。各项目技能评价要点如下表 1 所示:

表 1　连锁经营管理专业技能考核评价要点

序号	类型	模块	项目	评价要点
1	专业基本技能	门店商品管理	信息系统操作	计算每种背景商品的采购数量,制定采购计划表; 新建采购建议单; 添加商品信息; 查询订单详情商品信息; 新建商品组合、促销单、调拨单; 准确录入会员信息、调整会员积分、录入会员等级。
			商品陈列	手工绘制的商品配置表合理、规范; 按客流方向,所陈列的商品依次形成从低到高的价格带; 按从上到下的顺序和同系列商品,依次形成从低到高的价格带; 陈列方式为上小下大,上轻下重,上组下箱; 垂直陈列时,同一商品应上下排列整齐,将商品清楚呈现,使排面美观; 丰满陈列、伸手可取、纵向陈列、关联陈列、生动化陈列、先进先出; 商品陈列货签对应。
			商品盘点与质量控制	了解公司的商品盘点制度、盘点区域划分和盘点人员安排情况,明确自己的具体盘点区域、任务; 商品整理、环境整理到位; 按实物销售的最小单位进行盘点; 盘点时,按从左至右,从上到下顺序进行盘点,同时将商品数量等信息写在盘点卡上,放置在商品的前方; 将质量问题商品剔除出来,放在指定位置; 对其他非正常情况能按盘点管理的盘点商品规定作出恰当处理。

序号	类型	模块	项目	评价要点
				正确填写盘点表； 检查盘点遗漏情况； 盘点表和质量检查报告书写规范，字迹工整清晰，签字齐全； 盘点结果真实、准确、完整、清楚； 能进行盘点整理和分析，提出改善建议，并对各种质量问题提出正确的处理意见。
		门店营销管理	促销计划执行	档期安排精确到小时； 严格按照总部计划确定门店促销主题； 门店促销人员安排具体到岗名、人员； 根据市场预测做好促销商品的备货准备； 根据总部计划做好各促销商品的价格调整； 正确使用各种促销标识； 根据促销主题选择合适的促销商品，对总部规划的促销重点类别进行突出； 采用正确的方式陈列促销商品； 费用预算分配合理； 现场安全管理方案考虑全面，切实可行； 执行方案方法得当、思路清晰，对背景资料分析透彻、细致，且具有比较鲜明的特色或创新意识。
2	专业核心技能	报表分析	报表分析	对报表中数据反映的基本内容进行准确、完整的描述； 准确、全面地列出报表数据反映出来的问题； 对所提出的问题的性质、原因等进行全面、客观、正确的分析； 能根据对报表的分析归纳出相关的、准确的结论； 所提出的建议科学、合理，具有较强的可操作性； 文字编排工整清楚、格式符合要求，表达流畅、条理清楚、逻辑性较强。
		团队管理	排班	根据背景资料完整地进行排班； 根据背景资料有条理地排工作月班； 根据背景资料合法地进行排班，保证每名员工平均月工作时间基本相等； 符合科学排班的原则，充分保证部门、门店运营的需要； 保证员工的休息时间； 考虑到营业时间，各时段的来客数，假期、节令和促销期及其他特殊情况； 文字编排工整清楚、格式符合要求。
			会议组织	会议的流程与时间安排合理，内容选取恰当、针对性强； 能根据主持会议的需求准备相关数据资料。 语言清晰流畅、富有亲和力和穿透力； 说明问题注重事实、以人为本、以理服人； 任务安排与问题解决方案等信息传递中运用专业知识和技能得当、指导性强； 能灵活运用主持技巧，与会者充分互动，会议气氛良好； 会议过程中思维果断、能随机处理突发事件； 能自如驾驭会场，有效控制时间、维持秩序； 较好解决存在的问题或找到解决问题的有效方法； 通过会议起到加深理解、增进互信、明确团队和个人下一步的目标任务； 具有鼓舞性，能较好提升团队凝聚力和执行力； 具有良好的语言表达能力、组织协调能力和思维应变能力。

序号	类型	模块	项目	评价要点
		顾客管理	顾客投诉处理	正确分析具体情景中的投诉属于哪一类型投诉； 对顾客投诉原因进行正确分析； 投诉处理目标设定合理； 坚持顾客投诉处理原则； 有解决问题的方案或措施； 符合相关法律和法规的要求； 顾客投诉处理程序符合要求； 投诉处理措施合理、方法得当，处理技巧运用得当； 方案体现就客户服务的态度和结果、客户对投诉处理的满意度而对客户进行的回访； 就投诉问题提出合理的改进意见； 处理方案有一定新意，见解独到； 文字编排工整清楚、格式符合要求，表达流畅、条理清楚、逻辑性较强； 语言规范，吐字清晰，声音洪亮圆润，表达准确、流畅、自然； 语速恰当，节奏张弛符合思想感情的起伏变化，能熟练表达方案内容。
3	跨岗位综合技能	商圈调查	商圈调查方案设计	调查目的明确； 调查范围及对象具有针对性，商圈划定合理，描述基本准确； 调查内容符合调查目的，内容正确且完整； 商圈调查表、消费者调查表、竞争者调查表等调查工具问题全面，答案选项设置穷尽、互斥、合理； 调查方式选取科学，调查地点选取合理； 调查组织和分工设计科学，人员配备合理； 各阶段时间安排设计合理。
		团队建设	组织架构与人员配备	对企业的历史背景的描述清晰，对企业所处市场营销环境和战略目标、经营性质和范围的描述准确； 岗位确定符合目标任务原则与分工协作原则； 企业组织机构类型选择恰当； 按职务等级制度定岗； 按卖场面积定岗； 明确每一职务岗位的工作任务； 符合能级对应原则、优势定位原则、动态调节原则与够用高效的经济理念； 按营业面积配置人员； 按营业额配置人员； 按客流量大小配置人员； 明确任务与岗位的匹配标准； 确定指定岗位的工作职责。
		卖场布局	卖场布局	商品配置充分体现磁石点理论； 所体现的卖场内消费者动线设计合理； 体现顾客需求原则； 体现分组陈列原则或关联陈列原则； 能够根据消费者的消费习惯、行走习惯等将商品配置到适合的货位上； 商品配置货位及陈列理由说明具有创新性。

五、考核方式

本专业考核根据项目不同，分别采取机试或现场测试两种考核方式，参考学生根据给定的任务独立完成。

1. 学校参考项目确定

对每个参考学校来说,其参考项目数都为 9 个。即:专业基本技能所包括信息系统操作、商品陈列、商品盘点与质量控制、促销计划执行 4 个项目和专业核心技能所包括的报表分析、排班、会议组织、顾客投诉处理 4 个项目均为必考项目。此外,参考学校根据专业特色在跨岗位综合技能所包括的商圈调查方案设计、组织架构与人员配备、卖场布局 3 个项目中选择 1 个做为参考项目。

2. 学生参考项目确定

先以学校为单位,将每个参考学院的参考学生按 9 人一个小组分组(剩余的尾数不足 9 人时,剩余的尾数单独做为一组);再以小组为单位,由每个参考学生以不放回抽样的方式从 9 个项目中随机抽取一个作为测试项目。

3. 试题抽取方式

由每个参考学生在相应项目题库中以放回抽样的方式随机抽取 1 道试题考核,按照相关操作规范独立完成给定任务。

4. 考核内容与考核方式

各项目具体考核内容与考核方式详见下表 2:

表 2　考核内容与考核方式

考核内容			考核方式	时间(分钟)
考核模块	考核项目	具体测试内容		
专业基本技能	门店商品管理	信息系统操作		
		信息系统操作：根据要求登录信息管理系统进行相关的会员管理与进销存操作	机试	60
		商品陈列：根据给定商品进行商品陈列操作(手工绘制商品配置表)	现场测试	90
		商品盘点与质量控制：根据给定商品明细表进行商品盘点与标志、保质期、包装等方面的质量检查等相关操作(只手工初盘)	现场测试	90
	门店营销管理	促销计划执行：根据总部促销活动方案形成分店促销执行计划	机试	120
专业核心技能	报表分析	报表分析：根据经营指标特点,按要求对商品销售、利润、损益、库存、进销存等报表进行分析	机试	90
	团队管理	排班：根据给定情景、排班原则与要求进行排班,并上交排班表	机试	60
		会议组织：根据背景资料整理一份会议资料(40 分钟),并根据自己整理的资料主持团队会议(20 分钟)	现场测试	60
	顾客管理	顾客投诉处理：根据给定模拟情境,先制订投诉处理方案(50 分钟),再对方案进行口头阐述(10 分钟)	现场测试	60
跨岗位综合技能	商圈调查	商圈调查方案设计：按照给定的背景资料,对商圈调查活动进行策划,并撰写出商圈调查方案	机试	150
	团队建设	组织架构与人员配备：根据给定工作任务,对所需员工数量、层级、职位、职责等进行规划	机试	60
	卖场布局	卖场布局：根据给定主题进行卖场布局操作	机试	60

六、附录

1. 连锁经营术语(SB/T 10465－2008)

标准简介:本标准确定了连锁经营的基础术语及其定义。本标准适用于在中华人民共和国境内与连锁经营有关的教学、科研、营运和管理机构及其相关活动。

2. 零售业基层岗位技能要求(SB/T10512.1~5－2008)

标准简介:商务部根据"零售业基层岗位——营业员、收银员、防损员、生鲜工、收货员"等行业标准项目计划,确定深圳市零售商业行业协会为起草单位。系列标准采用列表形式按照岗位工作顺序明确列出本岗位工作的项目、内容、技能、业务知识以及考核要求,并对每个岗位的培训、考核、升级等给出便于企业执行的操作标准,对可以量化的岗位技能进行了量化,如收银员键盘录入速度、生鲜工家畜分割速度等,促进企业岗位练兵。

3. 超市购物环境(GB/T 23650－2009)

标准简介:本标准规定了对超市购物的硬件环境、软件环境的基本要求。本标准适用于超市及相关业态。

4. 连锁店店长岗位技能通用要求(SB/T 10568－2010)

标准简介:本标准规定了连锁店店长应具备的岗位职责、管理素质、通用的常规工作要求。本标准适用于连锁店对店长管理素质的鉴定和职业培训。百货、超市、大型专业店及单体店店长管理素质的鉴定和职业培训可参照使用。

5. 零售业态分类(GB/T18106－2010)

标准简介:本标准规定了零售业态的分类标准及其分类原则和各种业态的结构特点。本标准适用于在中华人民共和国境内从事零售业的企业和店铺。

6. 超市收货规范(SB/T 10618－2011)

标准简介:本标准规定了超市收货流程及要求规范内容。本标准适用于开架售货、集中收款、以销售日常用品和食品为主的零售业态,包括超市、大型超市、便利店、折扣店、仓储会员店。

7. 零售业品类管理指南(SB/T 10620－2011)

标准简介:本标准规定了零售业品类管理的基本定义、总体要求和基本步骤。本标准适用于开架售货、直接向消费者销售食品、日用百货等商品的零售业,包括大型超市、超市、便利店、折扣店、仓储会员店、药妆店等。

8. 连锁经营企业总部后台信息管理规范(SB/T 10811－2012)

标准简介:本标准规定了连锁企业在建设总部信息化管理中的相关要求。本标准适用于采用连锁经营模式开展经营活动的企业。

9. 零售商问题商品管理规范(SB/T 10666－2012)

标准简介:本标准规定了对零售商问题商品的总体要求以及退换货、撤柜、召回的要求。本标准适用于开架售货、直接向消费者销售食品、日用百货等商品的零售企业。

10. 连锁超市营运关键绩效指标(KPI)体系及考核评估(SB/T 10669－2012)

标准简介:本标准规定了连锁超市企业营运关键绩效指标体系和考核评估流程,规定了营运关键绩效指标的主要内容和计算方法。本标准适用于连锁经营的超市企业,大型超市、便利店、仓储会员店等其他业态也可参照使用。

11. 零售企业服务管理规范(SB/T 10959－2013)

标准简介:本标准规定了零售企业服务的基本要求、服务礼仪以及对销售服务、收银服务和其他服务的具体要求。本标准适用于中型以上有实体店铺经营的零售企业。

12. 商品经营企业服务质量评价体系(SB/T 10962－2013)

标准简介:本标准规定了商品经营企业服务质量评价体系的术语和定义及评价要求等。本标准适用于为顾客提供商品和服务的商业组织。

13. 商业服务业企业社会责任评价准则(SB/T 10963－2013)

标准简介:本标准规定了商业服务业企业社会责任评价准则的术语和定义、履行社会责任的关键要求、社会责任的实施要求等。本标准适用于商业服务业企业。

14. 便利店分类(SB/T 11084－2014)

标准简介:本标准规定了便利店的特性、功能及分类准则。本标准适用于以销售日常生活用品、食品(包装食品、即食品和现场制作的加工食品)、饮料、烟酒、文具、特色商品、出版物以及应急性商品等为主并提供增值服务的便利店。

15. 食用菌连锁经营管理规范(DB43/T917－2014)

标准简介:本标准规定了食用菌生产经营企业所设立的连锁经营门店与专柜在商品陈列管理、进货与存货管理、商品盘点作业管理、配送管理、服务管理、销售管理、员工管理和店面环境管理等方面的要求。本标准适用于食用菌生产经营企业所设立的连锁经营门店与专柜的管理。

16. 零售商供应商公平交易管理办法(商务部 2006 年第 17 号令)

摘录:第一条 为规范零售商与供应商的交易行为,维护公平交易秩序,保障消费者的合法权益,制定本办法。

17. 关于促进连锁经营发展的若干意见(国办发【2002】49 号)

摘录:要按照连锁经营标准化、专业化的要求,建立连锁经营企业规范的作业标准和管理手册,连锁经营企业总部要强化对门店经营行为的监管和约束,杜绝不规范的商业行为。进一步推进和完善连锁经营企业时点销售系统、管理信息系统的建设,推广客户关系管理和供应链管理技术,加快连锁经营企业信息化建设步伐,推广品类管理、电子标牌、防损防盗等现代管理方法和手段。抓紧培养熟悉现代流通规则、方式、管理及技术的高素质人才,积极开展连锁经营从业人员培训。要进一步培育连锁经营行业组织,加强行业自律。

18. 连锁经营管理师国家职业标准(试行)

摘录:连锁经营管理师职业功能

职业功能	工作内容	技能要求	相关知识
一、需求分析	(一)市场调查	1. 能够组织市场调查、撰写调查报告 2. 能够预测市场变化趋势 3. 能够进行竞争对手分析	1. 一般市场调查方法 2. 市场预测知识 3. 调查报告撰写方法
	(二)需求确定	1. 能够监控市场水平变化 2. 能够根据经营计划等确定需求	1. 销售计划有关知识 2. 需求确定的程序和方法

职业功能	工作内容	技能要求	相关知识
二、总部管理	(一)公司组织结构管理	1. 能够设计总部组织结构 2. 能够制定总部职能结构	1. 企业组织结构知识 2. 商品管理知识
	(二)部门职能管理	1. 能够制定总部各部门基本职能 2. 能够制定门店的主要岗位职责 3. 能够制定各门店的服务要求	1. 企业管理知识 2. 人力资源管理知识
三、人力资源管理	(一)人力资源规划	1. 能够制定人力资源规划流程 2. 能够进行员工的招聘与录用 3. 能够进行员工绩效考核	1. 人力资源管理知识 2. 人员招聘与录用方法 3. 人员招聘程序
	(二)人事考核管理	1. 能够编制《员工考核鉴定表》 2. 能够进行员工考核评估 3. 能够进行员工工作评估 4. 能够制定员工工作评估标准	1. 员工评估知识 2. 员工评估原则 3. 员工评估程序
四、员工培训	(一)综合培训	1. 能够进行员工入职培训 2. 能够进行员工行为道德规范培训 3. 能够制定员工行为道德规范	1. 企业员工培训的原则 2. 企业员工培训的方法 3. 企业员工培训的内容
	(二)人事制度培训	1. 能够进行人事制度培训 2. 能够制定企业人事制度	
	(三)顾客服务培训	1. 能够进行顾客服务培训 2. 能够进行公共关系培训	
	(四)管理原则培训	1. 能够制定企业管理原则 2. 能够进行企业管理原则培训	
五、商品定位与采购	(一)商品定位	1. 能够进行连锁经营商品市场定位 2. 能够进行连锁经营商品客户定位 3. 能够进行连锁经营商品价格定位 4. 能够制定连锁经营商品政策	1. 商品定位的程序 2. 商品定位的原则 3. 法律、法规知识
	(二)商品采购	1. 能够选择连锁经营商品采购经营方式 2. 能够选择连锁经营商品订货方式 3. 能够进行连锁经营商品订货洽商 4. 能够制定采购合同 5. 能够进行订单统计	1. 连锁商品经营要素 2. 合同法相关知识 3. 订单管理基本知识
	(三)商品采购信息管理	1. 能够管理供货商商品档案 2. 能够进行供货商信息资料统计 3. 能够进行客户档案管理 4. 能够采集商品信息 5. 能够运用计算机等手段处理采购信息	1. 信息、信息技术与信息化 2. 信息采集手段 3. 采购信息管理的重要性
	(四)商品管理表格	1. 能够编制采购管理表格 2. 能够进行商品订单管理 3. 能够制作和跟踪采购订单	订单管理基本知识

职业功能	工作内容	技能要求	相关知识
六、商品陈列与促销	(一)商品陈列	1. 能够根据店面性质协助制定连锁店面规划 2. 能够进行商品配置表管理 3. 能够编制各种商品配置表 4. 能够选择商品陈列方式 5. 能够进行商品陈列策划	1. 各种商品配置表 2. 商品配置表的制作程序 3. 商品陈列的特点 4. 商品陈列基本原则 5. 商品陈列的要领及技巧
	(二)商品促销	1. 能够制定商品促销策略 2. 能够制定商品促销计划 3. 能够制定商品促销目标 4. 能够制定商品促销规范	1. 商品知识 2. 商品促销原则 3. 商品促销程序
七、店面管理	(一)物流系统管理	1. 能够选择物流配送方式 2. 能够制定物流配送中心的建设方案	1. 连锁物流的基本知识 2. 连锁物流的运作程序 3. 连锁物流配送的原则与方式
	(二)店面管理	1. 能够进行连锁店面开发 2. 能够制定加盟店拓展策略 3. 能够进行连锁店面财务管理 4. 能够进行连锁店面资源管理	1. 加盟店拓展的原则与方法 2. 连锁店面管理的原则与方法
八、连锁战略管理	(一)连锁经营战略管理	1. 能够进行连锁企业的目标选择与市场定位 2. 能够贯彻连锁企业经营战略	企业经营战略发展知识
	(二)连锁经营策略	1. 能够指导连锁企业的开店策略 2. 能够指导连锁企业的定价策略 3. 能够协助指导连锁企业营销策略和品牌策略	企业经营发展策略知识
	(三)连锁企业营销管理	1. 能够指导连锁企业名牌战略与连锁经营 2. 能够指导连锁企业促销策略与连锁经营 3. 能够指导连锁企业广告策略 4. 能够指导连锁企业公共关系策略	1. 公共关系知识 2. 企业管理知识 3. 企业发展战略 4. 广告策划知识
九、培训与指导	(一)培训	1. 能够培训助理连锁经营管理师 2. 能够编制专项连锁经营管理培训计划	1. 培训的基本过程 2. 助理连锁经营管理师培训特点
	(二)指导	1. 能够对助理连锁经营管理师进行业务指导	

第二部分　连锁经营管理专业技能考核题库

根据湖南省教育厅《关于推进高职院校专业技能抽查标准开发与完善工作的通知》(湘教通[2014]55号)要求,连锁经营管理高职学生专业技能抽查标准开发团队成立了调研组,采用座谈、现场走访企业、网络调查、对往届毕业生就业岗位进行跟踪调查等多种方式,就高职市场连锁经营管理专业人才需求与专业改革进行了专项调研。

通过调研,我们得出连锁企业岗位设置主要分为两类:

一是现场管理岗位群。主要职业岗位有营业员、业务员、收银员、理货员、门店店长等,其工作职责主要有:商品验收、入库及门店库区管理;商品分类、结构、组合策略;卖场布局与商品陈列;人员排班及考勤管理;设备管理;门店防损;门店信息管理;作业计划制订;客户订单处理;顾客服务质量评价。

二是现场服务岗位群。主要职业岗位有服务员、导购员、促销员、防损员等,其工作职责主要有:岗前准备、晨会;顾客接待与服务;门店销售及策划;顾客投诉处理;门店安全管理。

结合湖南六所开设连锁经营管理专业的实际情况、连锁企业的岗位需求与毕业生就业诉求,这六所高校一致将本专业主要培养目标定为培养专卖店或便利店的店长及大型卖场部门主管。

通过对专卖店或便利店的店长及大型卖场部门主管工作职责及所需技能的剖析,我们认为零售连锁企业对于高职连锁经营管理专业毕业生所期望具备的素质要求主要分为专业基本能力、岗位核心技能、跨岗位综合技能三部分。其中,职业基本能力主要包括沟通分析能力、计算机信息系统操作能力、自我调节能力、商品陈列能力、商品盘点与质量控制能力;岗位核心技能包括报表分析能力、团队管理能力与顾客管理能力;跨岗位综合技能包括团队建设能力与卖场布局能力。

根据调研结果,我们对在原《高等职业院校学生专业技能抽查标准与题库——连锁经营管理专业》的基础上,制定了《高等职业院校学生专业技能考核标准——连锁经营管理专业》,确立了本专业的考核目标和本专业考核的内容设计导向目标。在此基础上,明确规定了连锁经营管理技能考核内容包括门店商品管理(含信息系统操作、商品陈列、商品盘点与质量控制3个项目)、门店营销管理(含促销计划执行1个项目)、报表分析(含报表分析1个项目)、团队管理(含排班、会议组织2个项目)、顾客管理(含顾客投诉处理1个项目)、商圈调查(含商圈调查方案设计1个项目)、团队建设(含组织架构与人员配备1个项目)与卖场布局(含卖场布局1个项目),共8个模块11个项目。

根据《高等职业院校学生专业技能考核标准——连锁经营管理专业》对考核内容的规定与划分,遵循教育科学院对技能考核标准修订的原则与基本理论,本专业技能考核题库设置如下表所示。

高职连锁经营管理专业学生技能考核题库结构一览表

考核模块		考核项目	测试题数量及编号
（一）专业基本技能	模块一：门店商品管理	J1-1 信息系统操作	20套（T1-1 至 T1-20）
		J1-2 商品陈列	20套（T2-1 至 T2-20）
		J1-3 商品盘点与质量控制	20套（T3-1 至 T3-20）
	模块二：门店营销管理	J2-1 促销计划执行	20套（T4-1 至 T4-20）
（二）岗位核心技能	模块一：报表分析	H1-1 报表分析	20套（T5-1 至 T5-20）
	模块二：团队管理	H2-1 排班	20套（T6-1 至 T6-20）
		H2-2 会议组织	20套（T7-1 至 T7-15）
	模块三：顾客管理	H3-1 顾客投诉处理	20套（T8-1 至 T8-20）
（三）跨岗位综合技能	模块一：商圈调查	Z1-1 商圈调查方案设计	20套（T9-1 至 T9-20）
	模块二：团队建设	Z2-1 组织架构与人员配备	20套（T10-1 至 T10-20）
	模块三：卖场布局	Z3-1 卖场布局	20套（T11-1 至 T11-20）

（一）专业基本技能

模块一 门店商品管理

J1-1 信息系统操作

（1）任务描述

假定你是某连锁零售企业的一名员工，请根据给定材料登陆信息管理系统，完成添加采购商品信息、新建采购建议单（或采购单）、新建会员信息、调整会员积分、新建商品组合与促销单、新建调拨单等进销存业务的相关操作流程，并打印相关结果。具体任务详见每套测试题。

（2）实施条件

本项目实施条件如下表所示。

信息系统操作实施条件一览表

项目	基本实施条件	备注
场地	机试测试室面积不少于30平方米	必备
设备	硬件：桌、椅6张，连接互联网的电脑6台，打印机2台 软件：信息管理系统	必备
人员	监考人员2名	必备

（3）考核时量

60分钟

（4）评分标准

本项目考核标准如下表所示。

信息系统操作评分标准

评价内容		配分	考核点	备注
职业素养	商务礼仪	5	着装规范，测试完毕后退出系统。	严重违反考场纪律、造成恶劣影响的本项目记0分。
	背景资料处理	5	能准确领会背景资料提供的信息，体现良好的分析能力与逻辑思维能力。	
进销存操作	JIT采购	80	计算每种背景商品的采购数量，制定采购计划表（20分），新建采购建议单（20分），添加商品信息（20分），查询订单详情商品信息（20分）。	考核时，每套测试题只考核JIT采购、促销与调拨、会员管理三者中的一项。
	促销与调拨	80	新建商品组合（30分），新建促销单（25分），新建调拨单（25分）。	
	会员管理	80	准确录入会员信息（30分），正确调整会员积分（25分），正确录入会员等级（25分）。	
计算机应用	Office使用	5	熟练使用Office进行相关操作。	
	打印机的基本操作	5	根据打印要求选择正确的纸张型号，把打印纸装入打印机的送纸架进行打印。	
小计		100		

（5）试题内容

本项目下设20套操作试题，抽查时，学生只需按照相关操作规范独立完成其中一套试题所给定任务。

T1-1　测试题一

（1）背景材料

卜蜂莲花星沙店今年5月12号门店部分饮料库存资料卡数据如下表1.1所示：

表1.1　商品库存数据表

商品编号	商品全名	规格	实际库存数量（箱）	最低库存量（箱）	门店最大库存量（箱）	估计平均日销售量（箱）	采购提前期
2671223	统一鲜橙多	2L＊6瓶	40	40	200	10	3天
2671338	统一蜜桃多	450ml＊15瓶	50	30	140	7	3天
2671550	康师傅冰红茶	500ml＊15瓶	67	30	140	7	3天
2671552	统一葡萄多	450ml＊15瓶	35	30	140	7	3天
2671612	营养快线香草冰淇淋味	350ml＊15瓶	50	25	100	5	3天
2671626	营养快线牛奶菠萝味	350ml＊15瓶	40	25	100	5	3天
2671735	统一绿茶	500ml＊15瓶	30	20	80	4	3天
2671744	统一冰红茶	500ml＊15瓶	25	20	80	4	3天
2671832	统一海之言柠檬味	500ml＊15瓶	45	30	160	8	3天
2671833	统一海之言西柚味	500ml＊15瓶	40	30	160	8	3天

(2)测试任务

① 假如你是卜蜂莲花星沙店负责上述统一系列商品的采购员,试根据给定材料确定本次需要采购的商品品种和数量,再根据本题要求制作一份采购计划表,并上交采购计划表。

② 登陆信息管理系统,根据采购计划表在系统中新建采购单或采购建议单,添加采购商品信息,并打印订单详情商品信息。

(3)要求

① 采购计划表制定正确。

② 根据商品库存数据表制定采购建议单,打印。

T1-2　测试题二

(1)背景材料

华润万家是中央直属的国有控股企业集团、世界 500 强企业——华润(集团)有限公司旗下优秀零售连锁企业集团,同时也是中国最具规模的零售连锁企业集团之一。华润万家于 2011 年进驻湖南市场,今年 5 月 12 号世纪金源店和湘府店关于方便面的部分数据如下表 1.2 所示:

表 1.2　商品库存数据表

商品编号	商品全名	规格	两门店实际库存数量(箱)	最低库存量(箱)	最大库存量(箱)	估计金源店日均销售量(箱)	估计湘府店日均销售量(箱)	采购提前期
2564113	康师傅红烧牛肉面	100 克 * 24 包	50	35	220	6	5	3 天
2564114	康师傅麻辣排骨面	100 克 * 24 包	30	30	180	3	6	3 天
2564115	康师傅百味千椒剁椒排骨面	100 克 * 24 包	15	20	100	3	2	3 天
2564116	康师傅香辣牛肉面	100 克 * 24 包	20	10	60	2	1	3 天
2564117	康师傅酸菜牛肉面	100 克 * 24 包	30	15	80	2	2	3 天
2564120	统一 100 老坛泡椒牛肉面	118 克 * 24 包	80	30	100	3	4	3 天
2564121	统一 100 老坛酸菜牛肉味面	110 克 * 24 包	65	40	130	5	5	3 天
2564122	统一 100 农家小炒肉面	103 克 * 24 包	36	10	50	2	1	3 天
2564123	统一 100 红油爆椒牛肉面	111 克 * 24 包	17	10	50	1	1	3 天
2564124	统一 100 红烧牛肉面	103 克 * 24 包	30	20	70	3	2	3 天

（2）测试任务

①假如你是湖南华润万家超市有限公司负责上述商品的采购员，试根据给定材料确定本次需要采购的商品品种和数量，再根据本题要求制作一份采购计划表上交。

② 登陆信息管理系统，根据采购计划表在系统中新建采购单或采购建议单，添加采购商品信息，并打印订单详情商品信息。

（3）要求

① 采购计划表制定正确。

② 根据商品库存数据表制定采购建议单，打印。

T1-3　测试题三

（1）背景材料

千惠超市今年 5 月 12 日部分商品库存资料卡数据如下表 1.3 所示：

表 1.3　商品库存数据表

商品编号	商品全名	规格	实际库存数量（箱）	最低库存量（箱）	最大库存量（箱）	估计日均销售量（箱）	采购提前期
2122162	娃哈哈活性含氧饮用水	600ml＊24 瓶	200	200	800	40	4 天
2122131	怡宝纯净水	350ml＊24 瓶	200	100	400	20	4 天
2122132	怡宝纯净水	550ml＊24 瓶	400	130	600	30	4 天
2122111	娃哈哈饮用纯净水	596ml＊24 瓶	150	300	1400	70	4 天
2122112	娃哈哈饮用纯净水	350ml＊24 瓶	150	90	400	20	4 天
2122121	康师傅矿物质水	550ml＊24 瓶	200	50	240	12	4 天
2122151	农夫山泉饮用天然水	380ml＊24 瓶	120	70	300	15	4 天
2122152	农夫山泉饮用天然水	550ml＊24 瓶	890	200	1000	50	3 天
2122141	百岁山矿泉水	348ml＊24 瓶	150	80	400	20	4 天
2122142	百岁山矿泉水	570ml＊24 瓶	190	100	500	25	4 天

（2）测试任务

①假如你是千惠超市总部负责上述商品的采购员，试根据给定材料确定本次需要采购的商品品种和数量，再根据本题要求制作一份采购计划表上交。

② 登陆信息管理系统，根据采购计划表在系统中新建采购单或采购建议单，添加采购商品信息，并打印订单详情商品信息。

（3）要求

① 采购计划表制定正确。

② 根据商品库存数据表制定采购建议单，打印。

T1-4 测试题四

(1)背景材料

今年5月12号万佳惠连锁超市旗下连锁门店的部分食用油商品库存资料卡数据如下表1.4所示：

表 1.4 商品库存数据表

商品编号	商品全名	规格	实际库存数量(件)	最低库存量(件)	门店最大库存量(件)	估计平均日销售量(件)	采购提前期
3090081	金龙鱼1:1:1二代食用调和油	5L＊4桶	60	40	120	4	8天
3090051	金龙鱼葵花原香调和油	5L＊4桶	60	60	210	7	8天
3090065	金龙鱼深海鱼油调和油	5L＊4桶	30	20	60	2	8天
3090055	金龙鱼茶籽原香调和油	5L＊4桶	20	30	120	3	8天
3090059	金龙鱼茶籽清香调和油	5L＊4桶	60	30	90	3	8天
3090021	金龙鱼花生浓香调和油	5L＊4桶	70	40	120	4	8天
3090032	金龙鱼菜籽油	5L＊4桶	65	40	120	4	8天
3090062	金龙鱼大豆油	5L＊4桶	12	10	30	1	8天
3090041	金龙鱼外婆乡小榨菜籽油	5L＊4桶	30	20	60	2	8天
3090042	金龙鱼橄榄调和油	5L＊4桶	25	20	60	2	8天

(2)测试任务

①假如你是万佳惠连锁超市负责上述商品的采购员,试根据给定材料确定本次需要采购的商品品种和数量,再根据本题要求制作一份采购计划表上交。

② 登陆信息管理系统,根据采购计划表在系统中新建采购单或采购建议单,添加采购商品信息,并打印订单详情商品信息。

(3)要求

① 采购计划表制定正确。
② 根据商品库存数据表制定采购建议单,打印。

T1-5 测试题五

(1)背景材料

始创于1995年的步步高集团,致力于成长为中国第一的多业态零售商,目前拥有超市、百货、电器、餐饮、娱乐、大型商业地产等业态,并拥有中南零售业最大的现代化物流中心,连锁门店已遍及湖南、江西各地州市。步步高连锁超市5月12号部分国产水果的库存资料卡数据如下表1.5所示：

表 1.5　商品库存数据表

商品编号	商品全名	实际库存数量(箱)	最低库存量(箱)	最大库存量(箱)	估计平均日销售量(箱)	采购提前期
1111008	香蕉	1	5	12	4	1 天
1111009	苹果	20	8	21	7	1 天
1111110	麒麟瓜	4	4	9	3	1 天
1111111	雪梨	4	2	6	2	1 天
1111112	葡萄	6	3	9	3	1 天
1111113	青提	9	6	15	5	1 天
1111114	砂糖桔	8	3	9	3	1 天
1111115	水蜜桃	6	2	6	2	1 天
1111116	菠萝	3	2	6	2	1 天
1111117	圣女果	2	1	3	1	1 天

(2)测试任务

①假如你是步步高商业连锁股份有限公司负责上述商品的采购员,试根据给定材料确定本次需要采购的商品品种和数量,再根据本题要求制作一份采购计划表上交。

②登陆信息管理系统,根据采购计划表在系统中新建采购单或采购建议单,添加采购商品信息,并打印订单详情商品信息。

(3)要求

①采购计划表制定正确。

②根据商品库存数据表制定采购建议单,打印。

T1-6　测试题六

(1)背景材料

湖南妈仔谷母婴用品有限公司是一家为孕产妇、宝宝及妈咪提供衣、食、住、行、用、教、乐等全方位一站式服务,致力于打造成全国最具规模、最专业的母婴护理中心,以价格、服务得到良好的口碑。2016 年 10 月 27 号妈仔谷西站店部分新增会员信息数据如下表 1.6 所示:

表 1.6　会员信息数据表

会员代码	姓名	宝宝性别	宝宝生日	手机号码	电子邮箱	家庭住址	消费金额(元)
1027001	杨亿	女	2013.05.02	13637525421	965876321@qq.com	长沙市岳麓区麓山枫情	56.5
1027002	颜宇	男	2015.12.24	13755236017	226987410@qq.com	长沙市岳麓区航天大院	256.2
1027003	周宛冬	女	2012.09.30	18507421521	336987201@qq.com	长沙市望城区玫瑰园	1325
1027004	杨雯	女	2016.01.20	15200487726	102698325@qq.com	长沙市岳麓区加州阳光	621

会员代码	姓名	宝宝性别	宝宝生日	手机号码	电子邮箱	家庭住址	消费金额(元)
1027005	陈杰	女	2016.02.05	15173396840	458963287@qq.com	长沙市岳麓区尖山村	1120
1027006	陈彦彦	男	2013.11.23	15873943327	745213099@qq.com	长沙市岳麓区莱茵城	2046
1027007	王彤瑶	女	2014.08.08	13787526581	214893301@qq.com	长沙市岳麓区涧塘小区	86
1027008	张颖	女	2014.09.26	13762304569	963685520@qq.com	长沙市岳麓区长房西郡	752
1027009	蔡嘉冬	女	2012.12.03	13755973014	741524896@qq.com	长沙市岳麓区红桥村	1002
1027010	夏秋梅	女	2015.07.18	15074960827	885694203@qq.com	长沙市岳麓区长房西郡	1850

(2)测试任务

①假如你是妈仔谷西站店的员工,试根据给定材料登陆信息管理系统,新建会员信息,将新建会员信息打印。

② 10 月 27 日是西站店店庆日,当天前 5 名新会员(1027001——1027005)赠送积分 1888。假如你是当天值班员工,请根据给定材料登陆信息管理系统,调整前 5 名新增会员积分,将会员积分调整结果打印。

③进店购买即可办理会员卡,普通会员卡享受 9 折优惠;月累计消费 1000 元以上可以升级为会员银卡,享受 8.8 折优惠;月累计消费 2000 元以上可以升级为会员金卡,享受 8.5 折优惠。请根据表 1.6 新建会员等级信息。

(3)要求

① 会员信息输入准确,打印新建会员信息。
② 新建会员积分调整单,调整会员积分,打印会员积分调整结果。
③ 新建会员等级信息,打印。

T1-7   测试题七

(1)背景资料

湖北良品铺子食品有限公司创立于 2006 年,以研发、定制、推广全球各地好吃的零食为企业目标,后经 9 年发展,门店已经覆盖湖北、湖南、江西、四川、河南 5 个省份,公司总部在湖北武汉,拥有门店数达 1400 多家。长沙河西一店 2016 年 5 月 16 日新增会员数据如下表 1.7 所示:

表 1.7 会员信息数据表

会员代码	会员姓名	性别	出生日期	手机号码	电子邮箱	家庭地址	消费金额(元)
0516001	孙来笙	女	1998.04.05	15116437820	1102356842@qq.com	长沙市开福区福城路	103
0516002	池亭其	女	1992.06.12	15116839827	1202355846@qq.com	长沙市岳麓区桐梓坡路	152
0516003	莫立恩	男	1997.02.20	15116437023	1122356849@qq.com	长沙市开福区	306
0516004	梁真	女	1989.05.15	15116537821	1142346846@qq.com	长沙市岳麓区雄海花园	210

会员代码	会员姓名	性别	出生日期	手机号码	电子邮箱	家庭地址	消费金额（元）
0516005	吴川宜	女	1993.01.12	15116637826	450235484@qq.com	长沙市芙蓉区张家湾	528
0516006	蔡容富	男	1980.12.30	15116437822	702356872@qq.com	长沙市岳麓区雄海花园	421
0516007	张淮森	男	1983.07.22	15116137821	432356865@qq.com	长沙市岳麓区时代广场	305
0516008	欧彩徽	女	1976.02.11	15116237828	710235684@qq.com	长沙市岳麓区莱茵城	106
0516009	雷琳	女	1988.09.08	15116457824	902356832@qq.com	长沙市岳麓区桐梓坡路	117
0516010	何颖升	女	1985.10.10	15116437627	802356822@qq.com	长沙市岳麓区玉兰路	102

（2）测试任务

①假如你是良品铺子长沙河西一店的员工，试根据给定材料登陆信息管理系统，新建会员信息，将新建会员信息打印。

②5月16日是良品铺子长沙河西一店店庆日，当天前5名新会员（0516001——0516005）赠送积分888。假如你是当天值班员工，试根据给定材料登陆信息管理系统，调整前5名新增会员积分，将会员积分调整结果打印。

③一次性购物满100元可办理普通会员卡，享受9.8折优惠；满300元为会员银卡，享受9.5折优惠；满500元为会员金卡，享受9.0折优惠。请根据表1.7新建会员等级信息。

（3）要求

① 会员信息输入准确，打印新建会员信息。
② 新建会员积分调整单，调整会员积分，打印会员积分调整结果。
③ 新建会员等级信息，打印。

T1-8 测试题八

（1）背景资料

湖南省衡阳市希朵曼食品有限公司，是一家中外合资集食品生产和销售的民营企业。其集团公司下属16家连锁店，经营业务为面包、生日蛋糕、西饼、饮料的生产和销售。衡阳市新华店2016年3月27日新增会员数据如下表1.8所示：

表1.8 会员信息数据表

会员编号	会员姓名	性别	出生日期	手机号码	电子邮箱	家庭地址	消费金额（元）
0327001	何易暤	女	1996.04.04	18873437820	1135556866@qq.com	衡阳市石鼓区松海村	158
0327002	张顺廉	男	1993.05.0	18873839827	1202355821@qq.com	衡阳市蒸湘区永和路	228
0327003	林必立	女	1998.02.12	18873437023	1122356888@qq.com	衡阳市珠晖区衡茶路	298
0327004	郭炜俏	女	1979.05.30	18873537821	1142346833@qq.com	衡阳市蒸湘区中心	308
0327005	龙壬微	女	1992.04.23	18873637826	930235470@qq.com	衡阳市珠晖区衡州大道	105

会员编号	会员姓名	性别	出生日期	手机号码	电子邮箱	家庭地址	消费金额(元)
0327006	周意竹	女	1983.02.20	18873437822	562355672@qq.com	衡阳市蒸湘区解放大道	125
0327007	贺易	男	1993.11.02	18873137821	772356844@qq.com	衡阳市蒸湘区延安路	658
0327008	陈启红	女	1988.02.23	18873237828	980235623@qq.com	衡阳市蒸湘区长丰大道	102
0327009	邢琴嫣	女	1988.09.20	18873457824	702399831@qq.com	衡阳市蒸湘区船山大道	306
0327010	刘玉	女	1985.12.05	18873437627	582356811@qq.com	衡阳市蒸湘区祝融路	210

(2)测试任务

①假如你是希朵曼衡阳市新华店的员工,试根据给定材料登陆信息管理系统,新建会员信息,将新建会员信息打印。

②3月27日是希朵曼衡阳市新华店店庆日,当天前5名新会员(0327001——0327005)赠送积分188。假如你是当天值班员工,试根据给定材料登陆信息管理系统,调整前5名新增会员积分,将会员积分调整结果打印。

③一次性购物满100元可办理普通会员卡,享受9.5折优惠;满300元为会员银卡,享受8.8折优惠;满500元为会员金卡,享受8.5折优惠。请根据表1.8新建会员等级信息。

(3)要求

① 会员信息输入准确,打印新建会员信息。

② 新建会员积分调整单,调整会员积分,打印会员积分调整结果。

③ 新建会员等级信息,打印。

T1-9　测试题九

(1)背景资料

娇兰佳人是中国本土第一个全国意义上的化妆品零售连锁,成立于2005年,总部设在广州,在北京、上海、重庆、成都、武汉、西安等城市开设了900多家分店,员工总数超过8000多名,平均每天有超过30万消费者光顾娇兰佳人,荟萃了欧莱雅、欧泊莱、玉兰油、妮维雅等国内外大众知名品牌。广州市白云区三元里店2016年6月18日新增会员数据如下表1.9所示:

表1.9　会员信息数据表

会员编码	会员姓名	性别	出生日期	手机号码	电子邮箱	家庭地址	消费金额(元)
0618001	穆佑碧	女	1991.03.2	135343437820	702356643@qq.com	广州市越秀区光明广场	320
0618002	赵程缥	女	1992.05.03	13534839827	911335856@qq.com	广州市白云区中昌大厦	512
0618003	韦裁苗	女	1997.02.11	13534437023	1052355762@qq.com	广州市海珠区金禧花园	850
0618004	张存丽	女	1989.05.22	13534537821	742347346@qq.com	广州市白云区群英小区	417

会员编码	会员姓名	性别	出生日期	手机号码	电子邮箱	家庭地址	消费金额(元)
0618005	范鹊茜	女	1993.01.12	13534637826	550235474@qq.com	广州市越秀区	1005
0618006	萧婷豫	女	1980.12.03	13534437822	565656823@qq.com	广州市白云区广园中路	1228
0618007	侯谊玉	女	1983.07.06	13534137821	332356856@qq.com	广州市白云区中昌大厦	662
0618008	廖 静	女	1976.02.15	13534237828	220235648@qq.com	广州市白云区机场路	301
0618009	邢衷晓	女	1988.09.10	13534657824	802332730@qq.com	广州市白云区群英小区	368
0618010	樊依可	女	1985.10.01	13534437627	1102356845@qq.com	广州市白云区广园中路	426

(2)测试任务

①假如你是娇兰佳人广州市白云区三元里店的员工,试根据给定材料登陆信息管理系统,新建会员信息,将新建会员信息打印。

② 6 月 18 日是娇兰佳人广州市白云区三元里店店庆日,当天前 5 名新会员(0618001——0618005)赠送积分 618。假如你是当天值班员工,试根据给定材料登陆信息管理系统,调整前 5 名新增会员积分,将会员积分调整结果打印。

③一次性购物 300～499 元为普通会员卡,享受 9 折优惠;500～999 元为会员银卡,享受 8.8 折优惠;1000 元以上为会员金卡,享受 8.5 折优惠。请根据表 1.9 新建会员等级信息。

(3)要求

① 会员信息输入准确,打印新建会员信息。
② 新建会员积分调整单,调整会员积分,打印会员积分调整结果。
③ 新建会员等级信息,打印。

T1-10　测试题十

(1)背景资料

广东啄木鸟皮具有限公司作为啄木鸟(集团)有限公司下属 15 家子公司之一,是一家集皮具研发、生产、销售、售后服务及全面管理卓有成效的现代企业。啄木鸟阿波罗店 2016 年 4 月 3 日新增会员数据如下表 1.10 所示:

表 1.10　会员信息数据表

会员编号	会员姓名	性别	出生日期	手机号码	电子邮箱	家庭地址	消费金额(元)
0403001	萧盈兰	女	1990.04.18	13334343882	902356832@qq.com	广州市越秀区光明广场	368
0403002	颜舒爱	女	1993.06.11	13334839877	602355846@qq.com	广州市白云区中昌大厦	415
0403003	王施峪	男	1991.02.02	15534437663	1122356849@qq.com	广州市海珠区金禧花园	308
0403004	洪令艺	女	1988.05.16	15934537445	742346846@qq.com	广州市白云区群英小区	1008
0403005	卢钦钧	男	1999.01.30	13834637336	450235484@qq.com	广州市越秀区	502

会员编号	会员姓名	性别	出生日期	手机号码	电子邮箱	家庭地址	消费金额(元)
0403006	林充蝶	女	1983.12.10	13634437221	702356872@qq.com	广州市白云区广园中路	586
0403007	席浩贞	女	1984.07.07	13534136621	432356865@qq.com	广州市白云区中昌大厦	408
0403008	樊鲜蓉	女	1976.02.05	13834233328	1010235684@qq.com	广州市白云区机场路	368
0403009	胡裕菁	女	1987.06.18	13234654424	612356842@qq.com	广州市白云区群英小区	350
0403010	易润薇	女	1985.09.11	13234431127	972356822@qq.com	广州市白云区广园中路	328

(2)测试任务

①假如你是啄木鸟阿波罗店的员工,试根据给定材料登陆信息管理系统,新建会员信息,将新建会员信息打印。

② 4月3日是啄木鸟阿波罗店店庆日,当天前5名新会员(0403001——0403005)赠送积分888。假如你是当天值班员工,试根据给定材料登陆信息管理系统,调整前5名新增会员积分,将会员积分调整结果打印。

③一次性购物300～499元为普通会员卡,享受9折优惠;500～999元为会员银卡,享受8.8折优惠;1000元以上为会员金卡,享受8.5折优惠。请根据表1.10新建会员等级信息。

(3)要求

① 会员信息输入准确,打印新建会员信息。
② 新建会员积分调整单,调整会员积分,打印会员积分调整结果。
③ 新建会员等级信息,打印。

T1-11　测试题十一

(1)背景资料

红蜻蜓集团有限公司是一家主要以研发、生产、销售"红蜻蜓"牌皮鞋及皮具、服饰等,此外还投资了温州商业银行、永嘉恒升村镇银行等金融机构的跨区域集团企业。红蜻蜓品牌创始于1995年,浙江红蜻蜓鞋业股份有限公司隶属于红蜻蜓集团。红蜻蜓初始之梦是创造一个有历史感,表达东方时尚的高端品牌。红蜻蜓白沙液街店2016年10月12日新增会员数据如下表1.11所示:

表1.11　会员信息数据表

会员编号	会员姓名	性别	出生日期	手机号码	电子邮箱	地址	消费金额(元)
1012001	樊英	女	1991.3.03	18637525451	654576321@qq..com	长沙市岳麓区麓谷保利	228
1012002	廖琦	女	1986.7.20	15155696017	696987410@qq.com	长沙市岳麓区西站	368
1012003	陈孝冬	女	1990.12.12	18207421521	396987228@qq.com	长沙市岳麓区金色山庄	325
1012004	方慧	女	1941.7.07	15100607726	526798325@qq.com	长沙市岳麓区梅溪湖	218

会员编号	会员姓名	性别	出生日期	手机号码	电子邮箱	地址	消费金额(元)
1012005	王海勤	女	1989.6.28	15373396845	648963407@qq.com	长沙市岳麓区西城公寓	588
1012006	魏维	女	1976.9.21	15773943327	745213024@qq.com	长沙市岳麓区新民路	630
1012007	胡美丽	女	1974.4.15	18687598581	934893457@qq.com	长沙市岳麓区麓谷湘麓	1118
1012008	杨梅	女	1992.7.06	18962304565	873525520@qq.com	长沙市岳麓区银盆岭	268
1012009	周冰	女	1988.8.24	15389634697	661524849@qq.com	长沙市岳麓区市政府旁	485
1012010	黄之喜	女	1987.1022	13874960828	785694247@qq.com	长沙市岳麓大道桔洲新苑	316

(2)测试任务

①假如你是红蜻蜓白沙液街店的员工,试根据给定材料登陆信息管理系统,新建会员信息,将新建会员信息打印。

② 10 月 12 日是红蜻蜓白沙液街店店庆日,当天前 5 名新会员(1012001——1012005)赠送积分 888。假如你是当天值班员工,试根据给定材料登陆信息管理系统,调整前 5 名新增会员积分,将会员积分调整结果打印。

③一次性购物 200~499 元为普通会员卡,享受 9 折优惠;500~999 元为会员银卡,享受 8.8 折优惠;1000 元以上为会员金卡,享受 8.5 折优惠。请根据表 1.11 新建会员等级信息。

(3)要求

① 会员信息输入准确,打印新建会员信息。
② 新建会员积分调整单,调整会员积分,打印会员积分调整结果。
③ 新建会员等级信息,打印。

T1-12 测试题十二

(1)背景资料

屈臣氏是和记黄埔有限公司旗下屈臣氏集团的保健及美容品牌。屈臣氏集团创建于 1828 年,业务遍布全球几十个国家,共经营超过八千多间零售商店。屈臣氏在中国二百多个城市拥有超过一千家店铺和三千多万会员,是中国目前最大的保健及美容产品零售连锁店。屈臣氏长沙世纪金源店 2016 年 8 月 6 日新增会员数据如下表 1.12 所示:

表 1.12 会员信息数据表

会员编号	会员姓名	性别	出生日期	手机号码	电子邮箱	地址	消费金额(元)
0816001	张勤露	女	1991.05.03	15137525421	655876321@qq.com	长沙市开福区水韵花都	88
0816002	丁璐璐	女	1988.07.23	15155236017	106987410@qq.com	长沙市开福区广电中心	106
0816003	黄晓璐	女	1990.12.12	15507421521	396987201@qq.com	长沙市开福区芙蓉广场	525
0816004	卢放	女	1991.07.01	15100487726	522698325@qq.com	长沙市开福区松桂园	1008

会员编号	会员姓名	性别	出生日期	手机号码	电子邮箱	地址	消费金额(元)
0816005	罗家铭	女	1989.06.28	15173396840	648963287@qq.com	长沙市开福区闲湖小区	365
0816006	周敏珍	女	1986.09.24	13373943327	745213080@qq.com	长沙市开福区伍家岭	640
0816007	崔珍珍	女	1988.02.05	18687526581	214893457@qq.com	长沙市福元西路	708
0816008	陈琛	女	1992.07.06	15162304569	873685520@qq.com	长沙市开福区德峰小区	218
0816009	何明	女	1988.08.19	15389632598	661524896@qq.com	长沙市雨花亭中远公馆	306
0816010	罗佳敏	女	1987.12.22	18374960827	885694247@qq.com	长沙市开福区金帆小区	158

(2)测试任务

①假如你是长沙屈臣氏世纪金源店的员工,试根据给定材料登陆信息管理系统,新建会员信息,将新建会员信息打印。

② 8月6日是屈臣氏世纪金源店店庆日,当天前5名新会员(0816001——0816005)赠送积分668。假如你是当天值班员工,试根据给定材料登陆信息管理系统,调整前5名新增会员积分,将会员积分调整结果打印。

③进店购买即可办理会员卡,普通会员卡享受9.5折优惠;月累计消费500元以上可以升级为会员银卡,享受9.0折优惠;月累计消费1000元以上可以升级为会员金卡,享受8.8折优惠。请根据表1.12新建会员等级信息。

(3)要求

①会员信息输入准确,打印新建会员信息。
②新建会员积分调整单,调整会员积分,打印会员积分调整结果。
③ 新建会员等级信息,打印。

T1-13 测试题十三

(1)背景资料

WESTLINK(西遇)2002年创立于深圳,是融会欧美流行风尚与国内前卫创意元素与需求的时尚鞋品服饰专卖店。长沙西遇芙蓉区解放中路店2016年5月1日新增会员数据如下表1.13所示:

表1.13 会员信息数据表

会员编号	会员姓名	性别	出生日期	手机号码	电子邮箱	家庭地址
0501001	凌月青	女	1990.03.08	15234343782	1102356842@qq.com	长沙市芙蓉区银园公寓
0501002	袁棋琴	女	1993.05.23	15234839827	1202355846@qq.com	长沙市芙蓉区铭园小区
0501003	王生安	男	1991.02.04	15234437023	1122356849@qq.com	长沙市开福区伐苑小区
0501004	欧充舒	女	1989.04.12	15234537821	1142346846@qq.com	长沙市芙蓉区八一路
0501005	李鑫灏	男	1993.02.14	1304637826	450235484@qq.com	长沙市开福区金霞小区

会员编号	会员姓名	性别	出生日期	手机号码	电子邮箱	家庭地址
0501006	陈缅芙	女	1980.01.16	18734437822	702356872@qq.com	长沙市芙蓉区五一大道
0501007	陈国柏	男	1983.06.21	15034137821	432356865@qq.com	长沙市芙蓉区人民东路
0501008	周蕾秀	女	1986.02.18	15134237828	710235684@qq.com	长沙市芙蓉区月桂社区
0501009	华稻兰	女	1988.12.01	15934657824	902356832@qq.com	长沙市芙蓉区王家园
0501010	潘恩依	女	1985.07.09	1384437627	802356822@qq.com	长沙市芙蓉区铭园小区

(2)测试任务

①假如你是长沙西遇芙蓉区解放中路店的员工,试根据给定材料登陆信息管理系统,新建会员信息,将新建会员信息打印。

②5 月 1 日是西遇芙蓉区解放中路店店庆日,当天前 5 名新会员(0501001——0501005)赠送积分 688。假如你是当天值班员工,试根据给定材料登陆信息管理系统,调整前 5 名新增会员积分,将会员积分调整结果打印。

③一次性购物 300～499 元为普通会员卡,享受 9 折优惠;500～999 元为会员银卡,享受 8.8 折优惠;1000 元以上为会员金卡,享受 8.5 折优惠。请根据表 1.13 新建会员等级信息。

(3)要求

①会员信息输入准确,打印新建会员信息。
②新建会员积分调整单,调整会员积分,打印会员积分调整结果。
③ 新建会员等级信息,打印。

T1-14 测试题十四

(1)背景材料:

三八节快到了,都市丽人门店准备针对某些商品进行促销,促销的策略就是针对某些商品进行组合销售,从而吸引更多的顾客。促销的商品档案如下表 1.14 所示:

表 1.14 促销的商品档案表

序号	商品编码	商品名称	单位	零售价(元)	备注
1	101	都市俪人 16 新款女士春夏睡衣	件	69	
2	102	都市俪人睡衣女文艺小清新	件	99	
3	201	都市俪人背心抹胸性感舒适棉质	件	29	
4	202	都市俪人 BC 杯宫廷风蕾丝聚拢	件	49	
5	401	都市丽人 16 新款高腰无痕女士	条	29	
6	301	都市俪人 16 新款中腰无痕平角	条	29	

促销时间:2016.3.5——2016.3.8;

促销范围:商品组合 1 用于 A 门店;商品组合 2 用于 B 门店;商品组合 3 用于 C 门店。

商品组合 1:101 与 201 组合,组合商品零售价 89 元;

商品组合 2:102 与 401 组合,组合商品零售价 108 元;

商品组合 3:202 与 301 组合,组合商品零售价 68 元;

促销期间,不对顾客进行限购。基于各门店现有库存,门店间部分商品需要做异价调拨,门店调拨商品档案如下表 1.15 所示:

表 1.15 门店调拨商品档案表

	商品编码	商品名称	单位	调出仓库	调入仓库	调入单价(元)	数量
1	101	都市俪人 16 新款女士春夏睡衣	件	C 店仓	A 店仓	60	200
2	201	都市俪人背心抹胸性感舒适棉质	件	B 店仓	A 店仓	19	300
3	102	都市俪人睡衣女文艺小清新年轻	件	A 店仓	B 店仓	88	100
4	401	都市丽人 16 新款高腰无痕	条	C 店仓	B 店仓	19	200
5	202	都市俪人 BC 杯宫廷风蕾丝聚拢	件	A 店仓	C 店仓	38	100
6	301	都市俪人 16 新款中腰无痕平角	条	B 店仓	C 店仓	19	300

(2)测试任务:

① 试根据给定材料表 1.14 登陆信息管理系统,新建商品组合 1、2、3 并打印;登陆信息管理系统,新建相应的促销单并打印。

② 试根据给定材料表 1.15 登陆信息管理系统,新建相应的调拨单并打印。

(3)要求:

① 正确使用信息管理系统。

② 打印促销商品组合信息、促销单和调拨单。

T1-15 测试题十五

(1)背景材料:

儿童节快到了,长沙各大门店准备针对某些商品进行促销,策略就是针对某些商品进行组合销售,从而吸引更多的顾客。促销的商品档案如下表 1.16 所示:

表 1.16 促销的商品档案表

序号	商品编码	商品名称	单位	零售价(元)	备注
1	101	喜之郎美好时光海苔原味 7.5g	包	5.5	
2	102	达利园派草莓派 250g	袋	9.0	
3	201	旺仔 qq 糖 23g(葡萄味)	包	1.0	
4	202	真彩水彩笔套装(24 色)	盒	11.0	
5	401	彩虹糖(原味)30g 迷你桶装	桶	4.0	
6	301	得力儿童不粘手彩泥(12 色)	盒	5.0	

促销时间:2016.5.29——2016.6.1;

促销范围:商品组合1用于A门店;商品组合2用于B门店;商品组合3用于C门店。

商品组合1:101与201组合,组合商品零售价5.9元;

商品组合2:102与401组合,组合商品零售价11.9元;

商品组合3:202与301组合,组合商品零售价14.9元;

促销期间,不对顾客进行限购。基于各门店现有库存,门店间部分商品需要做异价调拨,门店调拨商品档案如下表1.17所示:

表1.17　门店调拨商品档案表

	商品编码	商品名称	单位	调出仓库	调入仓库	调入单价(元)	数量
1	101	喜之郎美好时光海苔原味7.5g	包	C店仓	A店仓	5.0	800
2	201	旺仔qq糖23g(葡萄味)	包	B店仓	A店仓	0.5	800
3	102	达利园派草莓派250g	袋	A店仓	B店仓	9.5	400
4	401	彩虹糖(原味)30g迷你桶装	桶	C店仓	B店仓	3.5	500
5	202	真彩水彩笔套装(24色)	盒	A店仓	C店仓	9.2	1000
6	301	得力不粘手彩泥(12色)	盒	B店仓	C店仓	4.2	1200

(2)测试任务:

①试根据给定材料表1.16登陆信息管理系统,新建商品组合1、2、3并打印;登陆信息管理系统,新建相应的促销单并打印。

② 试根据给定材料表1.17登陆信息管理系统,新建相应的调拨单并打印。

(3)要求:

① 正确使用信息管理系统。

② 打印促销商品组合信息、促销单和调拨单。

T1-16　测试题十六

(1)背景材料

五一节期间,长沙各大门店准备针对某些商品进行促销,策略就是针对某些商品进行组合销售,从而吸引更多的顾客。促销的商品档案如下表1.18所示:

表1.18　促销商品档案表

序号	商品编码	商品名称	单位	零售价(元)	备注
1	101	娃哈哈350ml矿泉水	瓶	1.5	
2	102	农夫山泉350ml矿泉水	瓶	1.8	
3	201	康师傅红烧牛肉面	盒	3.5	
4	202	万象酸菜方便面	盒	3.3	
5	401	心相印纸手帕	抽	4.8	
6	301	唐人神200g鸡肉肠	根	2.2	

促销时间:2016.4.29——2016.5.2;

促销范围:商品组合1用于A门店;商品组合2用于B门店;商品组合3用于C门店。

商品组合1:101与201组合,组合商品零售价4.9元;

商品组合2:102与401组合,组合商品零售价6.5元;

商品组合3:202与301组合,组合商品零售价5.4元;

促销期间,不对顾客进行限购。基于各门店现有库存,门店间部分商品需要做异价调拨,门店调拨商品档案如下表1.19所示:

表1.19 门店调拨商品档案表

	商品编码	商品名称	单位	调出仓库	调入仓库	调入单价(元)	数量
1	101	娃哈哈350ml矿泉水	瓶	C店仓	A店仓	1.3	1000
2	201	康师傅红烧牛肉面	包	B店仓	A店仓	2.6	800
3	102	农夫山泉350ml矿泉水	瓶	A店仓	B店仓	1.8	600
4	401	心相印纸手帕	抽	C店仓	B店仓	4.2	1000
5	202	万象酸菜方便面	盒	A店仓	C店仓	3.6	500
6	301	唐人神200g鸡肉肠	根	B店仓	C店仓	1.8	800

(2)测试任务

①试根据给定材料表1.18登陆信息管理系统,新建商品组合1、2、3并打印;登陆信息管理系统,新建相应的促销单并打印。

②试根据给定材料表1.19登陆信息管理系统,新建相应的调拨单并打印。

(3)要求

①正确使用信息管理系统。

②打印促销商品组合信息信息、促销单和调拨单。

T1-17 测试题十七

(1)背景材料

中秋节快到了,长沙各大门店准备针对某些商品进行促销,促销的策略就是针对某些商品进行组合销售,从而吸引更多的顾客。促销的商品档案如下表1.20所示:

表1.20 促销的商品档案表

序号	商品编码	商品名称	单位	零售价(元)	备注
1	101	统一350ml矿泉水	瓶	1.5	
2	102	可口可乐清柠厅装	厅	1.8	
3	201	真巧350g巧克力饼	盒	3.5	
4	202	统一香辣鸡丁方便面	盒	3.3	
5	401	心相印纸手帕	抽	4.8	
6	301	唐人神200g鸡肉肠	根	2.2	

促销时间:2012.9.25——2012.9.27;

促销范围:商品组合 1 用于 A 门店;商品组合 2 用于 B 门店;商品组合 3 用于 C 门店。

商品组合 1:101 与 201 组合,组合商品零售价 4.9 元;

商品组合 2:102 与 401 组合,组合商品零售价 6.5 元;

商品组合 3:202 与 301 组合,组合商品零售价 5.4 元;

促销期间,不对顾客进行限购。基于各门店现有库存,门店间部分商品需要做异价调拨,门店调拨商品档案如下表 1.21 所示:

表 1.21　门店调拨商品档案表

	商品编码	商品名称	单位	调出仓库	调入仓库	调入单价(元)	数量
1	101	统一 350ml 矿泉水	瓶	C 店仓	A 店仓	1.3	800
2	201	真巧 350g 巧克力饼	盒	B 店仓	A 店仓	3.0	300
3	102	可口可乐清柠厅装	厅	A 店仓	B 店仓	1.5	600
4	401	心相印纸手帕	抽	C 店仓	B 店仓	4.2	400
5	202	统一香辣鸡丁方便面	盒	A 店仓	C 店仓	3.6	500
6	301	唐人神 200g 鸡肉肠	根	B 店仓	C 店仓	1.8	800

(2)测试任务

①试根据给定材料表 1.20 登陆信息管理系统,新建商品组合 1、2、3 并打印;登陆信息管理系统,新建相应的促销单并打印。

②试根据给定材料表 1.21 登陆信息管理系统,新建相应的调拨单并打印。

(3)要求

①正确使用信息管理系统。

②打印促销商品组合信息、促销单和调拨单。

T1-18　测试题十八

(1)背景材料

中秋节快到了,长沙各大门店准备针对某些商品进行促销,促销的策略就是针对某些商品进行组合销售,从而吸引更多的顾客。促销的商品档案如下表 1.22 所示:

表 1.22　促销的商品档案表

序号	商品编码	商品名称	单位	零售价(元)	备注
1	101	方便面	盒	1.5	
2	102	统一红茶	厅	1.8	
3	201	旺旺大米饼	包	3.5	
4	202	康师傅苏打饼	盒	3.3	
5	401	心相印纸手帕	抽	4.8	
6	301	雨润 200g 鸡肉肠	根	2	

促销时间:2012.9.25—2012.9.27;

促销范围：商品组合1用于A门店；商品组合2用于B门店；商品组合3用于C门店。

商品组合1：101与201组合，组合商品零售价4.9元；

商品组合2：102与401组合，组合商品零售价6.5元；

商品组合3：202与301组合，组合商品零售价5.4元；

促销期间，不对顾客进行限购。基于各门店现有库存，门店间部分商品需要做异价调拨，门店调拨商品档案如下表1.23所示：

表1.23　门店调拨商品档案表

	商品编码	商品名称	单位	调出仓库	调入仓库	调入单价(元)	数量
1	101	方便面	盒	C店仓	A店仓	1.2	800
2	201	旺旺大米饼	包	B店仓	A店仓	3.2	300
3	102	统一红茶	厅	A店仓	B店仓	1.5	600
4	401	心相印纸手帕	抽	C店仓	B店仓	4.2	400
5	202	康师傅苏打饼	盒	A店仓	C店仓	3.0	500
6	301	雨润200g鸡肉肠	根	B店仓	C店仓	1.6	800

(2)测试任务

①试根据给定材料表1.22登陆信息管理系统，新建商品组合1、2、3并打印；登陆信息管理系统，新建相应的促销单并打印。

②试根据给定材料表1.23登陆信息管理系统，新建相应的调拨单并打印。

(3)要求

①正确使用信息管理系统。

②打印促销商品组合信息、促销单和调拨单。

T1-19　测试题十九

(1)背景材料

国庆节快到了，长沙各大门店准备针对某些商品进行促销，促销的策略就是针对某些商品进行组合销售，从而吸引更多的顾客。促销的商品档案如下表1.24所示：

表1.24　促销的商品档案表

序号	商品编码	商品名称	单位	零售价(元)	备注
1	101	便签本	本	1.5	
2	102	光明纯牛奶	盒	1.8	
3	201	旺旺仙贝	包	3.5	
4	202	青岛啤酒	厅	3.3	
5	401	心相印纸手帕	抽	4.8	
6	301	雨润200g鸡肉肠	根	2.2	

促销时间:2015.9.30——2015.10.7;

促销范围:商品组合 1 用于 A 门店;商品组合 2 用于 B 门店;商品组合 3 用于 C 门店。

商品组合 1:101 与 201 组合,组合商品零售价 4.9 元;

商品组合 2:102 与 401 组合,组合商品零售价 6.5 元;

商品组合 3:202 与 301 组合,组合商品零售价 5.4 元;

促销期间,不对顾客进行限购。基于各门店现有库存,门店间部分商品需要做异价调拨,门店调拨商品档案如下表 1.25 所示:

表 1.25　门店调拨商品档案表

	商品编码	商品名称	单位	调出仓库	调入仓库	调入单价(元)	数量
1	101	便签本	本	C 店仓	A 店仓	1.2	500
2	201	旺旺仙贝	包	B 店仓	A 店仓	3.2	600
3	102	统一红茶	厅	A 店仓	B 店仓	1.5	800
4	401	心相印纸手帕	抽	C 店仓	B 店仓	4.2	600
5	202	青岛啤酒	厅	A 店仓	C 店仓	3.0	800
6	301	雨润 200g 鸡肉肠	根	B 店仓	C 店仓	1.6	1000

(2)测试任务

①试根据给定材料表 1.24 登陆信息管理系统,新建商品组合 1、2、3 并打印;登陆信息管理系统,新建相应的促销单并打印。

②试根据给定材料表 1.25 登陆信息管理系统,新建相应的调拨单并打印。

(3)要求

①正确使用信息管理系统。

②打印促销商品组合信息、促销单和调拨单。

T1-20　测试题二十

(1)背景材料

中秋节快到了,长沙各大门店准备针对某些商品进行促销,促销的策略就是针对某些商品进行组合销售,从而吸引更多的顾客。促销的商品档案如下表 1.26 所示:

表 1.26　促销的商品档案表

序号	商品编码	商品名称	单位	零售价(元)	备注
1	101	绿箭口香糖	盒	1.5	
2	102	统一葡萄多	厅	1.8	
3	201	汰渍 1kg 洗衣粉	包	3.5	
4	202	统一香辣鸡丁方便面	盒	3.3	
5	401	心相印纸手帕	抽	4.8	
6	301	唐人神 200g 鸡肉肠	根	2.2	

促销时间:2016.4.29——2016.5.2;

促销范围:商品组合 1 用于 A 门店;商品组合 2 用于 B 门店;商品组合 3 用于 C 门店。

商品组合 1:101 与 201 组合,组合商品零售价 4.9 元;

商品组合 2:102 与 401 组合,组合商品零售价 6.5 元;

商品组合 3:202 与 301 组合,组合商品零售价 5.4 元;

促销期间,不对顾客进行限购。基于各门店现有库存,门店间部分商品需要做异价调拨,门店调拨商品档案如下表 1.27 所示:

表 1.27 门店调拨商品档案表

	商品编码	商品名称	单位	调出仓库	调入仓库	调入单价(元)	数量
1	101	绿箭口香糖	盒	C 店仓	A 店仓	1.2	800
2	201	汰渍 1kg 洗衣粉	包	B 店仓	A 店仓	3.2	800
3	102	统一葡萄多	厅	A 店仓	B 店仓	1.5	400
4	401	心相印纸手帕	抽	C 店仓	B 店仓	4.2	500
5	202	统一香辣鸡丁方便面	盒	A 店仓	C 店仓	3.0	1000
6	301	唐人神 200g 鸡肉肠	根	B 店仓	C 店仓	1.8	1200

(2)测试任务

①试根据给定材料表 1.26 登陆信息管理系统,新建商品组合 1、2、3 并打印;登陆信息管理系统,新建相应的促销单并打印。

②试根据给定材料表 1.27 登陆信息管理系统,新建相应的调拨单并打印。

(3)要求:

①正确使用信息管理系统。

②打印促销商品组合信息、促销单和调拨单。

J1-2 商品陈列

(1)任务描述

请根据测试题所给商品明细表中的商品及陈列货架(1.2m×1.4m),先绘制商品配置表,再根据商品配置表将商品陈列到货架上,并将价签插在正确的货架位置上。(注:技能测试时,表格中实际商品名称、规格及数量可能根据市场供给情况有个别调整,以测试时提供为准)

(2)实施条件

本项目实施条件如下表所示。

商品陈列实施条件一览表

项目	基本实施条件	备注
场地	每个测试室:面积不少于 70 平方米; 每个候考室:面积不少于 70 平方米。	必备
设备	每个测试室准备设备两套,每套设备包括:桌、椅 5 张,打印机 1 台,连接互联网的电脑 2 台,货架 1 个,商品陈列台 1 个,计时器 1 台,按测试题要求准备全套商品; 每个候考室:桌、椅 30 张。	必备
人员	每个测试室:测试专家 3 名; 每个候考室:监考人员 1 名。	必备

（3）考核时量

90 分钟

（4）评分标准

本项目评价标准如下表所示。

商品陈列评分标准

评价内容		配分	考核点	备注
职业素养	职业道德	5	诚实严谨、遵守纪律,能在规定时间内独立完成任务。	
	商务礼仪	5	从容冷静、仪容整洁,体现职业要求,姿态端正、稳健,神态自然、热情大方。	
现场操作	绘制商品配置表	20	绘制的商品配置表合理、规范。	
	商品陈列	70	1. 按客流方向,所陈列的商品依次形成从低到高的价格带（15 分）; 2. 按从上到下的顺序,同系列商品,依次形成从低到高的价格带（10 分）; 3. 陈列方式为上小下大,上轻下重,上组下箱。垂直陈列时,同一商品应上下排列整齐,将商品清楚呈现,使排面美观（15 分）; 4. 丰满陈列、伸手可取、纵向陈列、关联陈列、生动化陈列、先进先出（20 分）; 5. 商品陈列货签对应（10 分）。	
小计		100		

（5）试题内容

本项目下设 20 套操作试题,抽查时,学生只需按照相关操作规范独立完成其中一套试题所给定任务。

T2-1　测试题一

(1)测试背景

某超市进行立白洗洁精商品陈列,具体商品如下表2.1所示。

表 2.1　商品明细表

编号	商品编码	商品条码	商品名称	规格	数量	单价(元)
1	2424501	6920174783490	新一代立白洗洁精	500g/支	8	4.70
2	2325573	6920174761047	立白生姜洗洁精	500g/瓶	8	4.50
3	2647707	6920174764116	立白金桔洗洁精	500g/瓶	8	3.70
4	2424494	6920174739978	新一代立白洗洁精	900g/支	8	8.80
5	2647708	6920174764130	立白金桔洗洁精	1.25kg/瓶	6	11.60
6	2128581	6920174763447	立白生姜泵装洗洁精	1.25kg/瓶	6	12.50
7	2424508	6920174797053	新一代立白洗洁精	2kg/桶	4	17.90
8	2623205	6920174763621	立白新一代洗洁精	1.5kg/瓶	4	11.50
9	2617364	6920174762921	立白生姜洗洁精	1.5kg/瓶	4	14.80
10	2647709	6920174764147	立白金桔洗洁精	1.5kg	4	12.10

(2)测试任务

请根据测试题所给商品明细表中的商品及陈列货架(1.2m×1.4m),先绘制商品配置表,再根据商品配置表将商品陈列到货架上,并将价签插在正确的货架位置上。(注:技能考核时,表格中实际商品名称、规格及数量可能根据市场供给情况有个别调整,以考核时提供为准)

(3)要求

按基本陈列原则陈列商品,做到货签对应、商品大小顺序合适、形成正确的价格带且排面整齐。

T2-2　测试题二

(1)测试背景

某超市进行蓝月亮洗衣液系列商品陈列,具体商品如下表2.2所示。

表 2.2　陈列商品明细表

编号	商品编码	商品条码	商品名称	规格	数量	单价(元)
1	2620539	6902022134319	蓝月亮深层洁净护理洗衣液(薰衣草)	500g	8	8.90
2	2620543	6902022135231	蓝月亮深层洁净护理洗衣液(自然清香)	500g	8	8.90
3	2764481	6902022137334	蓝月亮亮白洗衣液	500g	8	10.80

编号	商品编码	商品条码	商品名称	规格	数量	单价(元)
4	2764470	6902022137396	蓝月亮亮白洗衣液立袋(自然)	1kg	8	20.80
5	2764487	6902022137372	蓝月亮亮白洗衣液立袋(薰)	1kg	8	20.80
6	2764473	6902022137235	蓝月亮亮白洗衣液(自然)	1kg	8	24.10
7	2764489	6902022137259	蓝月亮亮白洗衣液(薰)	2kg	6	43.00
8	2764475	6902022137273	蓝月亮亮白洗衣液(自然)	2kg	6	42.80
9	2645949	6902022135316	蓝月亮洁净洗衣液	3kg	4	51.80
10	2764479	6902022137310	蓝月亮亮白洗衣液(自然)	3kg	4	56.80

(2)测试任务

请根据测试题所给商品明细表中的商品及陈列货架(1.2m×1.4m),先绘制商品配置表,再根据商品配置表将商品陈列到货架上,并将价签插在正确的货架位置上。(注:技能考核时,表格中实际商品名称、规格及数量可能根据市场供给情况有个别调整,以考核时提供为准)

(3)要求

请根据基本陈列原则陈列商品,做到货签对应、商品大小顺序合适、形成正确的价格带且排面整齐。

T2-3 测试题三

(1)测试背景

某超市进行厨房清洁剂系列商品陈列,具体商品如下表2.3所示。

表2.3 陈列商品明细表

编号	商品编码	商品条码	商品名称	规格	数量	单价(元)
1	2065562	6902022130519	蓝月亮油污克星优惠装	500ml+500ml	8	26.80
2	2731414	6902022136924	蓝月亮青柠油污克星	500ml+500ml	8	27.90
3	2728350	6907469014682	帮洁厨房油烟清洁剂无香型	600g+600g	8	23.90
4	2065562	6902022130519	蓝月亮油污克星优惠装	500ml+500ml	8	26.80
5	2731414	6902022136924	蓝月亮青柠油污克星	500ml+500ml	8	27.90
6	2193321	6902022131073	蓝月亮油污克量(改良)	500ml	8	16.40
7	2731414	6902022136924	蓝月亮青柠油污克星	500ml	8	27.90
8	2728340	6907469014644	帮洁厨房油烟清洁剂泡沫型	600g+600g	8	19.50
9	2337442	6907469010097	帮洁油烟清洗剂	500ml	8	13.90
10	2988163	6907469013029	邦洁重油污1+1超值装	600g+600g	8	24.90
11	2729328	6907469014705	帮洁油烟柑橘	600g	8	16.90
12	2728359	6907469014729	帮洁厨房油烟清洁剂香橙型	600g+600g	8	21.90

(2)测试任务

请根据测试题所给商品明细表中的商品及陈列货架(1.2m×1.4m),先绘制商品配置表,再根据商品配置表将商品陈列到货架上,并将价签插在正确的货架位置上。(注:技能考核时,表格中实际商品名称、规格及数量可能根据市场供给情况有个别调整,以考核时提供为准)

(3)要求

请根据陈列原则陈列商品,做到货签对应、商品大小顺序合适、形成正确的价格带且排面整齐。

T2-4 测试题四

(1)测试背景

某超市进行强生婴儿用品系列商品陈列,具体商品如下表2.4所示。

表2.4 陈列商品明细表

编号	商品编码	商品条码	商品名称	规格	数量	单价(元)
1	2103978	6907376203049	强生婴儿润肤油	100ml	12	20.50
2	2103775	6907376201045	强生婴儿沐浴露	100ml	12	7.50
3	2176956	6907376500339	强生婴儿牛奶润肤露	100ml	12	21.90
4	2103705	6907376235019	强生婴儿柔润洗发精	200ml	12	19.00
5	2103691	6907376205081	强生婴儿洗发精	200ml	12	18.80
6	2103985	6907376203087	强生婴儿润肤油	200ml	12	32.20
7	2103677	6907376211129	强生婴儿洗发沐浴露	300ml	8	23.20
8	2741880	6907376502012	强生婴儿保湿沐浴露	300ml	8	20.80
9	2103957	6907376502630	强生牛奶沐浴露	300ml	8	14.80
10	2103663	6907376500070	强生婴儿牛奶沐浴露	1000ml	6	41.50
11	2103663	6907376500070	强生婴儿牛奶沐浴露	1000ml	6	41.50

(2)测试任务

请根据测试题所给商品明细表中的商品及陈列货架(1.2m×1.4m),先绘制商品配置表,再根据商品配置表将商品陈列到货架上,并将价签插在正确的货架位置上。(注:技能考核时,表格中实际商品名称、规格及数量可能根据市场供给情况有个别调整,以考核时提供为准)

(3)要求

请根据陈列原则陈列商品,做到货签对应、商品大小顺序合适、形成正确的价格带且排面整齐。

T2-5　测试题五

(1)测试背景

某超市进行儿童洗发沐浴用品系列商品陈列,具体商品如下表2.5所示。

表2.5　陈列商品明细表

编号	商品编码	商品条码	商品名称	规格	数量	单价(元)
1	2844081	6949044602037	青蛙王子婴儿牛奶润肤露	120ml	8	19.90
2	2843982	6949044600262	青蛙王子儿童营养洗发露(蜂蜜)	260ml	8	33.80
3	2843987	6949044600279	青蛙王子儿童滋养洗发露(芦荟)	260ml	8	33.80
4	2843990	6949044600309	青蛙王子儿童营养洗发露(蜂蜜)	360ml	8	41.80
5	2843992	6949044600316	青蛙王子儿童滋养洗发露(芦荟)	360ml	8	41.80
6	2843989	6949044600293	青蛙王子儿童舒爽沐浴露(柠檬)	260ml	8	32.80
7	2855627	6901294176959	六神柔泡型宝宝洗发沐浴露	400ml	8	29.80
8	2843996	6949044600347	青蛙王子儿童营养洗发沐浴露	360ml	8	31.90
9	2844085	6949044602167	青蛙王子婴儿洗衣液	1L	6	37.80
10	2844071	6949044601597	青蛙王子沐浴露(牛奶滋润)	1.1L	6	41.80

(2)测试任务

请根据测试题所给商品明细表中的商品及陈列货架(1.2m×1.4m),先绘制商品配置表,再根据商品配置表将商品陈列到货架上,并将价签插在正确的货架位置上。(注:技能考核时,表格中实际商品名称、规格及数量可能根据市场供给情况有个别调整,以考核时提供为准)

(3)要求

请根据陈列原则陈列商品,做到货签对应、商品大小顺序合适、形成正确的价格带且排面整齐。

T2-6　测试题六

(1)测试背景

某超市进行婴儿用品系列商品陈列,具体商品如下表2.6所示。

表2.6　陈列商品明细表

编号	商品编码	商品条码	商品名称	规格	数量	单价(元)
1	2669536	6934660561295	妈咪宝贝男用纸尿片S码	25片	4	44.80
2	2855109	6934660574219	妈咪宝贝小内裤(女)M码	25片	4	61.70
3	2734903	6934660596655	妈咪宝贝均吸干爽S码	25片	4	29.90
4	2734914	6934660599496	妈咪宝贝均吸干爽XL码	25片	4	29.90
5	2855120	6934660577159	妈咪宝贝小内裤(男)XL码	25片	4	66.70
6	2855117	6934660576190	妈咪宝贝小内裤(女)L码	25片	4	66.70

编号	商品编码	商品条码	商品名称	规格	数量	单价(元)
7	2734912	6934660598550	妈咪宝贝均吸干爽 L 码	25 片	4	29.90
8	2039502	6934660567549	妈咪宝贝 M 码	25 片	4	95.00
9	2855124	6934660578156	妈咪宝贝小内裤(女)XL 码	25 片	4	66.70
10	2734909	6934660597577	妈咪宝贝均吸干爽 M 码	25 片	4	29.90
11	2018529	6934660568744	妈咪宝贝超薄瞬吸女 L 码	25 片	4	159.00
12	2028954	6934660568447	妈咪宝贝 L 码	25 片	4	95.00

(2)测试任务

请根据测试题所给商品明细表中的商品及陈列货架(1.2m×1.4m),先绘制商品配置表,再根据商品配置表将商品陈列到货架上,并将价签插在正确的货架位置上。(注:技能考核时,表格中实际商品名称、规格及数量可能根据市场供给情况有个别调整,以考核时提供为准)

(3)要求

请根据陈列原则陈列商品,做到货签对应、商品大小顺序合适、形成正确的价格带且排面整齐。

T2-7 测试题七

(1)测试背景

某超市进行佳洁士牙膏系列商品陈列,具体商品如下表 2.7 所示。

表 2.7 陈列商品明细表

编号	商品编码	商品条码	商品名称	规格	数量	单价(元)
1	2853579	6903148161050	佳洁士全优 7 效牙膏(两支送迪士尼卡通杯)	90g	6	35.00
2	2751928	6903148116869	佳洁士健康专家全优 7 效牙膏(托盘装)	140g	6	21.80
3	2752173	6903148116876	佳洁士健康专家抗敏感牙膏(托盘装)	140g	6	21.30
4	2669568	6903148101162	佳洁士健康专家全优 7 效牙膏(托盘装)	90g	6	15.00
5	2878303	6903148171547	佳洁士全优 7 效牙膏(75 折装)	140g	6	11.90
6	2669571	6903148100318	佳洁士健康专家牙龈护理牙膏(托盘装)	90g	6	15.90
7	2583664	6903148054383	佳洁士健康护理舒敏灵牙膏	120g	6	11.90
8	2587483	6903148060735	佳洁士多效护理牙膏	120g	6	9.90
9	2584162	6903148054215	佳洁士炫白＋双效牙膏	120g	6	10.60
10	2642561	6903148094389	佳洁士炫白＋冰极山泉牙膏	180g	6	16.30
11	2176179	6903148018194	佳洁士盐白牙膏(清凉薄荷香型)	90g	6	3.30
12	2307472	6903148028278	佳洁士茶洁牙膏	90g	6	3.50

(2)测试任务

请根据测试题所给商品明细表中的商品及陈列货架(1.2m×1.4m),先绘制商品配置表,再根据商品配置表将商品陈列到货架上,并将价签插在正确的货架位置上。(注:技能考核时,表格中实际商品名称、规格及数量可能根据市场供给情况有个别调整,以考核时提供为准)

(3)要求

请根据陈列原则陈列商品,做到货签对应、商品大小顺序合适、形成正确的价格带且排面整齐。

T2-8 测试题八

(1)测试背景

某超市进行舒肤佳沐浴露系列商品陈列,具体商品如下表2.8所示。

表2.8 陈列商品明细表

编号	商品编码	商品条码	商品名称	规格	数量	单价(元)
1	2101122	6903148082102	舒肤佳经典净护纯白清香沐浴露	200ml	8	13.80
2	2545331	6903148047774	舒肤佳金银花/菊花沐浴露	200ml	8	12.00
3	2545348	6903148047804	舒肤佳柠檬清新型沐浴露	200ml	8	12.90
4	2101136	6903148082119	舒肤佳经典净护纯白清香沐浴露	400ml	8	24.50
5	2543356	6903148049754	舒肤佳维他命E精华呵护型沐浴露	400ml	8	24.20
6	2545353	6903148047859	舒肤佳薄荷冰怡舒爽型沐浴露	400ml	8	23.90
7	2655860	6903148099483	舒肤佳经典净护纯白清香沐浴露	720ml	8	29.90
8	2655863	6903148099605	舒肤佳经典净护芦荟柔肤沐浴露	720ml	8	39.90
9	2655862	6903148099568	舒肤佳金银花菊花天然爽洁沐浴露	720ml	8	36.80
10	2101199	6903148082171	舒肤佳舒怡爽护系列绿茶清凉沐浴露	1000ml	4	43.80
11	2280215	6903148047835	舒肤佳柠檬清新型沐浴露	1000ml	4	48.80

(2)测试任务

请根据测试题所给商品明细表中的商品及陈列货架(1.2m×1.4m),先绘制商品配置表,再根据商品配置表将商品陈列到货架上,并将价签插在正确的货架位置上。(注:技能考核时,表格中实际商品名称、规格及数量可能根据市场供给情况有个别调整,以考核时提供为准)

(3)要求

请根据陈列原则陈列商品,做到货签对应、商品大小顺序合适、形成正确的价格带且排面整齐。

T2-9　测试题九

(1)测试背景

某超市进行清洁剂系列商品陈列,具体商品如下表 2.9 所示。

表 2.9　陈列商品明细表

编号	商品编码	商品条码	商品名称	规格	数量	单价(元)
1	2791176	6901586103809	威猛先生厨房多用清洁剂(清爽西柚)	450ml	6	7.80
2	2791190	6901586103830	威猛先生厨房多用清洁剂(淡雅花香)	450ml	6	7.90
3	2065632	6902022130212	蓝月亮全能水	500ml	6	29.30
4	2680001	6901586104998	威猛先生重油污净柠檬补充装	420ml	6	9.50
5	2791211	6901586103823	威猛先生厨房多用清洁剂(清爽西柚)	330ml	6	8.90
6	2306733	6902022131318	蓝月亮灰垢洁瓷宝	500ml	6	16.00
7	2065576	6902022130243	蓝月亮地板清洁剂	600ml	6	13.90
8	2074144	6901586200362	威猛先生厨房油污清洁剂	500ml	6	19.60
9	2237433	6902022131219	蓝月亮玻璃水	500ml	6	34.90
10	2673472	6901586104974	威猛先生浴室清洁剂	500ml	6	15.50
11	2201278	6925911510131	威洁士除菌地板净	600ml	6	14.00
12	2237188	6925911510155	威洁士除菌地板净	1500ml	6	31.40
13	2454086	6901586103137	威猛先生柠檬厨房油污净	500ml	6	17.90
14	2074228	6901586200379	威猛先生多功能玻璃清洁剂	500ml	6	19.90

(2)测试任务

请根据测试题所给商品明细表中的商品及陈列货架(1.2m×1.4m),先绘制商品配置表,再根据商品配置表将商品陈列到货架上,并将价签插在正确的货架位置上。(注:技能考核时,表格中实际商品名称、规格及数量可能根据市场供给情况有个别调整,以考核时提供为准)

(3)要求

请根据陈列原则陈列商品,做到货签对应、商品大小顺序合适、形成正确的价格带且排面整齐。

T2-10　测试题十

(1)测试背景

某超市进行洁厕剂系列商品陈列,具体商品如下表 2.10 所示。

表 2.10　陈列商品明细表

编号	商品编码	商品条码	商品名称	规格	数量	单价(元)
1	2791274	6901586103854	威猛先生洁厕液(柑橘清香)	900ml	6	10.20
2	2106862	6907469013340	帮洁海洋厕净	600ml	6	5.30
3	2791288	6901586103861	威猛先生洁厕液(松木清香)	500ml	6	5.60
4	2106729	6907469013388	帮洁海洋厕净	900ml	6	8.50
5	2106938	690746906	帮洁柠檬厕净	600ml	6	5.30
6	2065583	6902022130229	蓝月亮强效厕清	500ml	6	9.90
7	2791246	6901586103847	威猛先生洁厕液(柑橘清香)	500ml	6	6.10
8	2773154	6901586105179	威猛先生洁厕液清香型	500ml	6	4.20
9	2337435	6907469010080	帮洁厕净	900ml	6	8.50
10	2123655	6925911511596	亮净强力光亮洁厕精	1000ml	4	9.00
11	2662475	6907469010127	帮洁无香卫浴清洁剂	600ml	6	15.03
12	2106868	6907469013364	帮洁柠檬厕净	900ml	6	8.50
13	2201250	6925911510063	威洁士除菌洁厕精	550ml	6	17.60

(2)测试任务

请根据测试题所给商品明细表中的商品及陈列货架(1.2m×1.4m),先绘制商品配置表,再根据商品配置表将商品陈列到货架上,并将价签插在正确的货架位置上。(注:技能考核时,表格中实际商品名称、规格及数量可能根据市场供给情况有个别调整,以考核时提供为准)

(3)要求

请根据陈列原则陈列商品,做到货签对应、商品大小顺序合适、形成正确的价格带且排面整齐。

T2-11　测试题十一

(1)测试背景

某超市进行衣物清洁等系列商品陈列,具体商品如下表 2.11 所示。

表 2.11　陈列商品明细表

编号	商品编码	商品条码	商品名称	规格	数量	单价(元)
1	2413343	6902022132520	蓝月亮 84 消毒液	600ml	6	8.60
2	2065646	6902022132513	蓝月亮漂渍液	600ml	6	10.90
4	2065625	6902022131745	蓝月亮香薰柔顺剂薰衣草	2000ml	6	21.90
5	2065569	6902022132537	蓝月亮彩漂	600ml	6	13.20

编号	商品编码	商品条码	商品名称	规格	数量	单价(元)
6	2065548	6902022130526	蓝月亮衣领净	500ml	6	29.90
7	2065639	6902022132131	蓝月亮丝毛净	500ml	6	19.70
8	2065548	6902022130526	蓝月亮衣领净	500ml	6	29.90
9	2306726	6902022132148	蓝月亮丝毛净(防蛀增艳型)	250ml	6	13.50
10	2065548	6902022130526	蓝月亮衣领净	500ml	6	29.90
11	2434981	6920174733006	立白彩色漂渍液	600ml	6	9.90
12	2147892	6901894127283	白猫彩漂	700ml	6	11.10
13	2537466	6922365801143	绿伞彩漂	660ml	6	14.80
14	2643154	6925911510902	威洁士彩漂	800ml	6	13.80

(2)测试任务

请根据测试题所给商品明细表中的商品及陈列货架(1.2m×1.4m),先绘制商品配置表,再根据商品配置表将商品陈列到货架上,并将价签插在正确的货架位置上。(注:技能考核时,表格中实际商品名称、规格及数量可能根据市场供给情况有个别调整,以考核时提供为准)

(3)要求

请根据陈列原则陈列商品,做到货签对应、商品大小顺序合适、形成正确的价格带且排面整齐。

T2-12 测试题十二

(1)测试背景

某超市进行护手霜、护肤水等系列商品陈列,具体商品如下表 2.12 所示。

表 2.12 陈列商品明细表

编号	商品编码	商品条码	商品名称	规格	数量	单价(元)
1	2184379	6900077003475	隆力奇蛇油护手霜	50g	8	2.50
2	2756756	6920999703949	大宝 SOD 滋养手霜	60g	8	5.40
3	2826104	6901294085213	美加净滋润修护型护手霜	75g	8	7.80
4	2761728	6901294081222	美加净保湿型护手霜	75g	8	7.50
5	2727029	6935442232013	安安金纯橄榄油全日瞬透保湿水精华	60g	8	49.80
6	2727097	6935442248663	安安金纯滋养美白橄榄油	105g	8	37.40
7	2708016	6902395988441	小护士维他营养柔肤水	105g	8	21.90
8	2184379	6900077003475	隆力奇蛇油护手霜	50g	8	2.50
9	2691019	6918436999307	采诗凡士林手霜	60g	8	7.00

编号	商品编码	商品条码	商品名称	规格	数量	单价(元)
10	2309750	6901294082335	美加净柔润护手霜	75g	8	7.50
11	2512505	6901294083660	美加净特润型护手霜	75g	8	7.80
12	2838511	6935442231566	安安橄榄油润白深层补水露	138g	8	35.80

(2)测试任务

请根据测试题所给商品明细表中的商品及陈列货架(1.2m×1.4m),先绘制商品配置表,再根据商品配置表将商品陈列到货架上,并将价签插在正确的货架位置上。(注:技能考核时,表格中实际商品名称、规格及数量可能根据市场供给情况有个别调整,以考核时提供为准)

(3)要求

请根据陈列原则陈列商品,做到货签对应、商品大小顺序合适、形成正确的价格带且排面整齐。

T2-13 测试题十三

(1)测试背景

某超市进行洁面乳系列商品陈列,具体商品如下表2.13所示。

表 2.13 陈列商品明细表

编号	商品编码	商品条码	商品名称	规格	数量	单价(元)
1	2277599	6927902017094	采诗痘立消洁面乳	60g	8	29.90
2	2838501	6935442220829	安安青瓜高水分保湿洁面乳	200g	8	15.80
3	2767667	4895000740119	雪完美清新保湿矿泉喷雾	50ml	8	36.90
4	2767737	4895000740379	雪完美瓜菜水多维营养补水喷雾	50ml	8	38.00
5	2801330	4895000740218	雪完美PXE踢黑头毛孔紧致洁面泥	60g	8	23.20
6	2844107	6949044601634	青蛙王子儿童牛奶润白洗面奶	50ml	8	13.90
7	2429863	6927902017537	采诗木瓜祛斑洁面乳	120g	8	20.90
8	2838504	6935442221017	安安橄榄油美白保湿洁面乳	85g	8	16.80
9	2264592	6921382714061	雪完美青春净白莹采爽肤水	150ml	8	21.60
10	2767682	4895000740003	雪完美去痘无印洁面乳	100g	8	36.50
11	2767724	4895000740355	雪完美瓜菜水多维补水洁面乳	60g	8	18.90
12	2844106	6949044601603	青蛙王子儿童草莓滋养洗面奶	50ml	8	13.90

(2)测试任务

请根据测试题所给商品明细表中的商品及陈列货架(1.2m×1.4m),先绘制商品配置表,再根据商品配置表将商品陈列到货架上,并将价签插在正确的货架位置上。(注:技能考核时,表格中实际商品名称、规格及数量可能根据市场供给情况有个别调整,以考核时提供为准)

(3)要求

请根据陈列原则陈列商品,做到货签对应、商品大小顺序合适、形成正确的价格带且排面整齐。

T2-14 测试题十四

(1)测试背景

某超市进行润肤霜等系列商品陈列,具体商品如下表2.14所示。

表2.14 陈列商品明细表

编号	商品编码	商品条码	商品名称	规格	数量	单价(元)
1	2705290	6927902030277	采诗保湿特润霜(单瓶装)	50g	8	19.00
2	2212004	6900077001228	隆力奇防冻防裂膏	80g	8	9.40
3	2002669	6900077001723	隆力奇蛇油膏	20g	8	1.20
4	2696784	6920999703659	大宝SOD滋润霜	20g	8	1.90
5	2472531	6901294089730	美加净银耳珍珠滋养霜袋装	20g	8	1.30
6	2071323	6901294082328	美加净银耳珍珠滋养霜	40g	8	6.90
7	2309736	6901294082373	美加净保湿润肤霜	40g	8	12.90
8	2752350	6927902093500	采诗胶原蛋白补水霜	50g	8	62.40
9	2919499	6900077001211	隆力奇蛇油膏	80g	8	10.50
10	2265658	6920999703109	大宝雪肤活力蜜	80ml	8	16.90
11	2265603	6920999703086	大宝雪肤活力霜	50g	8	25.90
12	2207298	6901294080522	美加净人参活肤精华霜	80g	8	12.30

(2)测试任务

请根据测试题所给商品明细表中的商品及陈列货架(1.2m×1.4m),先绘制商品配置表,再根据商品配置表将商品陈列到货架上,并将价签插在正确的货架位置上。(注:技能考核时,表格中实际商品名称、规格及数量可能根据市场供给情况有个别调整,以考核时提供为准)

(3)要求

请根据陈列原则陈列商品,做到货签对应、商品大小顺序合适、形成正确的价格带且排面整齐。

T2-15　测试题十五

(1)测试背景

某超市进行矿泉水系列商品陈列,具体商品如下表2.15所示。

表 2.15　陈列商品明细表

编号	商品编码	商品条码	商品名称	规格	数量	单价(元)
1	2780327	6947012800058	昆仑山天然雪山矿泉水	350ml	8	4.00
2	2791850	6925303720988	统一武夷山矿泉水	550ml	8	3.50
3	2066276	6921168509256	农夫山泉普通型	550ml	8	1.00
4	2076062	6902083881405	娃哈哈纯净水	596ml	8	1.50
5	2145266	6922255451427	景田矿泉水	570ml	8	2.50
6	2658867	6947012800010	昆仑山天然雪山矿泉水	510ml	8	4.80
7	2791850	6925303720988	统一武夷山矿泉水	550ml	8	3.50
8	2066276	6921168509256	农夫山泉普通型	550ml	8	1.00
9	2076062	6902083881405	娃哈哈纯净水	596ml	8	1.50
10	2145266	6922255451427	景田矿泉水	570ml	8	2.50
11	2658867	6947012800010	昆仑山天然雪山矿泉水	510ml	8	4.80
12	2791850	6925303720988	统一武夷山矿泉水	550ml	8	3.50

(2)测试任务

请根据测试题所给商品明细表中的商品及陈列货架(1.2m×1.4m),先绘制商品配置表,再根据商品配置表将商品陈列到货架上,并将价签插在正确的货架位置上。(注:技能考核时,表格中实际商品名称、规格及数量可能根据市场供给情况有个别调整,以考核时提供为准)

(3)要求

请根据陈列原则陈列商品,做到货签对应、商品大小顺序合适、形成正确的价格带且排面整齐。

T2-16　测试题十六

(1)测试背景

某超市进行果汁饮料系列商品陈列,具体商品如下表2.16所示。

表 2.16　陈列商品明细表

编号	商品编码	商品条码	商品名称	规格	数量	单价(元)
1	2730434	6901347881137	椰树粒粒芒果	250g	8	3.00
2	2054341	6901808288932	露露杏仁露	240ml	8	3.20
3	2840707	6908471004470	养元精品六个核桃	240ml	8	3.80
4	2833355	6908471004708	养元香醇六个核桃	240ml	8	4.00
5	2043148	6901347800053	椰树牌天然椰汁	245ml	8	3.80
6	2126147	6901347123565	椰树椰汁纸盒装	245ml	8	3.20
7	2730434	6901347881137	椰树粒粒芒果	250g	8	3.00
8	2054341	6901808288932	露露杏仁露	240ml	8	3.20
9	2840707	6908471004470	养元精品六个核桃	240ml	8	3.80
10	2833355	6908471004708	养元香醇六个核桃	240ml	8	4.00
11	2822545	6953124914255	椰岛椰汁植物蛋白饮	240ml	8	3.90
12	2855718	6901160011889	椰岛果肉椰子汁易拉罐	245ml	8	4.50

(2)测试任务

请根据测试题所给商品明细表中的商品及陈列货架(1.2m×1.4m),先绘制商品配置表,再根据商品配置表将商品陈列到货架上,并将价签插在正确的货架位置上。(注:技能考核时,表格中实际商品名称、规格及数量可能根据市场供给情况有个别调整,以考核时提供为准)

(3)要求

请根据陈列原则陈列商品,做到货签对应、商品大小顺序合适、形成正确的价格带且排面整齐。

T2-17　测试题十七

(1)测试背景

某超市进行洗衣粉系列商品陈列,具体商品如下表 2.17 所示。

表 2.17　陈列商品明细表

编号	商品编码	商品条码	商品名称	规格	数量	单价(元)
1	2737776	6902699005257	马头高分干净污洗衣粉	3kg	4	35.00
2	2857985	6901894112968	白猫速洁洗衣粉	4kg	4	34.50
3	2773167	6901894113231	白猫全效去渍＋亮白洗衣粉	2.48kg	4	23.80
4	2737776	6902699005257	马头高分干净污洗衣粉	3kg	4	35.00
5	2742958	6901894112951	白猫冷水速洁洗衣粉	2.5kg	4	21.90

编号	商品编码	商品条码	商品名称	规格	数量	单价(元)
6	2719543	6901894118441	威煌速溶高效洗衣粉	2.38kg	4	16.90
7	2356170	6901894112883	白猫无磷冷水速洁粉	1.8kg	4	14.90
8	2582994	6902699003031	马头花香洗衣粉	2.468kg	4	19.80
9	2361044	6901894113682	白猫无磷超浓缩洗衣粉	1.2kg	4	13.90
10	2773165	6901894113224	白猫全效去渍＋亮白洗衣粉	1.308kg	4	12.60

(2)测试任务

请根据测试题所给商品明细表中的商品及陈列货架(1.2m×1.4m),先绘制商品配置表,再根据商品配置表将商品陈列到货架上,并将价签插在正确的货架位置上。(注:技能考核时,表格中实际商品名称、规格及数量可能根据市场供给情况有个别调整,以考核时提供为准)

(3)要求

请根据陈列原则陈列商品,做到货签对应、商品大小顺序合适、形成正确的价格带且排面整齐。

T2-18　测试题十八

(1)测试背景

某超市进行沙宣洗发护发系列商品陈列,具体商品如下表2.18所示。

表 2.18　陈列商品明细表

编号	商品编码	商品条码	商品名称	规格	数量	单价(元)
1	2642773	6903148080054	沙宣清盈顺柔洗发露	750ml	8	88.90
2	2642789	6903148080085	沙宣水润去屑洗发露	750ml	8	88.90
3	2642793	6903148080146	沙宣垂坠质感洗发露	750ml	8	88.90
4	2642786	6903148080139	沙宣垂坠质感洗发露	400ml	8	52.90
5	2642765	6903148080078	沙宣水润去屑洗发露	400ml	8	52.90
6	2642752	6903148079898	沙宣修护水养润发乳	400ml	8	49.60
7	2642736	6903148080061	沙宣水润去屑洗发露	200ml	8	29.90
8	2642731	6903148079997	沙宣修护水养洗发露	200ml	8	29.90
9	2642729	6903148079942	沙宣垂坠质感润发乳	200ml	8	27.90
10	2642725	6903148079904	沙宣清盈顺柔润发乳	200ml	8	25.90

(2)测试任务

请根据测试题所给商品明细表中的商品及陈列货架(1.2m×1.4m),先绘制商品配置表,再根据商品配置表将商品陈列到货架上,并将价签插在正确的货架位置上。(注:技能考核时,表格中实际商品名称、规格及数量可能根据市场供给情况有个别调整,以考核时提供为准)

(3)要求

请根据陈列原则陈列商品,做到货签对应、商品大小顺序合适、形成正确的价格带且排面整齐。

T2-19 测试题十九

(1)测试背景

某超市进行海飞丝洗发护发系列商品陈列,具体商品如下表 2.19 所示。

表 2.19 陈列商品明细表

编号	商品编码	商品条码	商品名称	规格	数量	单价(元)
1	2878297	6903148162866	海飞丝去屑洗发露丝质柔滑型	750ml	8	46.90
2	2545392	6903148045039	海飞丝去屑洗发露清爽去油型	750ml	8	78.80
3	2828243	6903148145135	海飞丝去屑洗发露怡神冰凉型	750ml	8	52.50
4	2071798	6903148079706	海飞丝去屑洗发露植物净翠型	400ml	8	49.90
5	2545422	6903148045114	海飞丝去屑洗发露海洋活力型	400ml	8	49.90
6	2545400	6903148045190	海飞丝去屑洗发露水润滋养型	400ml	8	49.90
7	2545417	6903148045091	海飞丝去屑洗发露乌黑强韧型	200ml	8	26.90
8	2545395	6903148045053	海飞丝去屑洗发露清爽去油型	200ml	8	26.90
9	2818016	6903148136263	海飞丝去屑洗发露护根防掉型	200ml	8	26.90
10	2545408	6903148045077	海飞丝去屑洗发露深层洁净型	200ml	8	26.90

(2)测试任务

请根据测试题所给商品明细表中的商品及陈列货架(1.2m×1.4m),先绘制商品配置表,再根据商品配置表将商品陈列到货架上,并将价签插在正确的货架位置上。(注:技能考核时,表格中实际商品名称、规格及数量可能根据市场供给情况有个别调整,以考核时提供为准)

(3)要求

请根据陈列原则陈列商品,做到货签对应、商品大小顺序合适、形成正确的价格带且排面整齐。

T2-20 测试题二十

(1)测试背景

某超市进行立白洗衣粉系列商品陈列,具体商品如下表 2.20 所示。

表 2.20　陈列商品明细表

编号	商品编码	商品条码	商品名称	规格	数量	单价(元)
1	2646397	6920174733358	立白去渍霸植物皂粉	1600g	4	27.00
2	2832199	6920174736540	立白超洁清新洗衣粉	3208g	4	30.90
3	2752053	6920174700725	立白健康柔护皂粉	1600g	4	20.50
4	2832596	6920174737134	立白玉兰幽香洗衣粉	2230g	4	23.80
5	2814645	6920174735239	立白去渍霸全效百花洗衣粉	1718g	4	25.90
6	2832601	6920174737332	立白天然柔护皂粉	803g	4	10.50
7	2617928	6920174733761	立白去渍霸洗衣粉	1550g	4	20.00
8	2826356	6920174737080	立白冷水速效洗衣粉	1175g	4	12.50
9	2832197	6920174735444	立白超洁清新洗衣粉	1680g	4	15.50
10	2826360	6920174737127	立白玉兰幽香洗衣粉	1350g	4	14.50

(2)测试任务

请根据测试题所给商品明细表中的商品及陈列货架(1.2m×1.4m),先绘制商品配置表,再根据商品配置表将商品陈列到货架上,并将价签插在正确的货架位置上。(注:技能考核时,表格中实际商品名称、规格及数量可能根据市场供给情况有个别调整,以考核时提供为准)

(3)要求

请根据陈列原则陈列商品,做到货签对应、商品大小顺序合适、形成正确的价格带且排面整齐。

J1-3　商品盘点与质量控制

(1)任务描述

①手工初盘一个货架的商品(货架位置、编号等具体信息见公布栏上的盘点区域布置图与盘点人员安排表),将该货架上有质量问题的商品全部检查出来,置于质量问题商品存放点,并将其与其他非正常情况的商品一起登记在手工盘点表上,同时在表上备注栏做出说明。

②填写商品质量检查报告。

③简要分析盘点过程,提出盘点改善建议或感悟(写在盘点表的下面空白处)。

附1:商品初盘规定

①先点仓库(库存区)、冷冻库、冷藏库,再点卖场;

②盘点货架或冷冻柜、冷藏柜时,依序由左而右,由上而下;

③每一货架或冷冻柜、冷藏柜均视为独立单位,使用单独的盘点表,若盘点表不足,则继续使用下一张,初次盘点表为黑色;

④将数量等信息写在盘点卡上,放置在商品的前方;

⑤盘点表上的数字填写要清楚,盘点数量有误时用"＋"或"－"的方法修改,不可潦草或随

意涂改,让人混淆;

　　⑥盘点时,一定要按实物销售的最小单位进行清点,不够一个单位的忽略不计并取出归入待处理品堆放处;

　　⑦盘点时,顺便查看商品的情况,将临到期商品、散装商品、无法扫描的商品、未在盘点前退货或报损的破损商品、维修商品、需退换的商品等非正常情况的商品用手工盘点表单独登记,并在表上做出说明;

　　⑧遇到无标签的商品,到分控制台申请标签,现场盘点计数;遇到有标签无商品的,计数为零,不能不写任何数字;所有明确标示"不盘点"和贴有"赠品"、"自用品"等按管理规定不盘的物品一律不盘点;

　　⑨店长要掌握盘点进度,调度机动人员支援,巡视各部门盘点区域,发现死角及易漏盘区域;

　　⑩盘点要注意大分类和小分类,注明该分类商品所在的货架号码。

　　(说明:企业对初盘、复盘、抽盘等盘点工作一般有相关管理规定,也有很多企业使用盘点机来提高盘点的效率和准确性,考虑专业技能考核重在了解学生对专业基础技能、基本方法的掌握情况,该项目盘点技能考核仅选择手工现场初盘货架来实施,该处也仅说明某连锁卖场的商品初盘作业规定)

　　附2:盘点卡(如下图所示)

盘点卡	
品名＿＿＿＿＿＿＿＿＿	盘点数量＿＿＿＿＿＿＿＿
编码＿＿＿＿＿＿＿＿＿	复盘数量＿＿＿＿＿＿＿＿
盘点人＿＿＿＿＿＿＿＿	盘点时间＿＿＿＿＿＿＿＿
复盘人＿＿＿＿＿＿＿＿	录入人＿＿＿＿＿＿＿＿

　　附3:商品盘点表(如下表所示)

商品盘点表

盘点区域:＿＿＿＿＿　　盘点时间:＿＿＿＿＿　　盘点人:＿＿＿＿＿

商品编码	品名	规格	单位	售价	数量	备注

注:此表共三种,第一种黑色线(初点)、第二种蓝色线(复点)、第三种红色线(抽点)

　　附4:商品质量检查报告(如下表所示)

商品质量检查报告表

商品质量检查内容	问题商品名称	问题商品规格	问题商品数量	存在的具体质量问题	问题商品处理办法
质量标志检查					
保质期检查					
包装质量检查					

检查员：

检查日期：　　年　　月　　日

说明:对于某些质量检查内容若不存在质量问题商品则该栏可以空着不填;问题商品处理办法包括退货处理、降价处理、销毁处理等。

(2)实施条件

本项目实施条件如下表所示。

商品盘点与质量控制实施条件一览表

项目	基本实施条件	备注
场地	每个测试室:面积不少于70平方米; 每个候考室:面积不少于70平方米。	必备
设备	每个测试室准备设备2套,每套设备包括:桌、椅5张,货架1个,计时器1台,按测试题要求准备全套商品; 每个候考室:桌、椅30张。	必备
人员	每个测试室:测试专家3名; 每个候考室:监考人员1名。	必备

(3)考核时量

90分钟

(4)评分标准

本项目评价标准如下表所示。

商品盘点与质量控制评分标准一览表

评价内容		配分	考核点	备注
职业素养	职业道德	5	诚实严谨,遵守商品盘点制度(如不使用商品作为盘点工具,不坐或站在商品上等)和质量管理规范,盘点认真、细致、负责。	操作不认真、不文明者,扣5~10分。
	职业能力	5	具有较高的专业水平和较强的动手能力,能在规定时间内完成任务。	
现场操作	盘点准备	10	了解公司的商品盘点制度(2分);了解盘点区域划分和盘点人员安排情况,明确自己的具体盘点区域、任务(2分);商品整理、环境整理到位(4分);领取盘点卡、盘点表、质量检查报告表等资料(2分)。	超时或未完成盘点任务的,在按所剩余商品占全部商品比例扣分的基础上,再加扣5~10分。
	盘点实施	59	按实物销售的最小单位进行盘点(5分);盘点时,按从左至右,从上至下顺序进行盘点,同时将商品数量等信息写在盘点卡上,放置在商品的前方(10分);将质量问题商品(含质量标志、保质期、包装等方面的问题)剔除出来,放在指定位置。错检一个商品扣2分,漏检一个问题商品根据问题商品多少按比例扣分(10分);对盘点商品其他非正常情况能按盘点管理规定作出恰当处理(10分);认真完成盘点任务,正确填写盘点表,盘点结果真实、准确、完整、清楚(20分);检查盘点遗漏情况(4分)。	
	盘点结束	5	盘点结束后对盘点现场进行整理,且盘点现场符合5S标准。	
文字报告	盘点表	10	盘点表书写规范,字迹工整清晰,签字齐全(2分);根据盘点分析所提出改善建议或感悟具有综合性和全面性(4分)、具有创新性(4分)。	
	质量检查报告	6	质量检查报告要求书写规范,字迹工整清晰,签字齐全(2分),能对各种质量问题提出全面、正确的(2分)、具有创新性的(2分)处理意见。	
小计		100		

(5)试题内容

本项目下设20套操作试题,抽查时,学生只需按照相关操作规范独立完成其中一套试题所给定任务。

T3-1 测试题一

(1)测试任务

假设你是某大型连锁超市的导购员,该店按计划最近要进行一次通盘工作。盘点现场有编好号的货架、堆头若干个,每个货架上陈列了四个小分类商品,每个小分类商品有若干个单品,每个单品又有若干数量的商品,预计每个货架上的商品总数大约有150~200个,且货架上的商品中有5%左右存在质量问题(本项目所指商品的质量问题包括商品质量标志问题、保质期质量问题、包装质量问题等方面。质量标志问题要求对商品的质量安全标志、产品标准号、产品合格证明或生产许可证、生产商及生产地、产品配料等方面进行检查;保质期质量问题要求对商品的生产日期、保质期、到期日期等进行检查;包装质量问题要求对包装密封性、包装破损状况、包装材料等进行检查)。

你将现场初盘一个货架的商品(货架位置、编号等具体信息见公布栏上的盘点区域布置图与盘点人员安排表),同时将该货架上有质量问题的商品全部检查出来,置于质量问题商品存放点,并将其与其他非正常情况的商品一起登记在盘点表上(在表上备注栏做出说明),填写商品质量检查报告,简要分析盘点过程,提出盘点改善建议或感悟(写在盘点表的下面空白处)。

你将要盘点的货架上商品具体资料如表 3.1 所示。

表 3.1　货架陈列商品明细表

商品小类	商品名称	规格	单位	备注
茶类	喜之郎优乐美奶茶(麦香)	80g	杯	
	喜之郎优乐美奶茶(咖啡)	80g	杯	
	喜之郎优乐美奶茶(香芋)	80g	杯	
	康师傅冰红茶	490ml	瓶	
	康师傅茉莉清茶	500ml	瓶	
	康师傅绿茶	500ml	瓶	
果汁饮料	美汁源果粒橙	450ml	瓶	每个单品的商品数量为0～20个,货架上商品总数150～200个
	美汁源果粒橙	600ml	瓶	
	统一果粒橙	450ml	瓶	
	统一鲜橙多	1L	瓶	
	汇源番茄果汁	1L	瓶	
	汇源桃果汁	1L	瓶	
饮用水	农夫山泉天然水	380 ml	瓶	
	农夫山泉天然水	1.5L	瓶	
	农夫山泉天然水	556ml	瓶	
	康师傅纯净水	600ml	瓶	
	康师傅纯净水	350ml	瓶	
	康师傅矿物质水	550ml	瓶	
碳酸饮料	可口可乐易拉罐	335ml	罐	
	可口可乐	600ml	瓶	
	可口可乐	1.25L	瓶	
	百事可乐易拉罐	335ml	罐	
	百事可乐	500ml	瓶	
	百事可乐	1.25L	瓶	

(2)完成任务应提交的相关材料

①商品盘点表;
②商品质量检查报告;
③质量问题商品(置于质量问题商品存放点)。

T3-2　测试题二

(1)测试任务

假设你是某大型连锁超市的理货员,该店决定最近对一些损耗较大的商品进行选盘工作。

盘点现场有编好号的货架、堆头若干个,每个货架上陈列了四个小分类商品,每个小分类商品有若干个单品,每个单品又有若干数量的商品,预计每个货架上的商品总数大约有150~200个,且货架上的商品中有5%左右存在质量问题(本项目所指商品的质量问题包括商品质量标志问题、保质期质量问题、包装质量问题等方面。质量标志问题要求对商品的质量安全标志、产品标准号、产品合格证明或生产许可证、生产商及生产地、产品配料等方面进行检查;保质期质量问题要求对商品的生产日期、保质期、到期日期等进行检查;包装质量问题要求对包装密封性、包装破损状况、包装材料等进行检查)。

你将现场初盘一个货架的商品(货架位置、编号等具体信息见公布栏上的盘点区域布置图与盘点人员安排表),同时将该货架上有质量问题的商品全部检查出来,置于质量问题商品存放点,并将其与其他非正常情况的商品一起登记在盘点表上(在表上备注栏做出说明),填写商品质量检查报告,简要分析盘点过程,提出盘点改善建议或感悟(写在盘点表的下面空白处)。

你将要盘点的货架上商品具体资料如表3.2所示。

表 3.2　货架陈列商品明细表

商品小类	商品名称	规格	单位	备注
洗衣粉	汰渍全效炫白加360度洁净力洗衣粉	1kg	袋	
	汰渍全效炫白加360度洁净力洗衣粉	300g	袋	
	汰渍全效炫白加360度洁净力洗衣粉	508g	袋	
	雕牌超效加酶洗衣粉	508g	袋	
	雕牌超效加酶洗衣粉	260g	袋	
	雕牌超白加香洗衣粉	518g	袋	
洗衣皂	雕牌洗衣皂	126g	块	
	雕牌洗衣皂	238g	块	
	雕牌洗衣皂	252g	块	
	立白去渍加酶皂	232g	块	每个单品的商品数量为0~20个,货架上商品总数150~200个
	汰渍三重功效洗衣皂	238g	块	
	汰渍柠檬清新洗衣皂	238g	块	
	汰渍洁净薰衣草香氛洗衣皂	126g	块	
洗衣液	蓝月亮深层洁净护理洗衣液(瓶)薰衣草	500ml	瓶	
	蓝月亮深层洁净护理洗衣液(袋)薰衣草	500ml	袋	
	蓝月亮深层洁净护理洗衣液(瓶装)自然清香	500ml	瓶	
	奥妙全自动高浓度洗衣液	2L	瓶	
	奥妙全自动高浓度洗衣液	500ml	瓶	
	奥妙全自动高浓度洗衣液	1L	瓶	
洗手液	蓝月亮清爽野菊花洗手液	500ml	瓶	
	蓝月亮芦荟抑菌洗手液	500ml	瓶	
	蓝月亮芦荟抑菌洗手液	300ml	瓶	
	威露士精装清新薄荷洗手液	525ml	瓶	
	威露士泡沫清新草本洗手液	300ml	瓶	
	威露士泡沫防敏感洗手液	300ml	瓶	

(2)完成任务应提交的相关材料

①商品盘点表;

②商品质量检查报告;

③质量问题商品(置于质量问题商品存放点)。

T3-3　测试题三

(1)测试任务

假设你是某连锁便利店的收银员,你将参与该店的一次临时盘点工作。盘点现场有编好号的货架、堆头若干个,每个货架上陈列了四个小分类商品,每个小分类商品有若干个单品,每个单品又有若干数量的商品,预计每个货架上的商品总数大约有150~200个,且货架上的商品中有5%左右存在质量问题(本项目所指商品的质量问题包括商品质量标志问题、保质期质量问题、包装质量问题等方面。质量标志问题要求对商品的质量安全标志、产品标准号、产品合格证明或生产许可证、生产商及生产地、产品配料等方面进行检查;保质期质量问题要求对商品的生产日期、保质期、到期日期等进行检查;包装质量问题要求对包装密封性、包装破损状况、包装材料等进行检查)。

你将现场初盘一个货架的商品(货架位置、编号等具体信息见公布栏上的盘点区域布置图与盘点人员安排表),同时将该货架上有质量问题的商品全部检查出来,置于质量问题商品存放点,并将其与其他非正常情况的商品一起登记在盘点表上(在表上备注栏做出说明),填写商品质量检查报告,简要分析盘点过程,提出盘点改善建议或感悟(写在盘点表的下面空白处)。

你将要盘点的货架上商品具体资料如表3.3所示。

表3.3　货架陈列商品明细表

商品小类	商品名称	规格	单位	备注
饼干	旺旺雪饼	84g	袋	每个单品的商品数量为0~20个,货架上商品总数150~200个
	旺旺原味鸡蛋煎饼	100g	袋	
	旺旺仙贝	52g	袋	
	好丽友巧克力五谷棒	58g	袋	
	好吃点香脆腰果饼干	108g	袋	
	好吃点香脆杏仁饼干	108g	袋	
糕点	徐福记凤梨酥	182g	盒	
	徐福记磨堡蛋糕(鸡蛋味)	95g	袋	
	徐福记沙琪玛	250g	袋	
	徐福记草莓酥	182g	袋	
	稻香村腰果酥	720g	箱	
	稻香村绿豆糕	250g	袋	

商品小类	商品名称	规格	单位	备注
巧克力	德芙丝滑牛奶巧克力	294g	盒	每个单品的商品数量为0～20个,货架上商品总数150～200个
	德芙榛仁颗粒巧克力	294g	盒	
	德芙黑浓香巧克力	294g	盒	
	金帝珍爱充气纯黑巧克力	155g	盒	
	金帝香脆榛仁巧克力	140g	盒	
	金帝牛奶巧克力	135g	盒	
茶叶	大一茶博士安溪铁观音(浓香型)	250g	袋	
	天福茗茶茉莉花茶	250g	罐	
	天福茗茶铁观音(清香型)	200g	盒	
	尚客茶品特级武夷山红茶	80g	罐	
	尚客茶品茉莉花茶	50g	罐	
	尚客茶品洞庭碧螺春茶(特级)	100g	罐	

(2)完成任务应提交的相关材料

①商品盘点表;

②商品质量检查报告;

③质量问题商品(置于质量问题商品存放点)。

T3-4 测试题四

(1)测试任务

假设你是某连锁便利店的理货员,该店按计划月底要进行一次通盘工作。盘点现场有编好号的货架、堆头若干个,每个货架上陈列了四个小分类商品,每个小分类商品有若干个单品,每个单品又有若干数量的商品,预计每个货架上的商品总数大约有150～200个,且货架上的商品中有5%左右存在质量问题(本项目所指商品的质量问题包括商品质量标志问题、保质期质量问题、包装质量问题等方面。质量标志问题要求对商品的质量安全标志、产品标准号、产品合格证明或生产许可证、生产商及生产地、产品配料等方面进行检查;保质期质量问题要求对商品的生产日期、保质期、到期日期等进行检查;包装质量问题要求对包装密封性、包装破损状况、包装材料等进行检查)。

你将现场初盘一个货架的商品(货架位置、编号等具体信息见公布栏上的盘点区域布置图与盘点人员安排表),同时将该货架上有质量问题的商品全部检查出来,置于质量问题商品存放点,并将其与其他非正常情况的商品一起登记在盘点表上(在表上备注栏做出说明),填写商品质量检查报告,简要分析盘点过程,提出盘点改善建议或感悟(写在盘点表的下面空白处)。

你将要盘点的货架上商品具体资料如表3.4所示。

表3.4 货架陈列商品明细表

商品小类	商品名称	规格	单位	备注
沐浴露	强生舒眠沐浴露	100ml	瓶	
	强生舒眠沐浴露	300ml	瓶	
	六神安睡舒缓沐浴露	750ml	瓶	
	六神清新滋润浴露	200ml	瓶	
	玉兰油凝萃草本健康沐浴露	200ml	瓶	
	玉兰油紧致活肤型沐浴露	400ml	瓶	
洗发露	飘柔精华护理洗发露	400ml	瓶	每个单品的商品数量为0~20个,货架上商品总数150~200个
	飘柔焗油去屑洗发露	400ml	瓶	
	飘柔山茶洗发露	200ml	瓶	
	海飞丝怡神冰凉洗发露	400ml	瓶	
	海飞丝去屑洗发露	400ml	瓶	
	潘婷丝质顺滑洗发露	200ml	瓶	
	潘婷乳液修复洗发露	200ml	瓶	
香皂	舒肤佳芦荟护肤皂	125g	块	
	舒肤佳清香怡神皂	125g	块	
	舒肤佳纯白清香皂	125g	块	
	玉兰油凝萃玫瑰营养香皂	125g	块	
	玉兰油香皂清莹纯净型	125g	块	
	玉兰油香皂清莹纯净型	125g	块	
洗手液	蓝月亮清爽野菊花洗手液	500ml	瓶	
	蓝月亮芦荟抑菌洗手液	500ml	瓶	
	蓝月亮芦荟抑菌洗手液	300ml	瓶	
	威露士精装清新薄荷洗手液	525ml	瓶	
	威露士泡沫清新草本洗手液	300ml	瓶	
	威露士泡沫防敏感洗手液	300ml	瓶	

(2)完成任务应提交的相关材料

①商品盘点表;
②商品质量检查报告;
③质量问题商品(置于质量问题商品存放点)。

T3-5 测试题五

(1)测试任务

假设你是某连锁食品店的理货员,你将参与该店的一次临时盘点工作。盘点现场有编好号的货架、堆头若干个,每个货架上陈列了四个小分类商品,每个小分类商品有若干个单品,每个单品又有若干数量的商品,预计每个货架上的商品总数大约有150~200个,且货架上的商品中有5%左右存在质量问题(本项目所指商品的质量问题包括商品质量标志问题、保质期质量问题、包装质量问题等方面。质量标志问题要求对商品的质量安全标志、产品标准号、产品合格证明或生产许可证、生产商及生产地、产品配料等方面进行检查;保质期质量问题要求对商品的生产日期、保质期、到期日期等进行检查;包装质量问题要求对包装密封性、包装破损状况、包装材料等进行检查)。

你将现场初盘一个货架的商品(货架位置、编号等具体信息见公布栏上的盘点区域布置图与盘点人员安排表),同时将该货架上有质量问题的商品全部检查出来,置于质量问题商品存放点,并将其与其他非正常情况的商品一起登记在盘点表上(在表上备注栏做出说明),填写商品质量检查报告,简要分析盘点过程,提出盘点改善建议或感悟(写在盘点表的下面空白处)。

你将要盘点的货架上商品具体资料如表 3.5 所示。

表 3.5 架陈列商品明细表

商品小类	商品名称	规格	单位	备注
方便米线	新达利香辣牛肉桶装米线	108g	桶	每个单品的商品数量为0～20个,货架上商品总数150～200个
	新达利香辣排骨桶装米线	120g	桶	
	新达利香菇炖鸡桶装米线	108g	桶	
	新达利清炖排骨桶装米线	108g	桶	
	香飘飘方便粉丝(鲜虾海苔)	80g	碗	
	香飘飘方便粉丝(红烧牛肉)	80g	碗	
方便面	统一100葱爆牛肉面	125g	袋	
	统一100酸辣牛肉面	125g	袋	
	统一100鲜虾鱼板面	125g	袋	
	康师傅红烧牛肉面	105g	袋	
	康师傅酸菜牛肉面	125g	袋	
	康师傅香菇炖鸡面	103g	袋	
奶粉	伊利高钙高铁奶粉	900g	听	
	伊利学生高钙奶粉	900g	听	
	雀巢全家营养甜奶粉	350g	袋	
	雀巢高钙甜奶粉	400g	袋	
	雀巢高钙高铁奶粉	900g	听	
麦片	皇室即溶加钙营养麦片	600g	袋	
	皇室即溶中老年营养麦片	720g	袋	
	西麦燕麦片(原味)	1500g	袋	
	西麦燕麦片(有机无糖)	400g	袋	
	西麦燕麦片(核桃高钙)	700g	袋	
	西麦燕麦片(红枣高铁)	105g	袋	

(2)完成任务应提交的相关材料

①商品盘点表;

②商品质量检查报告;

③质量问题商品(置于质量问题商品存放点)。

T3-6 测试题六

(1)测试任务

假设你是某大型连锁卖场的防损员,该店按计划最近要进行一次通盘工作。盘点现场有编好号的货架、堆头若干个,每个货架上陈列了四个小分类商品,每个小分类商品有若干个单品,每个单品又有若干数量的商品,预计每个货架上的商品总数大约有150~200个,且货架上的商品中有5%左右存在质量问题(本项目所指商品的质量问题包括商品质量标志问题、保质期质量问题、包装质量问题等方面。质量标志问题要求对商品的质量安全标志、产品标准号、产品合格证明或生产许可证、生产商及生产地、产品配料等方面进行检查;保质期质量问题要求对商品的生产日期、保质期、到期日期等进行检查;包装质量问题要求对包装密封性、包装破损状况、包装材料等进行检查)。

你将现场初盘一个货架的商品(货架位置、编号等具体信息见公布栏上的盘点区域布置图与盘点人员安排表),同时将该货架上有质量问题的商品全部检查出来,置于质量问题商品存放点,并将其与其他非正常情况的商品一起登记在盘点表上(在表上备注栏做出说明),填写商品质量检查报告,简要分析盘点过程,提出盘点改善建议或感悟(写在盘点表的下面空白处)。

你将要盘点的货架上商品具体资料如表3.6所示。

表3.6 货架陈列商品明细表

商品小类	商品名称	规格	单位	备注
茶叶	天福茗铁观音(清香型)	300g	盒	
	天福茗峨眉高山绿茶叶	250g	盒	
	天福茗铁观音(浓香型)	250g	盒	
	尚客茶品柴烧铁观音(浓香型)	250g	盒	
	尚客茶品人参乌龙茶叶	75g	罐	
	尚客茶品西湖龙井茶	250g	罐	
茶饮料	康师傅冰红茶	490ml	瓶	
	康师傅茉莉清茶	500ml	瓶	
	康师傅冰红茶	250ml	盒	
	香飘飘珍珠奶茶(原味红茶)	70g	杯	每个单品的商品数量为0~20个,货架上商品总数150~200个
	香飘飘珍珠奶茶(原味绿茶)	70g	杯	
功能饮料	健力宝橙蜜运动饮料	330ml	瓶	
	乐百氏脉动维生素饮料(橘子)	600ml	瓶	
	乐百氏脉动维生素饮料(青柠)	600ml	瓶	
	佳得乐运动饮料(冰橘)	600ml	瓶	
	佳得乐运动饮料(浆果)	600ml	瓶	
	佳得乐运动饮料(橙味)	600ml	瓶	
常温奶品	伊利早餐奶(芦荟味)	250ml	盒	
	伊利早餐奶(鸡蛋曲奇)	250ml	盒	
	伊利早餐奶(麦香)	250ml	盒	
	蒙牛特仑苏	250ml	盒	
	蒙牛早餐奶(鸡蛋味)	250ml	盒	
	蒙牛早餐奶(核桃味)	250ml	盒	

(2)完成任务应提交的相关材料

①商品盘点表;

②商品质量检查报告;

③质量问题商品(置于质量问题商品存放点)。

T3-7 测试题七

(1)测试任务

假设你是某连锁食品店的收银员,该店按计划最近要进行一次通盘工作。盘点现场有编好号的货架、堆头若干个,每个货架上陈列了四个小分类商品,每个小分类商品有若干个单品,每个单品又有若干数量的商品,预计每个货架上的商品总数大约有150~200个,且货架上的商品中有5%左右存在质量问题(本项目所指商品的质量问题包括商品质量标志问题、保质期质量问题、包装质量问题等方面。质量标志问题要求对商品的质量安全标志、产品标准号、产品合格证明或生产许可证、生产商及生产地、产品配料等方面进行检查;保质期质量问题要求对商品的生产日期、保质期、到期日期等进行检查;包装质量问题要求对包装密封性、包装破损状况、包装材料等进行检查)。

你将现场初盘一个货架的商品(货架位置、编号等具体信息见公布栏上的盘点区域布置图与盘点人员安排表),同时将该货架上有质量问题的商品全部检查出来,置于质量问题商品存放点,并将其与其他非正常情况的商品一起登记在盘点表上(在表上备注栏做出说明),填写商品质量检查报告,简要分析盘点过程,提出盘点改善建议或感悟(写在盘点表的下面空白处)。

你将要盘点的货架上商品具体资料如表3.7所示。

表 3.7 货架陈列商品明细表

商品小类	商品名称	规格	单位	备注
干果炒货	洽洽香瓜子	70g	包	每个单品的商品数量为0~20个,货架上商品总数150~200个
	洽洽香瓜子	110g	包	
	洽洽凉茶瓜子	70g	包	
	香飘飘花生(烤鸡味)	118g	包	
	香飘飘花生(牛肉味)	118g	包	
	香飘飘花生(牛肉味)	68g	包	
果脯蜜饯	亨仕利盐津葡萄	70g	袋	
	亨仕利情人梅	75g	袋	
	亨仕利盐津葡萄	180g	瓶	
	广信冰糖杨梅	128g	袋	
	广信正宗话梅	103g	袋	
	广信相思梅	128g	袋	

商品小类	商品名称	规格	单位	备注
休闲豆干	卤家庄泡椒豆干	95g	包	每个单品的商品数量为0～20个,货架上商品总数150～200个
	湘飘飘酒鬼豆干	75g	包	
	湘飘飘五香干	110g	包	
	湘飘飘绝味豆干	110g	包	
	馋嘴猴豆干	30g	包	
	馋嘴猴豆干	45g	包	
休闲鱼片	湘飘飘绝味海鱼	70g	袋	
	湘飘飘香辣素鱼片	45g	袋	
	湘飘飘水煮活鱼	42g	袋	
	湘飘飘素鱼片	110g	袋	
	呷呷嘴野心椒鱼仔	18g	包	
	呷呷嘴野心香辣鱼仔	18g	包	

(2)完成任务应提交的相关材料

①商品盘点表;

②商品质量检查报告;

③质量问题商品(置于质量问题商品存放点)。

T3-8　测试题八

(1)测试任务

假设你是某大型连锁超市的防损员,该店决定最近对一些损耗较大的商品进行选盘工作。盘点现场有编好号的货架、堆头若干个,每个货架上陈列了四个小分类商品,每个小分类商品有若干个单品,每个单品又有若干数量的商品,预计每个货架上的商品总数大约有150～200个,且货架上的商品中有5‰左右存在质量问题(本项目所指商品的质量问题包括商品质量标志问题、保质期质量问题、包装质量问题等方面。质量标志问题要求对商品的质量安全标志、产品标准号、产品合格证明或生产许可证、生产商及生产地、产品配料等方面进行检查;保质期质量问题要求对商品的生产日期、保质期、到期日期等进行检查;包装质量问题要求对包装密封性、包装破损状况、包装材料等进行检查)。

你将现场初盘一个货架的商品(货架位置、编号等具体信息见公布栏上的盘点区域布置图与盘点人员安排表),同时将该货架上有质量问题的商品全部检查出来,置于质量问题商品存放点,并将其与其他非正常情况的商品一起登记在盘点表上(在表上备注栏做出说明),填写商品质量检查报告,简要分析盘点过程,提出盘点改善建议或感悟(写在盘点表的下面空白处)。

你将要盘点的货架上商品具体资料如表3.8所示。

表 3.8　货架陈列商品明细表

商品小类	商品名称	规格	单位	备注
餐巾纸	心相印餐巾纸(玫瑰迷你型)	3 层	包	
	心相印餐巾纸(百合玉兰花香)	3 层	包	
	心相印餐巾纸(冰润薄荷)	3 层	包	
	清风原木纯品餐巾纸	3 层	包	
	清风伊甸幽香迷你型餐巾纸	3 层	包	
	清风粉红嘟嘟迷你型餐巾纸	3 层	包	
卫生纸	清风卷筒卫生纸(超质感系列)	183 克/卷,10 卷/提	提	
	清风长卷无心卫生纸	83 克/卷,10 卷/提	提	
	清风卷筒卫生纸(超质感系列)	145 克/卷,10 卷/提	提	每个单品的商品数量为 0～20 个,货架上商品总数 150～200 个
	维达卫生纸(蓝色经典系列)	140 克/卷,10 卷/提	提	
	维达无芯卫生纸(超韧系列)	140 克/卷,10 卷/提	提	
	维达无芯卫生纸(花之韵系列)	100 克/卷,10 卷/提	提	
卫生巾	ABC 夜用棉柔卫生巾	8 片	包	
	ABC 夜用纤薄卫生巾	8 片	包	
	ABC 日用棉柔卫生巾	8 片	包	
	护舒宝超值干爽贴身夜用卫生巾	5 片	包	
	护舒宝超值干爽贴身夜用卫生巾	10 片	包	
	护舒宝超值干爽贴身日用卫生巾	5 片	包	
卫生垫	七度空间冰感护垫	28 片	盒	
	七度空间纯棉表层薄型女生护垫	18 片	盒	
	七度空间冰感护垫	18 片	盒	
	娇爽清新呵护护垫	40 片	包	
	娇爽无感体验超薄透气无香护垫	30 片	包	
	娇爽无感体验超薄透气淡香护垫	30 片	包	

(2)完成任务应提交的相关材料

①商品盘点表;

②商品质量检查报告;

③质量问题商品(置于质量问题商品存放点)。

T3-9　测试题九

(1)测试任务

假设你是某连锁便利店的理货员,你将参与该店的一次临时盘点工作。盘点现场有编好号的货架、堆头若干个,每个货架上陈列了四个小分类商品,每个小分类商品有若干个单品,每个单品又有若干数量的商品,预计每个货架上的商品总数大约有 150～200 个,且货架上的商品中有 5％左右存在质量问题(本项目所指商品的质量问题包括商品质量标志问题、保质期质量问题、包装质量问题等方面。质量标志问题要求对商品的质量安全标志、产品标准号、产品合格证明或生产许可证、生产商及生产地、产品配料等方面进行检查;保质期质量问题要求对商品的生产日期、保质期、到期日期等进行检查;包装质量问题要求对包装密封性、包装破损状况、包装材料等进行检查)。

你将现场初盘一个货架的商品(货架位置、编号等具体信息见公布栏上的盘点区域布置图与盘点人员安排表),同时将该货架上有质量问题的商品全部检查出来,置于质量问题商品存放点,并将其与其他非正常情况的商品一起登记在盘点表上(在表上备注栏做出说明),填写商品质量检查报告,简要分析盘点过程,提出盘点改善建议或感悟(写在盘点表的下面空白处)。

你将要盘点的货架上商品具体资料如表 3.9 所示。

表 3.9　货架陈列商品明细表

商品小类	商品名称	规格	单位	备注
啤酒	青岛啤酒 11 度	600ml	瓶	
	青岛超爽啤酒	640ml	瓶	
	青岛纯生啤酒	500ml	瓶	
	蓝带蓝宝纯生啤酒	500ml	瓶	
	蓝带啤酒	355ml	听	
	蓝蓝宝纯生听啤酒	355ml	听	
功能饮料	健力宝橙蜜运动饮料	330ml	瓶	每个单品的商品数量为 0～20 个,货架上商品总数 150～200 个
	乐百氏脉动维生素饮料(橘子)	600ml	瓶	
	乐百氏脉动维生素饮料(青柠)	600ml	瓶	
	乐百氏－脉动青苹果口味	600ml	瓶	
	乐百氏－脉动橘子口味	600ml	瓶	
	乐百氏－脉动水蜜桃口味	600ml	瓶	
方便面	康师傅酸菜牛肉面	125g	袋	
	康师傅香菇炖鸡面	103g	袋	
	康师傅香辣牛肉面	130g	袋	
	巧面馆香菇炖鸡袋面	98g	袋	
	巧面馆红烧牛肉袋面	98g	袋	
	统一来一桶红烧牛肉面	120g	袋	
方便米线	香飘飘过桥米线(鲜虾海苔)	100g	碗	
	香飘飘过桥米线(红烧牛肉)	100g	碗	
	香飘飘过桥米线(川香酸辣)	108g	碗	
	新达利香辣牛肉桶装米线	108g	桶	
	新达利香辣排骨桶装米线	120g	桶	
	新达利香菇炖鸡桶装米线	108g	桶	

(2)完成任务应提交的相关材料

①商品盘点表;
②商品质量检查报告;
③质量问题商品(置于质量问题商品存放点)。

T3-10　测试题十

(1)测试任务

假设你是某连锁便利店的收银员,该店按计划月底要进行一次通盘工作。盘点现场有编好号的货架、堆头若干个,每个货架上陈列了四个小分类商品,每个小分类商品有若干个单品,每个单品又有若干数量的商品,预计每个货架上的商品总数大约有150～200个,且货架上的商品中有5％左右存在质量问题(本项目所指商品的质量问题包括商品质量标志问题、保质期质量问题、包装质量问题等方面。质量标志问题要求对商品的质量安全标志、产品标准号、产品合格证明或生产许可证、生产商及生产地、产品配料等方面进行检查;保质期质量问题要求对商品的生产日期、保质期、到期日期等进行检查;包装质量问题要求对包装密封性、包装破损状况、包装材料等进行检查)。

你将现场初盘一个货架的商品(货架位置、编号等具体信息见公布栏上的盘点区域布置图与盘点人员安排表),同时将该货架上有质量问题的商品全部检查出来,置于质量问题商品存放点,并将其与其他非正常情况的商品一起登记在盘点表上(在表上备注栏做出说明),填写商品质量检查报告,简要分析盘点过程,提出盘点改善建议或感悟(写在盘点表的下面空白处)。

你将要盘点的货架上商品具体资料如表3.10所示。

表3.10　货架陈列商品明细表

商品小类	商品名称	规格	单位	备注
巧克力	德芙脆香米巧克力	15g	块	
	德芙纯奶巧克力	250g	盒	
	德芙花生夹心巧克力	20g	块	
	金帝珍爱充气纯黑巧克力	155g	盒	
	金帝香脆榛仁巧克力	140g	盒	
	金帝牛奶巧克力	135g	盒	
软糖	上好佳牛奶软糖	120g	包	
	上好佳哈密瓜味软奶糖	120g	包	每个单品的商品数量为0～20个,货架上商品总数150～200个
	上好佳嚼味薄荷软糖	120g	包	
	金帝果汁软糖(酸橙)	200g	盒	
	金帝果汁软糖(草莓)	200g	盒	
	徐福记果汁软糖	375g	袋	
果脯蜜饯	亨仕利盐津葡萄	70g	袋	
	亨仕利情人梅	75g	袋	
	亨仕利盐津葡萄	180g	瓶	
	广信冰糖杨梅	128g	袋	
	广信正宗话梅	103g	袋	
	广信相思梅	128g	袋	
干果炒货	香飘飘花生(牛肉味)	118g	包	
	香飘飘花生(牛肉味)	68g	包	
	香飘飘花生(原味)	68g	包	
	洽洽怪怪豆(麻辣)	23g	包	
	洽洽怪怪豆(番茄)	23g	包	
	洽洽怪怪豆(五香)	23g	包	

(2)完成任务应提交的相关材料

①商品盘点表；
②商品质量检查报告；
③质量问题商品(置于质量问题商品存放点)。

T3-11　测试题十一

(1)测试任务

假设你是某大型连锁卖场的收银员,该店按计划最近要进行一次通盘工作。盘点现场有编好号的货架、堆头若干个,每个货架上陈列了四个小分类商品,每个小分类商品有若干个单品,每个单品又有若干数量的商品,预计每个货架上的商品总数大约有150～200个,且货架上的商品中有5%左右存在质量问题(本项目所指商品的质量问题包括商品质量标志问题、保质期质量问题、包装质量问题等方面。质量标志问题要求对商品的质量安全标志、产品标准号、产品合格证明或生产许可证、生产商及生产地、产品配料等方面进行检查;保质期质量问题要求对商品的生产日期、保质期、到期日期等进行检查;包装质量问题要求对包装密封性、包装破损状况、包装材料等进行检查)。

你将现场初盘一个货架的商品(货架位置、编号等具体信息见公布栏上的盘点区域布置图与盘点人员安排表),同时将该货架上有质量问题的商品全部检查出来,置于质量问题商品存放点,并将其与其他非正常情况的商品一起登记在盘点表上(在表上备注栏做出说明),填写商品质量检查报告,简要分析盘点过程,提出盘点改善建议或感悟(写在盘点表的下面空白处)。

你将要盘点的货架上商品具体资料如表3.11所示。

表3.11　货架陈列商品明细表

商品小类	商品名称	规格	单位	备注
牙膏	高露洁防蛀美白牙膏	90g	支	每个单品的商品数量为0～20个,货架上商品总数150～200个
	高露洁三重功效牙膏	140g	支	
	高露洁草本牙膏	90g	支	
	佳洁士强根固齿牙膏	90g	支	
	佳洁士草本水晶牙膏	90g	支	
	佳洁士盐白牙膏	90g	支	
牙刷	高露洁旋风清新牙刷	72g	支	
	高露洁前驱全控牙刷	72g	支	
	佳洁士全优7效牙刷	72g	支	
	佳洁士三重护理牙刷	72g	支	
	黑人彩浪健齿牙刷	72g	支	
	黑人透爽深洁牙刷	72g	支	

商品小类	商品名称	规格	单位	备注
饮用水	农夫山泉天然水	380 ml	瓶	每个单品的商品数量为0～20个,货架上商品总数150～200个
	农夫山泉天然水	1.5L	瓶	
	农夫山泉天然水	556ml	瓶	
	康师傅纯净水	600ml	瓶	
	康师傅纯净水	350ml	瓶	
	康师傅矿物质水	550ml	瓶	
茶叶	大一茶博士安溪铁观音(浓香型)	250g	袋	
	天福茗茶茉莉花茶	250g	罐	
	天福茗铁观音(清香型)	200g	盒	
	尚客茶品特级武夷山红茶	80g	罐	
	尚客茶品茉莉花茶	50g	罐	
	尚客茶品洞庭碧螺春茶(特级)	100g	罐	

(2)完成任务应提交的相关材料

①商品盘点表;

②商品质量检查报告;

③质量问题商品(置于质量问题商品存放点)。

T3-12　测试题十二

(1)测试任务

假设你是某大型连锁卖场的导购员,你将参与该店的一次临时盘点工作。盘点现场有编好号的货架、堆头若干个,每个货架上陈列了四个小分类商品,每个小分类商品有若干个单品,每个单品又有若干数量的商品,预计每个货架上的商品总数大约有150～200个,且货架上的商品中有5%左右存在质量问题(本项目所指商品的质量问题包括商品质量标志问题、保质期质量问题、包装质量问题等方面。质量标志问题要求对商品的质量安全标志、产品标准号、产品合格证明或生产许可证、生产商及生产地、产品配料等方面进行检查;保质期质量问题要求对商品的生产日期、保质期、到期日期等进行检查;包装质量问题要求对包装密封性、包装破损状况、包装材料等进行检查)。

你将现场初盘一个货架的商品(货架位置、编号等具体信息见公布栏上的盘点区域布置图与盘点人员安排表),同时将该货架上有质量问题的商品全部检查出来,置于质量问题商品存放点,并将其与其他非正常情况的商品一起登记在盘点表上(在表上备注栏做出说明),填写商品质量检查报告,简要分析盘点过程,提出盘点改善建议或感悟(写在盘点表的下面空白处)。

你将要盘点的货架上商品具体资料如表3.12所示。

表 3.12　货架陈列商品明细表

商品小类	商品名称	规格	单位	备注
方便面	统一100葱爆牛肉面	125g	袋	每个单品的商品数量为0~20个,货架上商品总数150~200个
	统一100酸辣牛肉面	125g	袋	
	统一100鲜虾鱼板面	125g	袋	
	康师傅红烧牛肉面	105g	袋	
	康师傅酸菜牛肉面	125g	袋	
	康师傅香菇炖鸡面	103g	袋	
饼干	旺旺雪饼	84g	袋	
	旺旺原味鸡蛋煎饼	100g	袋	
	旺旺仙贝	52g	袋	
	好丽友巧克力五谷棒	58g	袋	
	好吃点香脆腰果饼干	108g	袋	
	好吃点香脆杏仁饼干	108g	袋	
	旺旺雪饼	84g	袋	
休闲豆干	卤家庄泡椒豆干	95g	包	
	湘飘飘酒鬼豆干	75g	包	
	湘飘飘五香干	110g	包	
	湘飘飘绝味豆干	110g	包	
	馋嘴猴豆干	30g	包	
	馋嘴猴豆干	45g	包	
肉脯食品	湖湘贡手撕鸭肉	40g	包	
	湖湘贡手撕香肉	30g	包	
	湖湘贡手撕鸭脖	60g	包	
	唯新猪肉脯(黑胡椒味)	50g	包	
	唯新猪肉脯(麻辣味)	50g	包	

(2)完成任务应提交的相关材料

①商品盘点表;

②商品质量检查报告;

③质量问题商品(置于质量问题商品存放点)。

T3-13　测试题十三

(1)测试任务

假设你是某连锁食品店的收银员,该店按计划最近要进行一次通盘工作。盘点现场有编好号的货架、堆头若干个,每个货架上陈列了四个小分类商品,每个小分类商品有若干个单品,每个单品又有若干数量的商品,预计每个货架上的商品总数大约有150~200个,且货架上的商品中有5%左右存在质量问题(本项目所指商品的质量问题包括商品质量标志问题、保质期质量问题、包装质量问题等方面。质量标志问题要求对商品的质量安全标志、产品标准号、产品合格证明或生产许可证、生产商及生产地、产品配料等方面进行检查;保质期质量问题要求对商品的生产日期、保质期、到期日期等进行检查;包装质量问题要求对包装密封性、包装破损状况、包装材料等进行检查)。

你将现场初盘一个货架的商品(货架位置、编号等具体信息见公布栏上的盘点区域布置图与盘点人员安排表),同时将该货架上有质量问题的商品全部检查出来,置于质量问题商品存放点,并将其与其他非正常情况的商品一起登记在盘点表上(在表上备注栏做出说明),填写商品质量检查报告,简要分析盘点过程,提出盘点改善建议或感悟(写在盘点表的下面空白处)。

你将要盘点的货架上商品具体资料如表 3.13 所示。

表 3.13　货架陈列商品明细表

商品小类	商品名称	规格	单位	备注
功能饮料	健力宝橙蜜运动饮料	330ml	瓶	
	乐百氏脉动维生素饮料(橘子)	600ml	瓶	
	乐百氏脉动维生素饮料(青柠)	600ml	瓶	
	佳得乐运动饮料(冰橘)	600ml	瓶	
	佳得乐运动饮料(浆果)	600ml	瓶	
	佳得乐运动饮料(橙味)	600ml	瓶	
果汁饮料	美汁源果粒橙	450ml	瓶	每个单品的商品数量为0~20个,货架上商品总数150~200个
	美汁源果粒橙	600ml	瓶	
	统一果粒橙	450ml	瓶	
	统一鲜橙多	1L	瓶	
	汇源番茄果汁	1L	瓶	
	汇源桃果汁	1L	瓶	
饮用水	农夫山泉天然水	380 ml	瓶	
	农夫山泉天然水	1.5L	瓶	
	农夫山泉天然水	556ml	瓶	
	康师傅纯净水	600ml	瓶	
	康师傅纯净水	350ml	瓶	
	康师傅矿物质水	550ml	瓶	
碳酸饮料	可口可乐易拉罐	335ml	罐	
	可口可乐	600ml	瓶	
	可口可乐	1.25L	瓶	
	百事可乐易拉罐	335ml	罐	
	百事可乐	500ml	瓶	
	百事可乐	1.25L	瓶	

(2)完成任务应提交的相关材料

①商品盘点表;
②商品质量检查报告;
③质量问题商品(置于质量问题商品存放点)。

T3-14　测试题十四

(1)测试任务

假设你是某连锁食品店的理货员,该店决定最近对一些损耗较大的商品进行选盘工作。

盘点现场有编好号的货架、堆头若干个,每个货架上陈列了四个小分类商品,每个小分类商品有若干个单品,每个单品又有若干数量的商品,预计每个货架上的商品总数大约有150～200个,且货架上的商品中有5％左右存在质量问题(本项目所指商品的质量问题包括商品质量标志问题、保质期质量问题、包装质量问题等方面。质量标志问题要求对商品的质量安全标志、产品标准号、产品合格证明或生产许可证、生产商及生产地、产品配料等方面进行检查;保质期质量问题要求对商品的生产日期、保质期、到期日期等进行检查;包装质量问题要求对包装密封性、包装破损状况、包装材料等进行检查)。

你将现场初盘一个货架的商品(货架位置、编号等具体信息见公布栏上的盘点区域布置图与盘点人员安排表),同时将该货架上有质量问题的商品全部检查出来,置于质量问题商品存放点,并将其与其他非正常情况的商品一起登记在盘点表上(在表上备注栏做出说明),填写商品质量检查报告,简要分析盘点过程,提出盘点改善建议或感悟(写在盘点表的下面空白处)。

你将要盘点的货架上商品具体资料如表3.14所示。

表3.14　货架陈列商品明细表

商品小类	商品名称	规格	单位	备注
饼干	旺旺雪饼	84g	袋	
	旺旺原味鸡蛋煎饼	100g	袋	
	旺旺仙贝	52g	袋	
	好丽友巧克力五谷棒	58g	袋	
	好吃点香脆腰果饼干	108g	袋	
	好吃点香脆杏仁饼干	108g	袋	
糕点	徐福记凤梨酥	182g	盒	
	徐福记磨堡蛋糕(鸡蛋味)	95g	袋	
	徐福记沙琪玛	250g	袋	
	徐福记草莓酥	182g	袋	每个单品的商品数量为0～20个,货架上商品总数150～200个
	稻香村腰果酥	720g	箱	
	稻香村绿豆糕	250g	袋	
巧克力	德芙丝滑牛奶巧克力	294g	盒	
	德芙榛仁颗粒巧克力	294g	盒	
	德芙黑浓香巧克力	294g	盒	
	金帝珍爱充气纯黑巧克力	155g	盒	
	金帝香脆榛仁巧克力	140g	盒	
	金帝牛奶巧克力	135g	盒	
麦片	皇室即溶加钙营养麦片	600g	袋	
	皇室即溶中老年营养麦片	720g	袋	
	西麦燕麦片(原味)	1500g	袋	
	西麦燕麦片(有机无糖)	400g	袋	
	西麦燕麦片(核桃高钙)	700g	袋	
	西麦燕麦片(红枣高铁)	105g	袋	

(2)完成任务应提交的相关材料

①商品盘点表；
②商品质量检查报告；
③质量问题商品(置于质量问题商品存放点)。

T3-15 测试题十五

(1)测试任务

假设你是某连锁便利店的收银员，你将参与该店的一次临时盘点工作。盘点现场有编好号的货架、堆头若干个，每个货架上陈列了四个小分类商品，每个小分类商品有若干个单品，每个单品又有若干数量的商品，预计每个货架上的商品总数大约有150～200个，且货架上的商品中有5%左右存在质量问题(本项目所指商品的质量问题包括商品质量标志问题、保质期质量问题、包装质量问题等方面。质量标志问题要求对商品的质量安全标志、产品标准号、产品合格证明或生产许可证、生产商及生产地、产品配料等方面进行检查；保质期质量问题要求对商品的生产日期、保质期、到期日期等进行检查；包装质量问题要求对包装密封性、包装破损状况、包装材料等进行检查)。

你将现场初盘一个货架的商品(货架位置、编号等具体信息见公布栏上的盘点区域布置图与盘点人员安排表)，同时将该货架上有质量问题的商品全部检查出来，置于质量问题商品存放点，并将其与其他非正常情况的商品一起登记在盘点表上(在表上备注栏做出说明)，填写商品质量检查报告，简要分析盘点过程，提出盘点改善建议或感悟(写在盘点表的下面空白处)。

你将要盘点的货架上商品具体资料如表3.15所示。

表 3.15　货架陈列商品明细表

商品小类	商品名称	规格	单位	备注
方便米线	新达利香辣牛肉桶装米线	108g	桶	个单品的商品数量为 0～20 个，货架上商品总数 150～200 个
	新达利香辣排骨桶装米线	120g	桶	
	新达利香菇炖鸡桶装米线	108g	桶	
	新达利清炖排骨桶装米线	108g	桶	
	香飘飘方便粉丝(鲜虾海苔)	80g	碗	
	香飘飘方便粉丝(红烧牛肉)	80g	碗	
方便面	统一100葱爆牛肉面	125g	袋	
	统一100酸辣牛肉面	125g	袋	
	统一100鲜虾鱼板面	125g	袋	
	康师傅红烧牛肉面	105g	袋	
	康师傅酸菜牛肉面	125g	袋	
	康师傅香菇炖鸡面	103g	袋	

商品小类	商品名称	规格	单位	备注
糕点	徐福记凤梨酥	182g	盒	
	徐福记磨堡蛋糕（鸡蛋味）	95g	袋	
	徐福记沙琪玛	250g	袋	
	徐福记草莓酥	182g	袋	每个单品的商品数量为0～20个，货架上商品总数150～200个
	稻香村腰果酥	720g	箱	
麦片	皇室即溶加钙营养麦片	600g	袋	
	皇室即溶中老年营养麦片	720g	袋	
	西麦燕麦片（原味）	1500g	袋	
	西麦燕麦片（有机无糖）	400g	袋	
	西麦燕麦片（核桃高钙）	700g	袋	
	西麦燕麦片（红枣高铁）	105g	袋	

（2）完成任务应提交的相关材料

①商品盘点表；
②商品质量检查报告；
③质量问题商品（置于质量问题商品存放点）。

T3-16 测试题十六

（1）测试任务

假设你是某连锁便利店的理货员，该店按计划月底要进行一次通盘工作。盘点现场有编好号的货架、堆头若干个，每个货架上陈列了四个小分类商品，每个小分类商品有若干个单品，每个单品又有若干数量的商品，预计每个货架上的商品总数大约有150～200个，且货架上的商品中有5%左右存在质量问题（本项目所指商品的质量问题包括商品质量标志问题、保质期质量问题、包装质量问题等方面。质量标志问题要求对商品的质量安全标志、产品标准号、产品合格证明或生产许可证、生产商及生产地、产品配料等方面进行检查；保质期质量问题要求对商品的生产日期、保质期、到期日期等进行检查；包装质量问题要求对包装密封性、包装破损状况、包装材料等进行检查）。

你将现场初盘一个货架的商品（货架位置、编号等具体信息见公布栏上的盘点区域布置图与盘点人员安排表），同时将该货架上有质量问题的商品全部检查出来，置于质量问题商品存放点，并将其与其他非正常情况的商品一起登记在盘点表上（在表上备注栏做出说明），填写商品质量检查报告，简要分析盘点过程，提出盘点改善建议或感悟（写在盘点表的下面空白处）。

你将要盘点的货架上商品具体资料如表3.16所示。

表 3.16　货架陈列商品明细表

商品小类	商品名称	规格	单位	备注
巧克力	德芙脆香米巧克力	15g	块	每个单品的商品数量为0～20个,货架上商品总数150～200个
	德芙纯奶巧克力	250g	盒	
	德芙花生夹心巧克力	20g	块	
	金帝珍爱充气纯黑巧克力	155g	盒	
	金帝香脆榛仁巧克力	140g	盒	
	金帝牛奶巧克力	135g	盒	
果脯蜜饯	亨仕利盐津葡萄	70g	袋	
	亨仕利情人梅	75g	袋	
	亨仕利盐津葡萄	180g	瓶	
	广信冰糖杨梅	128g	袋	
	广信正宗话梅	103g	袋	
	广信相思梅	128g	袋	
休闲豆干	卤家庄泡椒豆干	95g	包	
	湘飘飘酒鬼豆干	75g	包	
	湘飘飘五香干	110g	包	
	湘飘飘绝味豆干	110g	包	
	馋嘴猴豆干	30g	包	
	馋嘴猴豆干	45g	包	
休闲鱼片	湘飘飘绝味海鱼	70g	袋	
	湘飘飘香辣素鱼片	45g	袋	
	湘飘飘水煮活鱼	42g	袋	
	湘飘飘素鱼片	110g	袋	
	咂咂嘴野心椒鱼仔	18g	包	
	咂咂嘴野心香辣鱼仔	18g	包	

(2)完成任务应提交的相关材料

①商品盘点表;
②商品质量检查报告;
③质量问题商品(置于质量问题商品存放点)。

T3-17　测试题十七

(1)测试任务

假设你是某大型连锁卖场的防损员,该店按计划最近要进行一次通盘工作。盘点现场有编好号的货架、堆头若干个,每个货架上陈列了四个小分类商品,每个小分类商品有若干个单品,每个单品又有若干数量的商品,预计每个货架上的商品总数大约有 150～200 个,且货架上的商品中有 5% 左右存在质量问题(本项目所指商品的质量问题包括商品质量标志问题、保质期质量问题、包装质量问题等方面。质量标志问题要求对商品的质量安全标志、产品标准号、产品合格证明或生产许可证、生产商及生产地、产品配料等方面进行检查;保质期质量问题要求对商品的生产日期、保质期、到期日期等进行检查;包装质量问题要求对包装密封性、包装破损状况、包装材料等进行检查)。

你将现场初盘一个货架的商品(货架位置、编号等具体信息见公布栏上的盘点区域布置图与盘点人员安排表),同时将该货架上有质量问题的商品全部检查出来,置于质量问题商品存放点,并将其与其他非正常情况的商品一起登记在盘点表上(在表上备注栏做出说明),填写商品质量检查报告,简要分析盘点过程,提出盘点改善建议或感悟(写在盘点表的下面空白处)。

你将要盘点的货架上商品具体资料如表 3.17 所示。

表 3.17　货架陈列商品明细表

商品小类	商品名称	规格	单位	备注
啤酒	青岛啤酒	600ml	瓶	每个单品的商品数量为 0～20个,货架上商品总数 150～200 个
	青岛超爽啤酒	640ml	瓶	
	青岛纯生啤酒	500ml	瓶	
	蓝带蓝宝纯生啤酒	500ml	瓶	
	蓝带啤酒	355ml	听	
	蓝蓝宝纯生听装啤酒	355ml	听	
功能饮料	健力宝橙蜜运动饮料	330ml	瓶	
	乐百氏脉动维生素饮料(橘子)	600ml	瓶	
	乐百氏脉动维生素饮料(青柠)	600ml	瓶	
	乐百氏—脉动青苹果口味	600ml	瓶	
	乐百氏—脉动橘子口味	600ml	瓶	
	乐百氏—脉动水蜜桃口味	600ml	瓶	
果汁饮料	美汁源果粒橙	450ml	瓶	
	美汁源果粒橙	600ml	瓶	
	统一果粒橙	450ml	瓶	
	统一鲜橙多	1L	瓶	
	汇源番茄果汁	1L	瓶	
	汇源桃果汁	1L	瓶	
方便米线	香飘飘过桥米线(鲜虾海苔)	100g	碗	
	香飘飘过桥米线(红烧牛肉)	100g	碗	
	香飘飘过桥米线(川香酸辣)	108g	碗	
	新达利香辣牛肉桶装米线	108g	桶	
	新达利香辣排骨桶装米线	120g	桶	
	新达利香菇炖鸡桶装米线	108g	桶	

(2)完成任务应提交的相关材料

①商品盘点表;

②商品质量检查报告;

③质量问题商品(置于质量问题商品存放点)。

T3-18　测试题十八

(1)测试任务

假设你是某大型连锁卖场的理货员,你将参与该店的一次临时盘点工作。盘点现场有编好号的货架、堆头若干个,每个货架上陈列了四个小分类商品,每个小分类商品有若干个单品,每个单品又有若干数量的商品,预计每个货架上的商品总数大约有 150～200 个,且货架上的商品中有 5% 左右存在质量问题(本项目所指商品的质量问题包括商品质量标志问题、保质期质量问题、包装质量问题等方面。质量标志问题要求对商品的质量安全标志、产品标准号、产品合格证明或生产许可证、生产商及生产地、产品配料等方面进行检查;保质期质量问题要求对商品的生产日期、保质期、到期日期等进行检查;包装质量问题要求对包装密封性、包装破损状况、包装材料等进行检查)。

你将现场初盘一个货架的商品(货架位置、编号等具体信息见公布栏上的盘点区域布置图与盘点人员安排表),同时将该货架上有质量问题的商品全部检查出来,置于质量问题商品存放点,并将其与其他非正常情况的商品一起登记在盘点表上(在表上备注栏做出说明),填写商品质量检查报告,简要分析盘点过程,提出盘点改善建议或感悟(写在盘点表的下面空白处)。

你将要盘点的货架上商品具体资料如表 3.18 所示。

表 3.18　货架陈列商品明细表

商品小类	商品名称	规格	单位	备注
方便面	统一 100 葱爆牛肉面	125g	袋	
	统一 100 酸辣牛肉面	125g	袋	
	统一 100 鲜虾鱼板面	125g	袋	
	康师傅红烧牛肉面	105g	袋	
	康师傅酸菜牛肉面	125g	袋	
	康师傅香菇炖鸡面	103g	袋	
方便米线	香飘飘过桥米线(鲜虾海苔)	100g	碗	每个单品的商品数量为 0～20 个,货架上商品总数 150～200 个
	香飘飘过桥米线(红烧牛肉)	100g	碗	
	香飘飘过桥米线(川香酸辣)	108g	碗	
	新达利香辣牛肉桶装米线	108g	桶	
	新达利香辣排骨桶装米线	120g	桶	
	新达利香菇炖鸡桶装米线	108g	桶	
	香飘飘过桥米线(鲜虾海苔)	100g	碗	
休闲豆干	卤家庄泡椒豆干	95g	包	
	湘飘飘酒鬼豆干	75g	包	
	湘飘飘五香干	110g	包	
	湘飘飘绝味豆干	110g	包	
	馋嘴猴豆干	30g	包	
	馋嘴猴豆干	45g	包	
肉脯食品	湖湘贡手撕鸭肉	40g	包	
	湖湘贡手撕香肉	30g	包	
	湖湘贡手撕鸭脖	60g	包	
	唯新猪肉脯(黑胡椒味)	50g	包	
	唯新猪肉脯(麻辣味)	50g	包	

(2)完成任务应提交的相关材料

①商品盘点表；
②商品质量检查报告；
③质量问题商品(置于质量问题商品存放点)。

T3-19　测试题十九

(1)测试任务

假设你是某大型连锁超市的收银员,该店按计划最近要进行一次通盘工作。盘点现场有编好号的货架、堆头若干个,每个货架上陈列了四个小分类商品,每个小分类商品有若干个单品,每个单品又有若干数量的商品,预计每个货架上的商品总数大约有150～200个,且货架上的商品中有5%左右存在质量问题(本项目所指商品的质量问题包括商品质量标志问题、保质期质量问题、包装质量问题等方面。质量标志问题要求对商品的质量安全标志、产品标准号、产品合格证明或生产许可证、生产商及生产地、产品配料等方面进行检查;保质期质量问题要求对商品的生产日期、保质期、到期日期等进行检查;包装质量问题要求对包装密封性、包装破损状况、包装材料等进行检查)。

你将现场初盘一个货架的商品(货架位置、编号等具体信息见公布栏上的盘点区域布置图与盘点人员安排表),同时将该货架上有质量问题的商品全部检查出来,置于质量问题商品存放点,并将其与其他非正常情况的商品一起登记在盘点表上(在表上备注栏做出说明),填写商品质量检查报告,简要分析盘点过程,提出盘点改善建议或感悟(写在盘点表的下面空白处)。

你将要盘点的货架上商品具体资料如表3.19所示。

表 3.19　货架陈列商品明细表

商品小类	商品名称	规格	单位	备注
洗发露	飘柔精华护理洗发露	400ml	瓶	每个单品的商品数量为0～20个,货架上商品总数150～200个
	飘柔焗油去屑洗发露	400ml	瓶	
	飘柔山茶洗发露	200ml	瓶	
	海飞丝怡神冰凉洗发露	400ml	瓶	
	海飞丝去屑洗发露	400ml	瓶	
	潘婷丝质顺滑洗发露	200ml	瓶	
洗衣粉	汰渍全效炫白加360度洁净力洗衣粉	1kg	袋	
	汰渍全效炫白加360度洁净力洗衣粉	300g	袋	
	汰渍全效炫白加360度洁净力洗衣粉	508g	袋	
	雕牌超效加酶洗衣粉	508g	袋	
	雕牌超效加酶洗衣粉	260g	袋	
	雕牌超白加香洗衣粉	518g	袋	

商品小类	商品名称	规格	单位	备注
洗衣液	蓝月亮深层洁净护理洗衣液（瓶装）薰衣草	500g	瓶	每个单品的商品数量为0～20个，货架上商品总数150～200个
	蓝月亮深层洁净护理洗衣液（袋装）薰衣草	500g	袋	
	蓝月亮深层洁净护理洗衣液（瓶装）自然清香	500g	瓶	
	奥妙全自动高浓度洗衣液	2kg	瓶	
	奥妙全自动高浓度洗衣液	500g	瓶	
	奥妙全自动高浓度洗衣液	1kg	瓶	
洗手液	蓝月亮清爽野菊花洗手液	500ml	瓶	
	蓝月亮芦荟抑菌洗手液	500ml	瓶	
	蓝月亮芦荟抑菌洗手液	300ml	瓶	
	威露士精装清新薄荷洗手液	525ml	瓶	
	威露士泡沫清新草本洗手液	300ml	瓶	
	威露士泡沫防敏感洗手液	300ml	瓶	

（2）完成任务应提交的相关材料

①商品盘点表；

②商品质量检查报告；

③质量问题商品（置于质量问题商品存放点）。

T3-20　测试题二十

（1）测试任务

假设你是某大型连锁超市的防损员，该店决定最近对一些损耗较大的商品进行选盘工作。盘点现场有编好号的货架、堆头若干个，每个货架上陈列了四个小分类商品，每个小分类商品有若干个单品，每个单品又有若干数量的商品，预计每个货架上的商品总数大约有150～200个，且货架上的商品中有5％左右存在质量问题（本项目所指商品的质量问题包括商品质量标志问题、保质期质量问题、包装质量问题等方面。质量标志问题要求对商品的质量安全标志、产品标准号、产品合格证明或生产许可证、生产商及生产地、产品配料等方面进行检查；保质期质量问题要求对商品的生产日期、保质期、到期日期等进行检查；包装质量问题要求对包装密封性、包装破损状况、包装材料等进行检查）。

你将现场初盘一个货架的商品（货架位置、编号等具体信息见公布栏上的盘点区域布置图与盘点人员安排表），同时将该货架上有质量问题的商品全部检查出来，置于质量问题商品存放点，并将其与其他非正常情况的商品一起登记在盘点表上（在表上备注栏做出说明），填写商品质量检查报告，简要分析盘点过程，提出盘点改善建议或感悟（写在盘点表的下面空白处）。

你将要盘点的货架上商品具体资料如表3.20所示。

表 3.20　货架陈列商品明细表

商品小类	商品名称	规格	单位	备注
沐浴露	强生舒眠沐浴露	100ml	瓶	每个单品的商品数量为 0～20 个，货架上商品总数 150～200 个
	强生舒眠沐浴露	300ml	瓶	
	六神安睡舒缓沐浴露	750ml	瓶	
	六神清新滋润浴露	200ml	瓶	
	玉兰油凝萃草本健康沐浴露	200ml	瓶	
	玉兰油紧致活肤型沐浴露	400ml	瓶	
洗发露	飘柔精华护理洗发露	400ml	瓶	
	飘柔焗油去屑洗发露	400ml	瓶	
	飘柔山茶洗发露	200ml	瓶	
	海飞丝怡神冰凉洗发露	400ml	瓶	
	海飞丝去屑洗发露	400ml	瓶	
	潘婷丝质顺滑洗发露	200ml	瓶	
	潘婷乳液修复洗发露	200ml	瓶	
洗手液	蓝月亮清爽野菊花洗手液	500ml	瓶	
	蓝月亮芦荟抑菌洗手液	500ml	瓶	
	蓝月亮芦荟抑菌洗手液	300ml	瓶	
	威露士精装清新薄荷洗手液	525ml	瓶	
	威露士泡沫清新草本洗手液	300ml	瓶	
	威露士泡沫防敏感洗手液	300ml	瓶	
洗衣液	蓝月亮深层洁净护理洗衣液(瓶装)薰衣草	500g	瓶	
	蓝月亮深层洁净护理洗衣液(袋装)薰衣草	500g	袋	
	蓝月亮深层洁净护理洗衣液(瓶装)自然清香	500g	瓶	
	奥妙全自动高浓度洗衣液	2kg	瓶	
	奥妙全自动高浓度洗衣液	500g	瓶	
	奥妙全自动高浓度洗衣液	1kg	瓶	

（2）完成任务应提交的相关材料

①商品盘点表；

②商品质量检查报告；

③质量问题商品（置于质量问题商品存放点）。

模块二　门店营销管理

J2-1　促销计划执行

（1）任务描述

请根据测试题中的总部促销计划，设计门店促销计划执行方案，具体背景资料及任务要求详见每套测试题。

（2）实施条件

本项目实施条件如下表所示。

促销计划执行实施条件一览表

项目	基本实施条件	备注
场地	测试室面积不少于70平方米	必备
设备	桌、椅32张，打印机2台，连接互联网的电脑32台	必备
人员	监考人员2名	必备

（3）考核时量

120分钟

（4）评分标准

本项目评价标准如下表所示。

促销计划执行评分标准

评价内容		配分	考核点	备注
职业素养	卷容与文字表达	10	文字编排工整清楚、格式符合要求（5分）；文字表达流畅、条理清楚、逻辑性较强（5分）。	执行方案字数不少于500字，每少20字扣1分。
对总部计划的理解	对总部促销计划的理解	10	对总部促销计划背景的理解（5分）；对总部促销计划目的和意义的理解（5分）。	
执行方案内容体系	门店促销时间	5	档期安排（精确到小时）。	
	门店促销主题	5	严格按照总部计划。	
	门店促销人员安排	5	具体到岗名、人名。	
	促销商品备货	5	根据市场预测做好促销商品的备货准备。	
	促销商品价格调整	5	根据总部计划做好各促销商品的价格调整。	
	活动现场安排	30	正确使用各种促销标识（手绘POP，堆头POP，DM海报等）（6分）；根据促销主题选择合适的促销商品，对总部规划的促销重点类别进行了突出（7分）；采用正确的方式陈列促销商品（端头、价签、堆头等）（7分）；现场促销人员安排（明确促销目的、主题，注意个人仪表、服装、纪律等）（5分）；费用预算分配合理（5分）。	
	现场安全管理	5	方案考虑全面，切实可行。	

评价内容		配分	考核点	备注
执行方案的质量与特色	执行方案的可行性	10	方法得当、思路清晰,对背景资料分析透彻、细致(5分); 执行方案符合要求,能在规定时间内完成任务,并具有可行性(5分)。	
	执行方案的创新性	10	执行方案具有比较鲜明的特色或创新意识(10分)。	
小计		100		

(5)试题内容

本项目下设 20 套操作试题,抽查时,学生只需按照相关操作规范独立完成其中一套试题所给定任务。

T4-1　测试题一

(1)背景资料

步步高红星店于 2005 年 11 月 15 日盛大开业,它位于长株潭三市相向发展的黄金地段,是长株潭一体化的接合部和桥头堡,同时又毗邻省政府新址、天心区区政府、雨花区区政府,拥有得天独厚的区位优势。

红星店的卖场为一层,店内面积大约在 7000 平方米,与相距不远的家乐福和大润发基本相当,与红星店相距 1～2 公里的范围内有融城国际、旺坤家园、鼎丰前城、丰升小区、天华安置小区、有湖南中医药大学药学分院、税务高专等。

总部促销计划如下表 4.1 所示

表 4.1　总部促销计划表

促销时间	2016 年 12 月 28 至 2017 年 1 月 8 日
促销主题	步步高红星店开业圆满成功! 劲爆低价第二波!
促销内容	针对购物中心开业 元旦商品进行促销。
促销宣传	1. 各店门前横幅悬挂(内容:贺步步高红星店开业圆满成功! 劲爆低价第二波! 费用:约 200 元/条) 2.DM 刊促销(16 开,5 万份,费用约 30000 元); 3. 各门店应及时联系周边单位元旦节的大宗团购业务。
执行分店	步步高超市各分店。

(2)测试任务

根据上述背景资料,对总部促销计划进行分析,明确总部促销目的,领会计划要求,并严格根据总部确定的促销主题撰写总部促销计划执行方案。

T4-2 测试题二

(1)背景资料

人人乐时代城购物广场于 2011 年 1 月 20 日开业,位于长沙市岳麓区雷锋大道与玉兰路交汇处,与人口密集的西站仅一路之隔,购物广场客流充沛,交通便利,路段繁华,卖场营业面积 2 万多平方米,全场商品近 22000 多种,是河西营业面积最大的综合性超市之一。

一楼有首饰专柜、护肤品专柜、衣服专柜、皮具专柜、箱包专柜、鞋专柜、手机专柜、肯德基等。

二楼有锁边处、十字绣专柜、手表专柜、饰品专柜、运动品牌专柜、药品专柜、烟酒专柜收银台、粮油调料、生鲜(面包、熟食、果蔬、鲜肉水产)等。

三楼有休闲食品、日杂、针纺、家电等。

时代城购物广场的营业时间:8:00—22:00

乘车车次:152、348、149、309、603、918、913、168 路公交车,到雷锋大道口下车。

人人乐免费大巴:

路线一:人人乐——汽车西站——财经学院——共和世家——湖南省人防办——新外滩

线路二:人人乐——商学院——咸嘉新村——白鸽咀——湘雅三医院——六沟垄

线路三:人人乐——商学院——咸嘉新村——白鸽咀——市政府——八方小区——金峰小区

线路四:人人乐——广夏新苑——阳明山庄——锦绣家园——航天

线路五:人人乐——博才实验中学——阳光晶城——花卉市场——静园山庄——湖南商职院——欣胜园

线路六:人人乐——湘麓国际——麓谷加州阳光——麓山润城——涉外国际公馆——涉外经济学院

线路七:人人乐——汽车西站——望兴景园——麓山翰林院——中南大学——天马公寓

总部促销计划如下表 4.2 所示:

表 4.2 总部促销计划表

促销时间	2017 年 1 月 21 日至 2 月 26 日
促销主题	省钱省心人人乐 百万好礼贺新春
促销内容	借助 2016 年春节销售高峰进行春节节日商品促销
促销宣传	1. 各店门前横幅悬挂(内容:人人乐恭祝大家新年快乐! 阖家欢乐! 费用约 200 元/条); 2. 年货类商品 DM 刊促销(4 开,5 万份,费用约 35000 元); 3. 各店橱窗进行新春气氛、外场气氛布置。
执行分店	所有分店
其他要求	各门店应及时联系周边单位的春节商品大宗团购业务

(2)测试任务

根据上述背景资料,对总部促销计划进行分析,明确总部促销目的,领会计划要求,并严格根据总部确定的促销主题撰写总部促销计划执行方案。

T4-3 测试题三

(1)背景资料

新一佳通程店座落于长沙河西商业繁华地带——通程商业广场的地下一楼,通程商业广场是一个经营面积五万平方米左右的大型购物中心,其地上大约是四万平方米左右的电器、百货商场,地下一楼是与新一佳合资的新一佳大卖场,场内经营面积几千平方米左右,规模属于中等,卖场的整个形状很不规整,大约类似一个不规则六边形的模样。通程商业广场所处的荣湾镇商业中心是长沙湘江以西传统的繁荣地带,是长沙的五大商业中心之一,河西的客流大多是向这一带汇集。附近有各大居民小区、各大高校、医院、岳麓山风景区等。

总部促销计划如下表4.3所示:

表 4.3 总部促销计划表

促销时间	2017 年 2 月 9 日至 2 月 12 日
促销主题	新一佳通程广场店元宵节促销;元宵佳节,乐在新一佳。
促销内容	针对元宵节进行元宵节节日商品专卖活动
促销宣传	DM 刊促销(8 开,3 万份,费用约 5400 元); 条幅约 200 元/条。
执行分店	所有分店
其他要求	猜灯谜,有礼品

(2)测试任务

根据上述背景资料,对总部促销计划进行分析,明确总部促销目的,领会计划要求,并严格根据总部确定的促销主题撰写总部促销计划执行方案。

T4-4 测试题四

(1)背景资料

湖南绿叶水果连锁超市有限公司,是集水果批发、零售、配送于一体的连锁企业,是省内知名品牌、央视上榜品牌,拥有业内唯一的注册商标。公司目前拥有固定资产逾二千万元,员工四百余人,设有两个批发部、一个超市经营公司、一个专卖连锁公司、一个市场拓展系统、一个配送中心,还有六十余家全国各地的生产直供基地,年销售额逾亿元。

公司坚持以“诚信经营、创新发展”为经营理念,以“超出顾客的期望”为服务宗旨,以“美丽、舒适、营养、健康”为主题,致力于“促进农业经济发展、弘扬民族水果文化、提高国人生活水平”。公司实行统一形象、统一规划、统一采购、统一配送、统一管理的全国连锁经营以实现低成本运营,为广大消费者提供物美价廉的商品、舒适的购物环境、热忱周到的服务,公司创办以来,赢得了社会各界及广大消费者的广泛认同。

展望未来,绿叶水果将坚持“立足长沙、巩固湖南、辐射全国”的发展目标,倾力打造中国水果第一品牌。

绿叶水果新民路店,位于新民路与麓山路交汇处,人车流量大,附近有岳麓山风景区、长沙市第四医院、湖南师范大学等。

总部促销计划如下表 4.4 所示:

表 4.4　总部促销计划表

促销时间	2017 年 5 月 27 日至 5 月 30 日
促销主题	端午节(30 日)绿叶水果连锁门店新门路店端午节水果促销
促销内容	绿叶水果连锁门店针对所有水果 进行节日促销
促销宣传	DM 刊促销(4 开,5 万份,费用约 15000 元)
执行分店	所有分店
其他要求	各门店应及时联系周边单位端午节福利的大宗团购业务

(2)测试任务

根据上述背景资料,对总部促销计划进行分析,明确总部促销目的,领会计划要求,并严格根据总部确定的促销主题撰写总部促销计划执行方案。

T4-5　测试题五

(1)背景资料

湖南贝贝熊母婴用品有限公司成立于 2003 年 5 月,主营孕婴、儿童主题用品零售业务,率先引进世界先进的商业管理系统及优质高效的现代化设备,借鉴国际化的经营理念和管理经验,充分融合当地消费的需求。公司拥有庞大的采购网络及强大的采购能力,目前经营的商品种类达十余种,上百个品牌,上万种单品,拥有众多国际、国内知名婴童用品的销售权。

长沙市雨花区妇幼贝贝熊母婴用品店位于长沙市雨花区城南中路妇幼保健院对面,附近有安贞妇产医院,各种亲子培训机构等。

总部促销计划如下表 4.5 所示:

表 4.5　总部促销计划表

促销时间	2017 年 5 月 29 日至 6 月 5 日
促销主题	贝贝熊母婴用品店雨花亭店商品促销:愿祖国花朵健康成长。
促销内容	借助儿童节,以婴幼儿商品为主开展促销。
促销宣传	1. 各店门前悬挂横幅(内容:贝贝熊祝所有的小宝贝快乐成长。费用约 200 元); 2.DM 刊促销(8 开,3 万份,费用约 5400 元)。
执行分店	所有分店
其他要求	各门店应及时联系周边私人妇产医院、婴幼儿亲子教育机构的礼品大宗团购业务
备注	6 月 1 日进店购物的顾客,可凭购物小票在收银台换取小玩具一件,限前 50 名顾客。(费用约 2000 元)

(2)测试任务

根据上述背景资料,对总部促销计划进行分析,明确总部促销目的,领会计划要求,并严格根据总部确定的促销主题撰写总部促销计划执行方案。

T4-6 测试题六

(1)背景资料

1999年12月20日,长沙都市花乡花卉有限公司成立于美丽的星城长沙,历经17年的经营发展,其鲜花、仿真花、绿色植物等业务在湖湘乃至全国享有盛誉。目前,都市花乡在长沙、株洲、衡阳、星沙、浏阳有五十八家连锁店,还拥有两个独立配货中心和一个实训培训基地,在校大专"都市花乡班"两个,在昆明、广州拥有配货中心和绿色植物种苗基地。2011年,都市花乡电子商务网站上线运营。

都市花乡主要服务项目:鲜花、绿色植物、仿真花零售;办公家居绿色植物租赁;鲜花礼品速递;各式礼仪花篮;园林景观等空间装饰业务;时尚礼品;婚庆花艺设计与装饰;各种展会、庆典等的花卉设计及装饰。

都市花乡的核心价值观是创造健康、愉悦的人生,品牌定位是自然、优雅、创意,致力于为顾客提供最高品质的服务及产品,致力于环保事业,致力于创造一个展现自我,传递真情的时尚互动平台,践行绽放生活文明,传颂植物力量的使命,全力以赴实现成为中国花卉行业领跑品牌的愿景,让客户骄傲、让员工自豪、让社会满意。

都市花香麓山店地处新民路,附近有长沙市四医院、武警医院等医院,湖南师范大学等高校,通程广场新一佳超市等大卖场,此外还有各大居民小区、教工小区、岳麓山风景区等。

总部促销计划如下表4.6所示:

表4.6 总部促销计划表

促销时间	2017年8月19日至8月28日
促销主题	七夕节——中国情人节 都市花香鲜花连锁门店麓山店情人节促销
促销内容	主要是鲜花,绿植特别是有爱情寓意的各类鲜花
促销宣传	DM刊促销(8开,2万份,费用约3600元)
执行分店	所有分店

(2)测试任务

根据上述背景资料,对总部促销计划进行分析,明确总部促销目的,领会计划要求,并严格根据总部确定的促销主题撰写总部促销计划执行方案。

T4-7 测试题七

(1)背景资料

罗莎公司是台商独资,从事开发、生产、销售食品的企业,经省外事办引进,于1993年3月创立于长沙。创立以来,各项事业发展迅速,目前市场已经覆盖湖南、湖北、四川、江西等 11 个省份,现已组成集团公司,总部设在长沙,经营罗莎蛋糕、罗莎台北豆浆、罗莎牛排三个系列产品,下设 11 家公司,200 多个连锁专卖店,1000 多名员工,是国内糕点行业最大的企业之一。罗莎(ROSA)已经成为食品行业的知名品牌。罗莎蛋糕店(长沙罗莎食品有限公司)总部位于长沙,十年专业蛋糕制作,网络遍及长沙。解放路、德雅路、新开铺、潘家坪、西街、福城路、摩天轮、水风井都开设了分店,兢兢业业全年无休,24 小时为客户提供服务。

罗莎蛋糕麓山路店,位于岳麓区麓山路 27 号(枫林通程新一佳对面),附近有岳麓山风景区、长沙市第四医院、湖南师范大学等。

总部促销计划如下表 4.7 所示:

表 4.7　总部促销计划表

促销时间	2016 年 9 月 10 日至 9 月 17 日
促销主题	罗莎中秋节商品促销:但愿人长久,月饼寄相思
促销内容	针对中秋节商品促销活动
促销宣传	1. 各店门前横幅悬挂(费用约 400 元); 2. DM 刊促销(4 开,3 万份,费用约 10800 元)
执行分店	所有分店
其他要求	各门店应及时联系周边单位中秋节月饼商品的大宗团购业务

(2)测试任务

根据上述背景资料,对总部促销计划进行分析,明确总部促销目的,领会计划要求,并严格根据总部确定的促销主题撰写总部促销计划执行方案。

T4-8　测试题八

(1)背景资料

鑫连鑫中老年服饰用品超市主要从事服装零售,现拥有六家连锁超市,公司的服务宗旨是:用关爱的心,善待每一位中老年顾客;用专业的心,关注每一位中老年顾客;用感恩的心,服务每一位中老年顾客,鑫连鑫与您和家人心连心。

湖南省长沙市天心区鑫连鑫中老年服饰用品超市经销的嘉时莉、福太太、俏丽缘、瑞银、艾顿格伦、佳奇星、明奇达、百天奴、华伦·邦赛、菊花牌内衣、佳德轮椅等,在消费者当中享有较高的地位,公司与多家零售商和代理商建立了长期稳定的合作关系。该超市商品品种齐全、价格合理;超市实力雄厚,重信用、守合同,以多品种经营特色和薄利多销的原则,赢得了广大客户的信任。

总部促销计划如下表 4.8 所示:

表 4.8　总部促销计划表

促销时间	2016 年 10 月 7 日至 10 月 9 日
促销主题	鑫连鑫中老年服装超市重阳节促销:鑫连鑫一心连心,重阳节一老人节
促销内容	鑫连鑫中老年服饰针对老人节开展服装促销活动
促销宣传	DM 刊促销(8 开 2 万份,费用约 3600 元)
执行分店	所有分店
其他要求	各门店应及时联系周边敬老院礼品大宗团购业务

(2)测试任务

根据上述背景资料,对总部促销计划进行分析,明确总部促销目的,领会计划要求,并严格根据总部确定的促销主题撰写总部促销计划执行方案。

T4-9　测试题九

(1)背景资料:

长沙麻辣香锅公司创立以来,一直致力于麻辣香锅的研发和经营,是中国麻辣香锅的创始者,目前在北京、上海、重庆等地拥有十二家直营分店,均取得卓越的绩效,并深受广大消费者的喜爱。公司计划在全国直营 50 家店后开始对外加盟连锁,实现在五年内全国加盟连锁完成 200 家,十年内完成 500 家的宏伟目标。公司汇聚餐饮业一流人才,拥有精湛的烹饪技术及丰富的餐饮管理经验。

麻辣香锅咸嘉花园店位于长沙岳麓区咸嘉花园十字路口南侧,这里居民小区密集,附近还有湖南商学院这所高校。

总部促销计划如下表 4.9 所示:

表 4.9　总部促销计划表

促销时间	2016 年 10 月 30 日至 11 月 7 日
促销主题	麻辣鲜香火锅节
促销内容	针对火锅节开展对应商品专卖活动
促销宣传	DM 刊促销(8 开,2 万份,费用约 3600 元)。
执行分店	所有分店

(2)测试任务

根据上述背景资料,对总部促销计划进行分析,明确总部促销目的,领会计划要求,并严格根据总部确定的促销主题撰写总部促销计划执行方案。

T4-10　测试题十

(1)背景资料

人人乐时代城购物广场于 2011 年 1 月 20 日开业,位于长沙市岳麓区雷锋大道与玉兰路交汇处,与人口密集的西站仅一路之隔,购物广场客流充沛,交通便利,路段繁华,卖场营业面积2万多平方米,全场商品近22000多种,是河西营业面积最大的综合性超市之一。

一楼有首饰专柜、护肤品专柜、衣服专柜、皮具专柜、箱包专柜、鞋专柜、手机专柜、肯德基等。

二楼有锁边处、十字绣专柜、手表专柜、饰品专柜、运动品牌专柜、药品专柜、烟酒专柜收银台、粮油调料、生鲜(面包、熟食、果蔬、鲜肉水产)等。

三楼有休闲食品、日杂、针纺、家电等。

时代城购物广场的营业时间:8:00—22:00

乘车车次:152、348、149、309、603、918、913、168路公交车,到雷锋大道口下车。

人人乐免费大巴:

路线一:人人乐——汽车西站——财经学院——共和世家——湖南省人防办——新外滩

线路二:人人乐——商学院——咸嘉新村——白鸽咀——湘雅三医院——六沟垄

线路三:人人乐——商学院——咸嘉新村——白鸽咀——市政府——八方小区——金峰小区

线路四:人人乐——广夏新苑——阳明山庄——锦绣家园——航天

线路五:人人乐——博才实验中学——阳光晶城——花卉市场——静园山庄——湖南商职院——欣胜园

线路六:人人乐——湘麓国际——麓谷加州阳光——麓山润城——涉外国际公馆——涉外经济学院

线路七:人人乐——汽车西站——望兴景园——麓山翰林院——中南大学——天马公寓

总部促销计划如下表4.10所示。

表4.10 总部促销计划表

促销时间	2016年11月8日至2016年11月30日
促销主题	人人乐超市首届生鲜节
促销内容	针对生鲜产品进行促销
促销宣传	1. 各店门前悬挂横幅(费用约300元); 2. DM刊促销(4开,3万份,费用约10800元)
执行分店	所有分店

(2)测试任务

根据上述背景资料,对总部促销计划进行分析,明确总部促销目的,领会计划要求,并严格根据总部确定的促销主题撰写总部促销计划执行方案。

T4-11 测试题十一

(1)背景资料

广东都市丽人实业有限公司是集研发、生产、仓储物流、销售、营运于一体的现代化大型内衣品牌运营集团,致力于成为引领大众内衣时尚的第一品牌。

新时尚升级的都市丽人旗下拥有"都市缤纷派"、"都市丝语"、"都市丽人"、"都市锋尚"等知名品牌,产品涵盖文胸、内衣、家居服、塑身衣、保暖衣、袜子、内衣配饰等不同种类近万种款式。

长沙市都市丽人麓山店附近有各大居民小区、各大高校、医院、岳麓山风景区等。

总部促销计划如下表 4.11 所示:

表 4.11　总部促销计划表

促销时间	2016 年 3 月 6 日至 3 月 9 日
促销主题	"三八妇女节"商品展
促销内容	都市丽人内衣连锁门店针对妇女商品为主开展促销
促销宣传	1. 各店门前横幅悬挂(费用约 300 元); 2. DM 刊促销(4 开,3 万份,费用约 10800 元)
执行分店	所有分店

(2)测试任务

根据上述背景资料,对总部促销计划进行分析,明确总部促销目的,领会计划要求,并严格根据总部确定的促销主题撰写总部促销计划执行方案。

T4-12　测试题十二

(1)背景资料

步步高红星店于 2005 年 11 月 15 日盛大开业,它位于长株潭三市相向发展的黄金地段,是长株潭一体化的接合部和桥头堡,同时又毗邻省政府新址、天心区区政府、雨花区区政府,拥有得天独厚的区位优势。

红星店的卖场为一层,店内面积大约在 7000 平方米,与相距不远的家乐福和大润发基本相当,与红星店相距 1～2 公里的范围内有融城国际、旺坤家园、鼎丰前城、丰升小区、天华安置小区、有湖南中医药大学药学分院、税务高专等。

总部促销计划如下表 4.12 所示:

表 4.12　总部促销计划表

促销时间	2016 年 6 月 29 日至 7 月 4 日
促销主题	步步高超市夏季商品促销
促销内容	针对即将进入的夏季进行夏季商品专卖活动
促销宣传	DM 刊促销(8 开,10 万份,费用约 22000 元)
执行分店	所有分店
其他要求	各门店应及时联系周边单位的夏季用品大宗团购业务

(2)测试任务

根据上述背景资料,对总部促销计划进行分析,明确总部促销目的,领会计划要求,并严格根据总部确定的促销主题撰写总部促销计划执行方案。

T4-13　测试题十三

(1)背景资料

WESTLINK(西遇)主营男女时尚鞋品,其鞋品在保持一贯的款型新颖与领先的同时,亦注重新材料、新技术的开发运用,使之更适合亚洲人。随着对生活品位的深入领悟与精益求精的追求,WESTLINK(西遇)已成为涵盖了男女时尚鞋品、时装、饰品系列,更集合了男女手袋、皮具、太阳眼镜等货品的全方位时尚服务专营商,成为都市流行新元素的风向标。多年来的执著努力与长足发展,目前 WESTLINK 的身影已遍布北京、深圳等大中城市,拥有十余家专卖店,并受到《瑞丽伊人风尚》、《瑞丽服饰美容》、《女友》、《北京皮革》、《南方都市报》等时尚权威媒体的关注与报导,并与之建立了长期合作关系。

西遇河西奥克斯广场店所在的奥克斯广场是奥克斯地产进驻长沙河西的综合体项目,占地 100 亩,总建筑面积 45 万平方米,由写字楼、公寓、住宅以及两条商业步行街组成,已引进平和堂以及七大品牌主力店及二百余品牌次主力店。

总部促销计划如下表 4.13 所示:

表 4.13　总部促销计划表

促销时间	2016 年 9 月 8 日至 10 月 15 日
促销主题	西遇休闲服饰门店奥克斯广场店夏季商品清仓降价
促销内容	针对夏季商品、上市商品开展促销
促销宣传	DM 刊促销(8 开,2 万份,费用约 3600 元);店面 POP(费用 2000 元)
执行分店	所有分店

(2)测试任务

根据上述背景资料,对总部促销计划进行分析,明确总部促销目的,领会计划要求,并严格根据总部确定的促销主题撰写总部促销计划执行方案。

T4-14　测试题十四

(1)背景资料

步步高红星店于 2005 年 11 月 15 日盛大开业,它位于长株潭三市相向发展的黄金地段,是长株潭一体化的接合部和桥头堡,同时又毗邻省政府新址、天心区区政府、雨花区区政府,拥有得天独厚的区位优势。

红星店的卖场为一层,店内面积大约在 7000 平方米,与相距不远的家乐福和大润发基本相当,与红星店相距 1~2 公里的范围内有融城国际、旺坤家园、鼎丰前城、丰升小区、天华安置小区、有湖南中医药大学药学分院、税务高专等。

总部促销计划如下表 4.14 所示:

表 4.14 总部促销计划表

促销时间	2015 年 11 月 10 至 2015 年 11 月 20 日
促销主题	步步高十年携手,真情相伴到永远
促销内容	针对超市十周年庆开展全场商品惊爆价促销,答谢新老顾客
促销宣传	1. 各店门前横幅悬挂(内容:步步高 10 年携手,真情相伴到永远。费用约 4000 元); 2. DM 刊促销(8 开,10 万份,费用约 22000 元)
执行分店	所有分店

(2)测试任务

根据上述背景资料,对总部促销计划进行分析,明确总部促销目的,领会计划要求,并严格根据总部确定的促销主题撰写总部促销计划执行方案。

T4-15　测试题十五

(1)背景资料

步步高红星店于 2005 年 11 月 15 日盛大开业,它位于长株潭三市相向发展的黄金地段,是长株潭一体化的接合部和桥头堡,同时又毗邻省政府新址、天心区区政府、雨花区区政府,拥有得天独厚的区位优势。

红星店的卖场为一层,店内面积大约在 7000 平方米,与相距不远的家乐福和大润发基本相当,与红星店相距 1～2 公里的范围内有融城国际、旺坤家园、鼎丰前城、丰升小区、天华安置小区、有湖南中医药大学药学分院、税务高专等。

总部促销计划如下表 4.15 所示:

表 4.15 总部促销计划表

促销时间	2016 年 11 月 25 至 12 月 5 日
促销主题	步步高暖暖冬日情:冬季商品(食品)、冬至食品促销
促销内容	针对冬季商品、冬至食品开展促销
促销宣传	DM 刊促销(16 开,10 万份,费用约 15000 元)
执行分店	所有分店
其他要求	可在市内部分生鲜店进行火锅试吃活动(人员、费用由供应商负责)

(2)测试任务

根据上述背景资料,对总部促销计划进行分析,明确总部促销目的,领会计划要求,并严格根据总部确定的促销主题撰写总部促销计划执行方案。

T4-16　测试题十六

(1)背景资料

湖南绿叶果业集团始创于 1995 年,是一家集水果批发、KA 卖场、实体零售、电商配送于一体的连锁企业。目前公司拥有固定资产逾 5000 万元,员工 1500 余人,年销售额过六亿元,2016 年销售目标为 30 亿元。公司总部办公室位于市中心商业圈三百平方的商务写字楼,在红星水果市场拥有独立的配送中心,占地三千多平方米,是湖南果蔬行业最大的现代化物流中心。拥有六十余家世界各地的生产直供基地,数十台冷藏车全程冷链运输、产地直达卖场。

绿叶水果从创办到现在,几经风雨,几经变革,到如今以市场批发为根本,超市联营为拳头,专卖连锁为特色,同步发展的经营模式。绿叶水果发扬诚信经营,创新发展,立足长沙,辐射全国,在经过创业期的不懈奋斗,进入了顺势而为、乘势而上的快速成长期。

绿叶水果君悦店位于长沙市开福区伍家岭路,门店面积约有 100 平方米,周围有四个高档小区,一所学校,附近酒店众多,同时竞争对手也多。门店主要消费人群一是周围的居民;二是酒店开会及日常招待所需水果;三是学校电话订购开会所需要水果。

总部促销计划如下表 4.16 所示。

表 4.16　总部促销计划表

促销时间	2016 年 1 月 16 日至 2 月 6 日
促销主题	绿叶水果店春节水果大促销:来绿叶水果买年货,享受新年的乐趣
促销内容	抓住年春节销售高峰进行水果大促销
促销宣传	1. 各店门前悬挂横幅(内容:绿野水果恭祝大家新年快乐! 阖家欢乐! 费用约 4000 元); 2. 年货类商品 DM 刊促销(8 开,10 万份,费用约 22000 元); 3. 新年礼品商品 DM 刊促销(16 开,10 万份,费用约 15000 元)
执行分店	所有分店

(2)测试任务

根据上述背景资料,对总部促销计划进行分析,明确总部促销目的,领会计划要求,并严格根据总部确定的促销主题撰写总部促销计划执行方案。

T4-17　测试题十七

(1)背景资料

人人乐时代城购物广场于 2011 年 1 月 20 日开业,位于长沙市岳麓区雷锋大道与玉兰路交汇处,与人口密集的西站仅一路之隔,购物广场客流充沛,交通便利,路段繁华,卖场营业面积 2 万多平方米,全场商品近 22000 多种,是河西营业面积最大的综合性超市之一。

一楼有首饰专柜、护肤品专柜、衣服专柜、皮具专柜、箱包专柜、鞋专柜、手机专柜、肯德基等。

二楼有锁边处、十字绣专柜、手表专柜、饰品专柜、运动品牌专柜、药品专柜、烟酒专柜收银台、粮油调料、生鲜(面包、熟食、果蔬、鲜肉水产)等。

三楼有休闲食品、日杂、针纺、家电等。

时代城购物广场的营业时间:8:00—22:00

乘车车次:152、348、149、309、603、918、913、168 路公交车,到雷锋大道口下车。

人人乐免费大巴:

路线一:人人乐——汽车西站——财经学院——共和世家——湖南省人防办——新外滩

线路二:人人乐——商学院——咸嘉新村——白鸽咀——湘雅三医院——六沟垄

线路三:人人乐——商学院——咸嘉新村——白鸽咀——市政府——八方小区——金峰小区

线路四:人人乐——广夏新苑——阳明山庄——锦绣家园——航天

线路五:人人乐——博才实验中学——阳光晶城——花卉市场——静园山庄——湖南商职院——欣胜园

线路六:人人乐——湘麓国际——麓谷加州阳光——麓山润城——涉外国际公馆——涉外经济学院

线路七:人人乐——汽车西站——望兴景园——麓山翰林院——中南大学——天马公寓

总部促销计划如下表4.17所示

表 4.17　总部促销计划表

促销时间	2016 年 2 月 15 日至 2016 年 2 月 25 日
促销主题	人人乐时代广场店新年新学期学生商品促销:新学期,新气象。
促销内容	针对新学期学生商品开展促销
促销宣传	各店门前横幅悬挂(内容:人人乐愿所有的学生朋友新学期,新收获。费用约 3000元)。
执行分店	所有分店

(2)测试任务

根据上述背景资料,对总部促销计划进行分析,明确总部促销目的,领会计划要求,并严格根据总部确定的促销主题撰写总部促销计划执行方案。

T4-18　测试题十八

(1)背景资料

人人乐时代城购物广场于 2011 年 1 月 20 日开业,位于长沙市岳麓区雷锋大道与玉兰路交汇处,与人口密集的西站仅一路之隔,购物广场客流充沛,交通便利,路段繁华,卖场营业面积 2 万多平方米,全场商品近 22000 多种,是河西营业面积最大的综合性超市之一。

一楼有首饰专柜、护肤品专柜、衣服专柜、皮具专柜、箱包专柜、鞋专柜、手机专柜、肯德基等。

二楼有锁边处、十字绣专柜、手表专柜、饰品专柜、运动品牌专柜、药品专柜、烟酒专柜收银台、粮油调料、生鲜(面包、熟食、果蔬、鲜肉水产)等。

三楼有休闲食品、日杂、针纺、家电等。

时代城购物广场的营业时间：8：00—22：00

乘车车次：152、348、149、309、603、918、913、168 路公交车，到雷锋大道口下车。

人人乐免费大巴：

路线一：人人乐—— 汽车西站—— 财经学院—— 共和世家—— 湖南省人防办—— 新外滩

线路二：人人乐—— 商学院—— 咸嘉新村—— 白鸽咀—— 湘雅三医院—— 六沟垄

线路三：人人乐—— 商学院—— 咸嘉新村—— 白鸽咀—— 市政府—— 八方小区—— 金峰小区

线路四：人人乐—— 广夏新苑—— 阳明山庄—— 锦绣家园—— 航天

线路五：人人乐—— 博才实验中学—— 阳光晶城—— 花卉市场—— 静园山庄—— 湖南商职院—— 欣胜园

线路六：人人乐—— 湘麓国际—— 麓谷加州阳光—— 麓山润城—— 涉外国际公馆—— 涉外经济学院

线路七：人人乐—— 汽车西站—— 望兴景园—— 麓山翰林院—— 中南大学—— 天马公寓

总部促销计划如下表 4.18 所示：

表 4.18　总部促销计划表

促销时间	2016 年 12 月 1 日至 2017 年 1 月 7 日
促销主题	人人乐生活用品超低价风暴月
促销内容	抓住销售低谷进行生活用品及部分食品超低价促销，改善销售状况
促销宣传	1. 除省会城市店外其他各地级市及以下店门前悬挂横幅(内容：人人乐生活用品超低价风暴月。费用约 3000 元)； 2. DM 刊促销(16 开,5 万份,费用约 7500 元)
执行分店	所有门店

(2)测试任务

根据上述背景资料,对总部促销计划进行分析,明确总部促销目的,领会计划要求,并严格根据总部确定的促销主题撰写总部促销计划执行方案。

T4-19　测试题十九

(1)背景资料

步步高红星店于 2005 年 11 月 15 日盛大开业,它位于长株潭三市相向发展的黄金地段,是长株潭一体化的接合部和桥头堡,同时又毗邻省政府新址、天心区区政府、雨花区区政府,拥有得天独厚的区位优势。

红星店的卖场为一层,店内面积大约在 7000 平方米,与相距不远的家乐福和大润发基本相当,与红星店相距 1～2 公里的范围内有融城国际、旺坤家园、鼎丰前城、丰升小区、天华安置小区、有湖南中医药大学药学分院、税务高专等。

总部促销计划如下表 4.19 所示：

表 4.19 总部促销计划表

促销时间	2016 年 12 月 14 日至 2017 年 1 月 7 日
促销主题	步步高第九届服装节
促销内容	针对所有的男女士服装进行促销
促销宣传	DM 刊促销(16 开,10 万份,费用约 15000 元);店面 POP(费用 1500 元)。
执行分店	所有分店

(2)测试任务

根据上述背景资料,对总部促销计划进行分析,明确总部促销目的,领会计划要求,并严格根据总部确定的促销主题撰写总部促销计划执行方案。

T4-20 测试题二十

(1)背景资料

新一佳通程店座落于长沙河西商业繁华地带——通程商业广场的地下一楼,通程商业广场是一个经营面积五万平方米左右的大型购物中心,其地上大约是四万平方米左右的电器、百货商场,地下一楼是与新一佳合资的新一佳大卖场,场内经营面积几千平方米左右,规模属于中等,卖场的整个形状很不规整,大约类似一个不规则六边形的模样。通程商业广场所处的荣湾镇商业中心是长沙湘江以西传统的繁荣地带,是长沙的五大商业中心之一,河西的客流大多是向这一带汇集。附近有各大居民小区、各大高校、医院、岳麓山风景区等。

总部促销计划如下表 4.20 所示:

表 4.20 总部促销计划表

促销时间	2016 年 8 月 26 日至 2016 年 9 月 12 日
促销主题	新一佳"鲜"生活
促销内容	针对所有门店鲜活产品进行促销
促销宣传	DM 刊促销(16 开,10 万份,费用约 15000 元); 店面 POP(费用 1500 元)。
执行分店	所有分店

(2)测试任务

根据上述背景资料,对总部促销计划进行分析,明确总部促销目的,领会计划要求,并严格根据总部确定的促销主题撰写总部促销计划执行方案。

(二)岗位核心技能

模块一　报表分析

H1-1　报表分析

(1)任务描述

请对测试题中背景资料所附报表进行分析,写一份报表分析报告,要求有报表内容描述、发现问题、分析问题和解决问题几个部分。

(2)实施条件

本项目实施条件如下表所示。

报表分析实施条件一览表

项目	基本实施条件	备注
场地	测试室面积不少于 70 平方米。	必备
设备	桌、椅 32 张,打印机 2 台,连接互联网的电脑 32 台。	必备
人员	监考人员 2 名。	必备

(3)考核时量

90 分钟

(4)评分标准

本项目评分标准如下表所示。

报表分析评分标准

评价内容		配分	考核点	备注
职业素养	卷容与文字表达	10	文字编排工整清楚、格式符合要求(5分); 文字表达流畅、条理清楚、逻辑性较强(5分)。	执行方案字数不少于 500 字,每少 20 字扣 1 分。
分析报告格式	封面要素完整	2	要素完整(报告名称、报告人、报告时间)。	
	目录	2	排列有序(1分)、一目了然(1分),排列两级即可。	
报表内容描述	内容的准确性	10	对报表中数据反映的基本内容进行准确的描述。	
	内容的完整性	10	对报表中数据反映的基本内容进行完整的描述。	
报表问题分析	发现问题	20	列出报表数据反映出来的问题。其中,列出问题的准确性(10分)、问题的全面性(10分)。	
	分析问题	30	对所提出的问题进行分析。其中,问题性质、原因等分析全面(10分)、客观(10分)、正确(10分)。	

评价内容		配分	考核点	备注
结论和建议	结论的准确性	6	能根据对报表的分析归纳出相关的、准确的结论。	
	建议的合理性	5	所提出的建议科学、合理,具有较强的操作性。	
	建议的创新性	5	所提出建议具有创新性。	
小计		100		

(5)试题内容

本项目下设20套操作试题,抽查时,学生只需按照相关操作规范独立完成其中一套试题所给定任务。

T5-1　测试题一

(1)背景资料

某大型连锁超市2017年1月销售毛利比较报表见下表5.1。

表5.1　某大型连锁超市 2017 年 1 月销售毛利比较报表

大分类编码	大分类名称	当月销售额(元)	当月毛利额(元)	当月毛利率(%)	去年同期销售额(元)	成长率(%)	去年同期毛利额(元)	成长率(%)	当月DM销售额(元)	去年同期DM销售额(元)	成长率(%)
10	沙拉吧	369421.07	111580.39	30.2041	512336.62	72.11	142064.34	78.54	465.6	5128	9.08
11	水产	244844.02	14690.73	6	381717.01	64.14	0	0	0	0	0
12	蔬菜	572712.03	74522.5	13.0122	737717.5	77.63	76473.71	97.45	0	0	0
13	面包科	172385.8	66261.33	38.4378	190693.2	90.4	87874.05	75.4	0	0	0
14	精肉科	947831.78	111824.69	11.7979	762597.5	124.29	61434.47	182.02	0	18915.8	0
20	液体	906137.8	80580.89	8.8928	1520622.64	59.59	131226.63	61.41	53817.6	272650.5	19.74
21	清洁用品	774874	70948.06	9.1561	767167.8	101	65694.13	108	142782.06	115753.8	123.35
22	干性食品	2046517.54	180552.47	8.8224	3006610.22	68.07	215405.63	83.82	339387.2	964501.14	35.19
23	冷冻冷藏日配	494916.9	42701.68	8.6281	731193.13	67.69	71775.95	59.49	51553.9	76276.4	67.59
31	家用百货	468013.75	83782.84	17.9018	596693.96	78.43	106764.52	78.47	112964.1	79981.2	141.24
32	文化用品	174888.05	35238.17	20.149	248806.8	70.29	33794.01	104.27	15195.8	20588.3	73.81
33	休闲用品	169736.3	32412.21	19.0956	314103.75	54.04	45239.34	71.65	29343.5	33492.2	87.61
34	家电	503425.2	1092.31	0.217	1190638.6	42.28	58637.24	1.86	62167.2	97342.2	63.86
36	非季节性服装	653202.3	95822.37	14.6696	544572	119.95	76929.65	124.56	145856	24634	592.09
37	季节性服饰	318066	65167.07	20.4885	402924	78.94	75365.47	86.47	48573.6	45927.3	105.76
38	鞋	134517.8	30940.36	23.0009	201135	66.88	46429.01	66.64	29827.4	38249.4	77.98

(2)测试任务

请对测试题中背景资料所附报表进行分析,写一份报表分析报告,要求有报表内容描述、发现问题、分析问题和解决问题几个部分。

T5-2 测试题二

(1)背景资料

某大型连锁超市 2017 年 1 月销售客单价报表(见下表 5.2)。

表 5.2 某大型连锁超市 2017 年 1 月销售客单价报表

大分类编码	大分类名称	当月销售额(元)	当月毛利额(元)	当月毛利率(%)	去年同期销售额(元)	成长率(%)	去年同期毛利额(元)	成长率(%)	本月来客数	去年同期来客数	成长率(%)
10	沙拉吧	369421.07	111580.39	30.2041	512336.62	72.11	142064.34	78.54	52813	44660	118.26
11	水产	244844.02	14690.73	6	381717.01	64.14	0	0	18721	22744	82.31
12	蔬菜	572712.03	74522.5	13.0122	737717.5	77.63	76473.71	97.45	79782	64042	124.58
13	面包科	172385.8	66261.33	38.4378	190693.2	90.4	87874.05	75.4	36587	30055	121.73
14	精肉科	947831.78	111824.69	11.7979	762597.5	124.29	61434.47	182.02	49468	38247	129.34
20	液体	906137.8	80580.89	8.8928	1520622.64	59.59	131226.63	61.41	22988	34289	67.04
21	清洁用品	774874	70948.06	9.1561	767167.8	101	65694.13	108	44923	36057	124.59
22	干性食品	2046517.54	180552.47	8.8224	3006610.22	68.07	215405.63	83.82	83165	86010	96.69
23	冷冻冷藏日配	494916.9	42701.68	8.6281	731193.13	67.69	71775.95	59.49	36608	43712	83.75
31	家用百货	468013.75	83782.84	17.9018	596693.96	78.43	106764.52	78.47	19697	23457	83.97
32	文化用品	174888.05	35238.17	20.149	248806.8	70.29	33794.01	104.27	13112	17316	75.72
33	休闲用品	169736.3	32412.21	19.0956	314103.75	54.04	45239.34	71.65	7279	9609	75.75
34	家电	503425.2	1092.31	0.217	1190638.6	42.28	58637.24	1.86	5762	7061	81.6
36	非季节性服装	653202.3	95822.37	14.6696	544572	119.95	76929.65	124.56	15900	15405	103.21
37	季节性服饰	318066	65167.07	20.4885	402924	78.94	75365.47	86.47	4308	4874	88.39
38	鞋	134517.8	30940.36	23.0009	201135	66.88	46429.01	66.64	3751	4251	88.24

大分类编码	大分类名称	本月客单价	去年同期客单价	成长率(%)	本年累计来客数	去年同期累计来客数	成长率(%)	本年累计客单价	去年同期累计客单价	成长率(%)
10	沙拉吧	6.99	11.47	60.94	52813	44660	118.26	6.99	11.47	60.94
11	水产	13.08	16.78	77.95	18721	22744	82.31	13.08	16.78	77.95
12	蔬菜	7.18	11.52	62.33	79782	64042	124.58	7.18	11.52	62.33
13	面包科	4.71	6.34	74.29	36587	30055	121.73	4.71	6.34	74.29
14	精肉科	19.16	19.94	96.09	49468	38247	129.34	19.16	19.94	96.09
20	液体	39.42	44.35	88.88	22988	34289	67.04	39.42	44.35	88.88
21	清洁用品	17.25	21.28	81.06	44923	36057	124.59	17.25	21.28	81.06
22	干性食品	24.61	34.96	70.39	83165	86010	96.69	24.61	34.96	70.39
23	冷冻冷藏日配	13.52	16.73	80.81	36608	43712	83.75	13.52	16.73	80.81
31	家用百货	23.76	25.44	93.4	19697	23457	83.97	23.76	25.44	93.4
32	文化用品	13.34	14.37	92.83	13112	17316	75.72	13.34	14.37	92.83
33	休闲用品	23.32	32.69	71.34	7279	9609	75.75	23.32	32.69	71.34
34	家电	87.37	168.62	51.81	5762	7061	81.6	87.37	168.62	51.81
36	非季节性服装	41.08	35.35	116.21	15900	15405	103.21	41.08	35.35	116.21
37	季节性服饰	73.83	82.67	89.31	4308	4874	88.39	73.83	82.67	89.31
38	鞋	35.86	47.31	75.8	3751	4251	88.24	35.86	47.31	75.8

(2)测试任务

请对测试题中背景资料所附报表进行分析,写一份报表分析报告,要求有报表内容描述、发现问题、分析问题和解决问题几个部分。

T5-3　测试题三

(1)背景资料

某大型连锁超市 2017 年 1 月库存报表(见下表 5.3)。

表 5.3　某大型连锁超市 2017 年 1 月库存报表

大分类编码	大分类名称	当月销售额(元)	当月毛利额(元)	当月毛利率(%)	本年累计销售额(元)	去年同期累计销售额(元)	成长率(%)	本年累计毛利额(元)	去年同期累计毛利额(元)	成长率(%)	本月月末库存额(元)	去年同期库存额(元)
10	沙拉吧	369421.07	111580.39	30.2041	369421.07	512336.62	72.11	111580.39	142064.34	78.54	119219.54	181675.53
11	水产	244844.02	14690.73	6	244844.02	381717.01	64.14	14690.73	0	0	0	−814071.16
12	蔬菜	572712.03	74522.5	13.0122	572712.03	737717.5	77.63	74522.5	76473.71	97.45	4297.48	−949138.65
13	面包科	172385.8	66261.33	38.4378	172385.8	190693.2	90.4	66261.33	87874.05	75.4	59620.84	59531.06
14	精肉科	947831.78	111824.69	11.7979	947831.78	762597.5	124.29	111824.69	61434.47	182.02	169913.09	−102805.49
20	液体	906137.8	80580.89	8.8928	906137.8	1520622.64	59.59	80580.89	131226.63	61.41	1860178.64	1537077.97
21	清洁用品	774874	70948.06	9.1561	774874	767167.8	101	70948.06	65694.13	108	1831557.5	1485743.48
22	干性食品	2046517.54	180552.47	8.8224	2046517.54	3006610.22	68.07	180552.47	215405.63	83.82	4091015.65	2124868.24
23	冷冻冷藏日配	494916.9	42701.68	8.6281	494916.9	731193.13	67.69	42701.68	71775.95	59.49	627023.69	268975.62
31	家用百货	468013.75	83782.84	17.9018	468013.75	596693.96	78.43	83782.84	106764.52	78.47	837097.56	525365.21
32	文化用品	174888.05	35238.17	20.149	174888.05	248806.8	70.29	35238.17	33794.01	104.27	292018.04	268669.97
33	休闲用品	169736.3	32412.21	19.0956	169736.3	314103.75	54.04	32412.21	45239.34	71.65	504046.53	481431.67
34	家电	503425.7	1092.31	0.217	503425.7	1190638.6	42.28	1092.31	58637.24	1.86	1056218.16	1488010.79
36	非季节性服装	653202.3	95822.37	14.6696	653202.3	544572	119.95	95822.37	76929.65	124.56	792798.37	577064.86
37	季节性服饰	318066	65167.07	20.4885	318066	402924	78.94	65167.07	75365.47	86.47	639007.55	358364.6
38	鞋	134517.8	30940.36	23.0009	134517.8	201135	66.88	30940.36	46429.01	66.64	196409.52	264411.44

(2)测试任务

请对测试题中背景资料所附报表进行分析,写一份报表分析报告,要求有报表内容描述、发现问题、分析问题和解决问题几个部分。

T5-4　测试题四

(1)背景资料

某大型连锁超市 2017 年 1 月营业额比较报表见下表 5.4。

表5.4 某大型连锁超市 2010 年 1 月营业额比较报表

当 月：	2017/01/01－2017/01/31											
上月同期：	2017/12/01－2017/12/31						制表人：			＊＊＊		
去年同期：	2016/01/01－2016/01/31						制表日期：			2017－1－31		

区	部门	当月销售(元)	占总额比	预估销售(元)	达成率	上月销售(元)	升降率	去年同月销售(元)	升降率	本年销售累计(元)	本年预估累计(元)	达成率	毛利率
生鲜区	10 熟	491984.70	4.09%	540000	91.11%	306155.40	60.70%	369,421.07	33.18%	491984.70	540000	91.11%	9.55%
	11 鱼	346610.90	2.88%	250000	138.64%	190207.60	82.23%	244,844.02	41.56%	346610.90	250000	138.64%	11.49%
	12 水	1055277.30	8.77%	850000	124.15%	621918.60	69.68%	572,712.03	84.26%	1055277.30	850000	124.15%	5.56%
	13 面	220863.60	1.84%	190000	116.24%	176261.10	25.30%	172,385.80	28.12%	220863.60	190000	116.24%	30.05%
	14 肉	1063044.20	8.84%	1050000	101.24%	725779.60	46.47%	947,831.78	12.16%	1063044.20	1050000	101.24%	0.74%
01 区合计		3177780.70	26.42%	2880000	110.34%	2020322.30	57.29%	2,307,194.70	37.73%	3177780.70	2880000	110.34%	6.91%
食品区	20 液	1523190.16	12.66%	1400000	108.80%	413425.50	268.43%	906,137.80	68.10%	1523190.16	1400000	108.80%	7.16%
	21 清	834218.30	6.93%	1000000	83.42%	752192.10	10.90%	774,874.00	7.66%	834218.30	1000000	83.42%	8.83%
	22 干	3107865.68	25.83%	2600000	119.53%	1494194.90	108.00%	2,046,517.54	51.86%	3107865.68	2600000	119.53%	8.66%
	23 冷	832795.90	6.92%	750000	111.04%	415458.10	100.45%	494,916.90	68.27%	832795.90	750000	111.04%	8.47%
02 区合计		6298070.04	52.35%	5750000	109.53%	3075270.60	104.80%	4,222,446.24	49.16%	6298070.04	5750000	109.53%	8.30%
非食品区	31 家	470996.50	3.92%	500000	94.20%	290575.50	62.09%	468,013.75	0.64%	470996.50	500000	94.20%	20.55%
	32 文	200920.07	1.67%	270000	74.41%	139192.90	44.35%	174,888.05	14.88%	200920.07	270000	74.41%	21.43%
	33 休	179677.10	1.49%	250000	71.87%	121869.90	47.43%	169,736.30	5.86%	179677.10	250000	71.87%	22.95%
	34 电	360683.20	3.00%	350000	103.05%	269711.00	33.73%	503,425.20	－28.35%	360683.20	350000	103.05%	5.24%
	36 非	669188.20	5.56%	680000	98.41%	644122.40	3.89%	653,202.30	2.45%	669188.20	680000	98.41%	14.29%
	37 季	521180.48	4.33%	420000	124.09%	384377.70	35.59%	318,066.00	63.86%	521180.48	420000	124.09%	15.56%
	38 鞋	151653.70	1.26%	170000	89.21%	119904.30	26.48%	134,517.80	12.74%	151653.70	170000	89.21%	15.51%
03 区合计		2554299.25	21.23%	2640000	96.75%	1969753.70	29.68%	2,421,849.40	5.47%	2554299.25	2640000	96.75%	15.67%
总计：		12030149.99	100.00%	11270000	106.74%	7065346.60	70.27%	8,951,490.34	34.39%	12030149.99	11270000	106.74%	9.50%
交易次数		210693				201944	4.33%	204733	2.91%	210693			
平均客单价		57.10				34.99	63.20%	43.72	30.59%	57.10			
专柜代收款		27182.70				81577.80	－66.68%	478958.00	－94.32%	27182.70			

(2)测试任务

请对测试题中背景资料所附报表进行分析,写一份报表分析报告,要求有报表内容描述、发现问题、分析问题和解决问题几个部分。

T5-5 测试题五

(1)背景资料

某服装店 2017 年 5 月 2 日至 8 日的周销售比较表见下表 5.5。

表 5.5　某服装店 2017 年 5 月 2 日至 8 日的周销售比较表

店铺：＊＊＊＊　　　　时间：2017－2－5－8

内容	本周销售额（元）	上周销售额（元）	升/跌	去年同期	升/跌	星期	一	二	三	四	五	六	日
一周总销售	126761	178186	－28.86	182265	－30.45	本周	33650	15896	12461	6775	14737	23405	19837
客单件	1.44	1.56	－0.12	1.53	－0.09	上周	9862	15276	13975	11495	25626	47152	54800
客单价	275	282	－7	261	14	升跌	23788	620	－1514	－4720	－10889	－23747	－34963
平均单价	191	181		171		原因货品/天气/外围/同行							
销售总件数	702	1063	－361	1140	－438								
周完成率	69.64					客单件本	1.5	1.57	1.45	1.58	1.4	1.37	1.26－
月完成率						上	1.46	1.76	1.59	1.51	1.67	1.58	1.46
备注	销售对比　　本周男装：57.73 元，女装：42.26 元；上周男装：55.92 元，女装：44.07 元；去年男装：62.76 元，女装：37.23 元。本月 2 号到 5 号有满 480 元送帽子的活动，满 600 送 VIP 的活动。本月目标 49 万，已完成 64754 元，完成率为 13.21%，剩余 425248 元。												

(2)测试任务

请对测试题中背景资料所附报表进行分析，写一份报表分析报告，要求有报表内容描述、发现问题、分析问题和解决问题几个部分。

T5-6　测试题六

(1)背景资料

某服装店 2017 年 5 月 2 日至 8 日的服装单品销售报表见下表 5.6。

表 5.6　某服装店 2017 年 5 月 2 日至 8 日的服装单品销售报表

序号	款式	销售件数	销售金额（元）	升跌	断色断码	库存	升跌原因
1	121509	19	3655	－6	全码	31	同事的主推不好，未做到主动展示
2	121508	16	2790	－6	全码	64	主动展示不好，欠缺搭配
3	121511	15	2628	2	全码	42	里外的搭配，主推好
4	121803	15	2546	－9	全码	27	衬衫的主推不好，主动搭配不好
5	121802	6	1836	－5	全码		主动展示不好，欠缺搭配
6	621555	13	2455	5	全码	23	主动展示，及鼓励试穿很好
7	621553	5	1025	0	全码		欠缺搭配，及主动展示
8	121202	9	2358	－2	驼色 29 无	15	牛仔短裤的替代
9	621360	7	2275	－4	全码	13	主推不好，欠缺搭配
10	621155	8	2196	8	全码	14	天气较热，同事主推好
11	121801	12	2105	－6	全码	41	欠缺搭配，及主动展示

序号	款式	销售件数	销售金额(元)	升跌	断色断码	库存	升跌原因
12	121502	11	2094	3	全码	56	多件的搭配,主动展示较好
13	621551	1	162		42		展示不好
14	621251	1	195		42		搭配不好
15	121303	1	238		36		主推不好
16	111032	1	261		31		新款的替代
17	121515	1	130		26		展示不好
18	111319	1	220		44		主推不好
19	621350	2	342		41		上下搭配不好
20	121513	2	370		52		主推不好
21	621558	2	220		30		FAB讲解欠缺
22	121807	2	330		39		主推不好
23	121805	3	360		38		
24	121505	4	520		37		
25	621560	3	390		36		

(2)测试任务

请对测试题中背景资料所附报表进行分析,写一份报表分析报告,要求有报表内容描述、发现问题、分析问题和解决问题几个部分。

T5-7　测试题七

(1)背景资料

某超市重点商品周进销存分析报表见下表5.7。

表5.7 某超市重点商品周进销存分析报表

商品编号	商品名称	规格	期初库存量	期初库存金额(元)	期末库存量	期末库存金额(元)	销售数量	销售金额(元)	销售成本(元)	进货量	进货金额(元)	退货量	退货金额(元)
2070728	硬盒芙蓉王	20支/包	119	2475.20	90	1872.00	438	10862.40	9110.40	400	8320	0	0
2765065	故园宽幅四件套 EC-41	EC-41 30S/套	100	9800.00	85	8330.00	88	8712.00	8624.00	120	11760	0	0
2836878	金龙鱼调和油2代	5L/瓶	309	14596.00	281	13364.00	140	7182.00	6160.00	200	9800	0	0
2300369	下饭菜腊牛肉	1kg	149	8926.26	194	11632.74	76	5563.60	4413.92	262	15714	0	0
2306742	风味鸭腿	1kg	95	2806.41	74	2185.54	181	5331.70	5331.57	73	2155	0	0

商品编号	商品名称	规格	期初库存量	期初库存金额(元)	期末库存量	期末库存金额(元)	销售数量	销售金额(元)	销售成本(元)	进货量	进货金额(元)	退货量	退货金额(元)
2533338	口口香金饭碗米	10kg/包	18	490.60	—5	—141.00	189	5227.10	5158.80	183	4978	0	0
2228578	硬合芙蓉王(蓝盖)	20支/包	94	2726.00	70	2030.00	133	4788.00	3857.00	200	5800	0	0
2349184	嘉/三层保暖内衣套	套	857	22136.00	919	23786.00	157	4694.30	3925.00	280	7280	0	0
2108124	陈克明长寿面	KG/包	1597	6085.40	1438	5481.20	1141	4449.90	4335.80	750	2850	0	0
2603375	花莱内莱卡内衣套	套	212	4028.00	152	2888.00	212	4335.20	4060.00	200	3800	0	0
2561245	乡里冷烟腊肉	1kg	347	7289.84	313	6568.30	157	4085.20	3299.53	262	5494	0	0
2105708	嘉美玫瑰花巧克力	12.5g/支	7807	10149.10	6564	8533.20	2036	3322.40	2646.80	8000	10400	0	0
2409407	立白超洁加香粉	560g/包	223	802.80	220	792.00	813	3252.00	2926.80	1008	3629	0	0
2550863	汰渍净白去渍柠檬清新无磷洗衣粉	1.7kg/包	1562	14604.70	1426	13333.10	376	3196.00	3515.53	1800	16830	0	0
2350421	天颜三双装棉袜	1*3/包	673	5855.10	913	7943.10	320	3168.00	2784.00	600	5220	0	0
2338593	立白冷水洗衣粉	1.5kg/袋	253	2099.90	250	2075.00	359	3166.40	2877.35	600	4980	0	0
2604521	艾香精品无缝时尚内衣	套	141	6486.00	190	8740.00	61	3043.90	2806.00	110	5060	0	0
2538308	口口香金饭碗散米	1kg	1	2.86	1	2.86	989	2868.00	2729.54	987	2724	0	0
2179761	加厚塑身美体无缝内衣套	套	103	4841.00	92	4324.00	57	2844.30	2562.00	30	1410	0	0

(2)测试任务

请对测试题中背景资料所附报表进行分析,写一份报表分析报告,要求有报表内容描述、发现问题、分析问题和解决问题几个部分。

T5-8　测试题八

(1)背景资料

某超市商品日销售负毛利报表见下表5.8。

表5.8 某超市商品日销售负毛利报表

序号	商品编号	商品名称	规格	单位	实际进价(元)	实际售价(元)	毛利额(%)	销售金额(元)	毛利率(%)	销售成本(元)	销量
1	2134787	浩迪提花枕套	50*70	个	4.4	6.9	-12.3	20.7	-59.42	33	3
2	2075194	洁柔红太阳卷纸	10'S	条	11.12	9.9	-2.44	19.8	-12.32	22.24	2
3	2577294	丁家宜深度锁水保湿面膜	3片	盒	10.2	9.9	-0.6	19.8	-3.03	20.4	2
4	2390764	汰渍净白去渍自然清香无磷洗衣粉	1700g	包	9.35	8.5	-1.7	17	-10	18.7	2
5	2550839	飘柔高纯度焗油精华润发精华素	200ml	瓶	8.5029	7.9	-1.21	15.8	-7.66	17.01	2
6	2382960	蒙牛纤维新意芦荟+黄桃	500g	瓶	8.4	7.9	-1	15.8	-6.33	16.8	2
7	2431930	蒙牛大果粒菠萝香梨酸奶	500g	瓶	8.4	7.9	-1	15.8	-6.33	16.8	2
8	2370424	金满福五香蛋	30g	袋	0.74	0.6	-2.38	15	-15.87	17.38	25
9	2146658	小康家庭100红烧牛肉	101g*5	包	3.9	3.7	-0.8	14.8	-5.41	15.6	4
10	2556640	益力矿泉水	3.78L	瓶	5.82	6.2	-0.6	12.4	-4.84	13	2
11	2231622	麦轩鸡仔饼	298g	包	3.6	3.9	-3	11.7	-25.64	14.7	4
12	2543867	雕牌超效洗衣粉	350g	包	1.78	1.9	-0.08	7.6	-1.05	7.68	4
13	2461132	可口可乐	1.25L	瓶	4.25	3.5	-1	7	-14.29	8	2
14	2394872	维维大亨天山雪原味酸牛奶	200ml	袋	0.96	1	-1.5	5	-30	6.5	5
15	2379653	蒙牛低蔗糖麦香味早点奶	250g	盒	2.15	2	-0.3	4	-7.5	4.3	2
16	2047187	统一TP鲜橙多	250ml	盒	0.95	1	-0.16	4	-4	4.16	4
17	2229061	高露洁三重功效牙膏	90g	支	1.82	1.9	-0.41	3.8	-10.79	4.21	2
18	2557185	统一矿物质水	600ml	瓶	0.85	0.8	-0.2	3.2	-6.25	3.4	4
19	2501329	华美牛奶搭档起土松脆椰子味	120g	包	0.95	1	-1.38	2	-69	3.38	2
20	2071358	六神花露水	195ml	支	7.36	6.8	-2.24	27.2	-8.24	29.44	4

(2)测试任务

请对测试题中背景资料所附报表进行分析,写一份报表分析报告,要求有报表内容描述、发现问题、分析问题和解决问题几个部分。

T5-9 测试题九

(1)背景资料

某超市A状态商品库存报表见下表5.9。

表 5.9　某超市 A 状态商品库存报表

商品编码	状态	商品名称	进价	售价	毛利率（%）	上周销售额（元）	前四周总销售额（元）	四周销售占比	四周销售累计占比	年初至今总售额（元）	平均周销售数量	现有库存数	可供销售周数	已订数量
164245	A	果冻爽礼包 9＊150g	11.44	13	6.5	14,066	62,231	17.07%	17.07%	265963	1197	951	0.80	2670
029762	A	缤纷乐朱古力 6＊40g	21.6656	24.62	1.9	7,878	32,031	8.79%	25.86%	184,000	325	88	0.30	900
013617	A	四洲紫菜 1＊80g	21.2872	24.19	4.8	8,442	27,335	7.50%	33.36%	16645	283	343	1.20	640
223306	A	恒兴小胡桃 227g	21.6656	24.62	6.5	4,998	26,171	7.18%	40.54%	255748	266	273	1.00	468
271499	A	20PCS绿箭口香糖	15.9456	18.12	0.6	6,052	26,038	7.14%	47.68%	236887	359	718	2.00	300
192378	A	休闲凉果 400g	9.6272	10.94	4.5	9,616	24,414	6.70%	54.38%	196460	558	989	1.80	1050
175144	A	柳川海苔 100g	16.544	18.8	4.0	1,805	23,650	6.49%	60.87%	111694	315	982	3.10	0
342341	A	艾可提香甜玉米花	12.6368	14.36	42.1	1,680	22,890	6.28%	67.15%	24940	399	5120	12.80	0
294777	A	乳酸一级棒	13.3936	15.22	7.9	2,846	22,678	6.22%	73.37%	88681	373	1557	4.20	0
090667	A	费列罗巧克力 T3＊16	69.9512	79.49	4.6	3,816	19,793	5.43%	78.80%	141410	62	58	0.90	162
342369	A	艾可提黄油玉米花	12.6368	14.36	42.1	531	17,218	4.72%	83.52%	14457	300	5401	18.00	0
363852	A	石春巧克力 300g	20.1608	22.91	14.5	2,131	15,945	4.37%	87.90%	67653	174	397	2.30	0
323994	A	达文椰果芒果布丁	9.0288	10.26	39.5	4,689	14,918	4.09%	91.99%	36423	364	1724	4.70	0
153678	A	益齿达口香糖薄荷味	25.8016	29.32	1.0	3,694	14,689	4.03%	96.02%	131296	125	133	1.10	216
344412	A	卡乐 B 粟一烧 4＊80g	20.1608	22.91	16.2	6,713	14,502	3.98%	100.00%	52101	158	220	1.40	0

（2）测试任务

请对测试题中背景资料所附报表进行分析，写一份报表分析报告，要求有报表内容描述、发现问题、分析问题和解决问题几个部分。

T5-10　测试题十

（1）背景资料

某超市促销分析报表（见下表 5.10）。

表 5.10　某超市促销分析报表

时间项目	促销前 7 天（4 月 6 日—12 日）						
	6 日	7 日	8 日	9 日	10 日	11 日	12 日
销售额（元）	64155	66472.5	69853	64591.4	70449.8	50782.6	46529.4
毛利额（元）	6363.21	6952.7	6960.91	6164.52	5677.41	5120.61	5358.97
来客数	2312	2393	2487	1748	1782	1722	1738
客单价	27.75	27.78	28.09	36.95	39.534118	29.490476	26.771806
销售单品数	2212	1659	1631	1448	1419	1430	1371

时间项目	促销期（4 月 13 日—22 日）									
	13 日	14 日	15 日	16 日	17 日	18 日	19 日	20 日	21 日	22 日
销售额（元）	58122.2	70654.6	86838.6	51717.5	51741.8	57227.7	63791.3	63206.6	69386.7	93907.3
毛利额（元）	5889.12	7353	9599.12	5116.98	5195.23	5769.38	4718.9	4858.19	7297.59	7208.48
来客数	2198	2651	3101	1913	1885	1868	1695	2106	2677	3076
客单价	26.443221	26.652055	28.003418	27.034762	27.44923	30.635813	37.634985	30.01263	25.919574	30.529031
销售单品数	1460	1688	1994	1431	1397	1367	1293	1384	1591	1710

(2)测试任务

请对测试题中背景资料所附报表进行分析,写一份报表分析报告,要求有报表内容描述、发现问题、分析问题和解决问题几个部分。

T5-11　测试题十一

(1)背景资料

某连锁企业服装销售周汇总比较报表见下页表5.11。

(2)测试任务

请对测试题中背景资料所附报表进行分析,写一份报表分析报告,要求有报表内容描述、发现问题、分析问题和解决问题几个部分。

T5-12　试题十二

(1)背景资料

某超市部分商品库存分析报表见下页表5.12。

(2)测试任务

请对测试题中背景资料所附报表进行分析,写一份报表分析报告,要求有报表内容描述、发现问题、分析问题和解决问题几个部分。

表 5.11　某连锁企业服装销售周汇总比较报表

区域	代码	品牌	12月合计销售额(元)(12.1—12.31)	目标	达成	11月30日销售额(元)	12月1日	12月2日	12月3日	12月4日	12月5日	12月6日	本周合计销售额(元)(11.30—12.6)	本周占比	三种品牌排名	搭配率	增长率
连锁店1	1359	ONLY	253,852	400,000	63%	10,041	6,420	9,734	14,485	17,001	14,910	19,107	91,698		jj vm only	1.66	2%
	8354	VM	249,106			4,751	13,633	12,462	15,811	11,458	18,331	17,172	93,618				12%
	6350	JJ	371,254			17,119	12,577	16,422	9,810	14,078	29,992	25,913	125,911				9%
连锁店2	1365	ONLY	187,192	300,000	62%	4,044	2,892	6,669	5,388	8,414	21,959	10,680	60,046		vm only jj	1.27	7%
	8393	VM	206,257			6,639	8,738	10,237	7,386	14,578	15,428	13,026	76,032				6%
连锁店3	1376	ONLY	171,706	350,000	49%	6,268	7,139	4,443	7,782	7,037	17,714	4,940	55,323		jj vm only	1.16	7%
	8360	VM	135,235			8,667	9,387	4,294	8,940	12,932	10,831	7,739	62,790				−1%
	6351	JJ	431,029			9,722	17,483	15,520	11,745	19,945	33,027	35,719	143,161				−3%
连锁店4	1392	ONLY	70,219	170,000	41%	2,225	5,397	2,296	798	2,644	7,217	9,314	29,891		only vm jj	1.07	15%
	13A9	ONLY	165,766	350,000	47%	5,589	13,714	5,964	6,986	7,714	4,789	8,937	53,693		jj only vm	1.30	−19%
连锁店5	83A5	VM	62,249			3,145	1,698	1,896	1,148	5,141	8,389	848	22,265				−35%
	6395	JJ	169,071			7,785	6,426	12,388	10,595	6,165	8,933	14,805	67,097				19%
合计		ONLY	848,735	1,570,000	54%	28,167	35,562	29,106	35,439	42,810	66,589	52,978	290,651	114%			30%
		VM	652,847			23,202	33,456	28,889	33,285	44,109	52,979	38,785	254,705				16%
		JJ	971,354			34,626	36,486	44,330	32,150	40,188	71,952	76,437	336,169	86%			28%

区域	代码	品牌	12月合计销售额(元)(12.1—12.31)	目标	达成	12月7日销售额(元)	12月8日销售额(元)	12月9日销售额(元)	12月10日销售额(元)	12月11日销售额(元)	12月12日销售额(元)	12月13日销售额(元)	本周合计销售额(元)(12.7—12.13)	本周占比	三种品牌排名	搭配率	增长率
连锁店1	1359	ONLY	253,852	400,000	63%	17,649	6,218	4,544	7,834	10,350	8,017	10,082	64,694		jj vm only	1.80	−29%
	8354	VM	249,106			5,093	6,591	4,693	4,889	14,280	14,528	15,056	65,130				−30%
	6350	JJ	371,254			8,935	6,687	10,582	10,085	16,419	21,965	26,987	101,660				−19%
连锁店2	1365	ONLY	187,192	300,000	62%	3,690	4,219	5,221	4,670	5,417	10,729	13,505	47,451		vm only jj	1.30	−21%
	8393	VM	206,257			5,491	7,171	4,941	6,737	8,195	10,278	17,057	59,870				−21%
连锁店3	1376	ONLY	171,706	350,000	49%	5,719	3,489	9,492	8,214	8,061	8,692	7,637	51,304		jj only vm	1.20	−7%
	8360	VM	135,235			4,893	3,743	4,744	5,939	4,742	7,634	9,836	41,531				−34%
	6351	JJ	431,029			7,814	6,888	11,279	15,171	14,621	38,235	42,724	136,732				−4%
连锁店4	1392	ONLY	70,219	170,000	41%	4,593	698	2,096	1,147	2,643	5,621	5,798	22,596		only vm jj	1.30	−24%

区域	代码	品牌	12月合计销售额(元)(12.1-12.31)	目标	达成	12月7日销售额(元)	12月8日销售额(元)	12月9日销售额(元)	12月10日销售额(元)	12月11日销售额(元)	12月12日销售额(元)	12月13日销售额(元)	本周合计销售额(元)(12.7-12.13)	本周占比	三种品牌排名	搭配率	增长率
连锁店5	13A9	ONLY	165,766	350,000	47%	6,040	10,330	6,439	4,891	9,889	7,383	7,184	52,156		jj only vm	1.58	-3%
	83A5	VM	62,249			2,397	2,495	948	749	2,945	2,596	3,493	15,623				-30%
	6395	JJ	169,071			7,085	9,037	5,691	7,942	9,628	6,288	11,866	57,537				-14%
合计		ONLY	848,735	1,570,000	54%	31,651	14,624	21,353	21,865	26,471	33,059	37,022	186,045	112%			-36%
		VM	652,847			15,477	17,505	14,378	17,565	27,217	32,440	41,949	166,531				-35%
		JJ	971,354			16,749	13,575	21,861	25,256	31,040	60,200	69,711	238,392	78%			-29%

区域	代码	品牌	12月合计销售额(元)(12.1-12.31)	目标	达成	12月14日销售额(元)	12月15日销售额(元)	12月16日销售额(元)	12月17日销售额(元)	12月18日销售额(元)	12月19日销售额(元)	12月20日销售额(元)	本周合计销售额(元)(12.14-12.20)	本周占比	三种品牌排名	搭配率	增长率
连锁店1	1359	ONLY	253,852	400,000	63%	13,647	2,225	12,214	18,029	17,845	23,039	20,502	107,501		jj only vm	1.60	66%
	8354	VM	249,106			8,539	2,696	11,532	5,574	16,657	28,241	21,870	95,109				46%
	6350	JJ	371,254			12,679	7,089	18,123	18,301	24,531	36,793	43,286	160,802				58%
连锁店2	1365	ONLY	187,192	300,000	62%	3,694	12,408	6,935	12,934	9,832	19,596	18,340	83,739		only vm jj	1.20	76%
	8393	VM	206,257			10,689	4,694	2,096	6,888	16,430	15,360	20,837	76,994				29%
连锁店3	1376	ONLY	171,706	350,000	49%	11,240	6,687	7,297	9,174	8,797	13,937	14,215	71,347		jj only vm	1.30	39%
	8360	VM	135,235			1,247	1,298	2,097	5,570	5,778	11,132	12,459	39,581				-5%
	6351	JJ	431,029			13,576	21,726	10,829	13,691	23,829	35,056	42,151	160,858				18%
连锁店4	1392	ONLY	70,219	170,000	41%	3,024	600	4,173	3,922	1,097	2,005	5,136	19,957		only vm jj	1.20	-12%
连锁店5	13A9	ONLY	165,766	350,000	47%	4,668	8,834	8,062	9,287	11,198	15,710	7,747	65,506		only jj vm	1.50	26%
	83A5	VM	62,249			2,147	2,197	4,195	4,441	3,892	3,346	7,288	27,506				76%
	6395	JJ	169,071			3,794	5,938	6,481	6,216	5,940	13,909	9,944	52,222				-9%
合计		ONLY	848,735	1,570,000	54%	31,605	21,920	30,619	44,059	37,571	58,577	58,193	282,544	133%			52%
		VM	652,847			20,475	8,688	15,725	18,032	38,865	54,733	55,166	211,684				27%
		JJ	971,354			30,049	34,753	35,433	38,208	54,300	85,758	95,381	373,882	76%			57%

表 5.12 某超市部分商品库存分析报表

部门	分类	商品编号	商品条码	商品名称	默认进价(元)	实际进价(元)	实际售价(元)	规格	单位	箱装数量	默认售价(元)	销售数量	销售金额(元)	库存数量	门店库存金额(元)	周转天数
20	20070002.国产高度酒≥40度(盒装)	2713899	6901382036165	52度金六福红特曲	78	78	98	500ml	瓶	1	98	2	196	10	980	5
20	20070004.国产烈酒礼盒	2713904	6937660964516	50度金六福六福临门礼盒	142	142	168	500ml*2	盒	1	168	1	168	12	2016	12
20	20070002.国产高度酒≥40度(盒装)	2709531	6937660964431	金六福50度福根福临久福礼盒	83	83	99	500ml	盒	1	99	3	297	11	1089	3.6666667
20	20000101.橙味汽水瓶装	2461013	6902597666475	芬达	5.3	3.7	3.8	2L	瓶	8	6.4	70	448	8	51.2	0.1142857
20	20031001.其它口味果汁瓶装	2712795	6902083894290	娃哈哈HELLO-C凤梨椰香复合果汁	3.8	3.8	4.2	450ml	瓶	15	4.2	100	420	5	21	0.05
20	20030501.桃味果汁瓶装	2074421	6902083883461	娃哈哈水蜜桃汁	5.8	5.8	6.5	1.5L	瓶	6	6.5	50	325	3	19.5	0.06
20	20070002.国产高度酒≥40度(盒装)	2658245	6921464150398	浏阳河新金世纪双双礼盒	46	46	55	475ml*2	盒	4	55	2	110	19	1045	9.5
20	20070002.国产高度酒≥40度(盒装)	2705355	6921464150732	浏阳河52度金世纪自产四星	58	58	68	475ml	瓶	1	68	1	68	33	2244	33
20	20031001.其它口味果汁瓶装	2711569	6934024515087	纯果乐沁甜梅莓	5.7	5.7	5.9	1.25L	支	6	5.9	70	413	27	159.3	0.3857143
20	20070002.国产高度酒≥40度(盒装)	2705358	6901798130020	52度泸州老窖六年古法装	106	106	138	500ml	瓶	1	138	2	276	15	2070	7.5
20	20070002.国产高度酒≥40度(盒装)	2705357	6902017358027	54度典藏酒鬼	428	428	508	500ml	瓶	1	508	1	508	3	1524	3
20	20020501.奶茶瓶装	2690168	6925303730574	统一阿萨姆奶茶原味	3.5	3.5	4	500ml	瓶	15	4	55	220	19	76	0.3454545
20	20030301.葡萄味果汁瓶装	2302191	6925303721251	统一水晶葡萄汁	7.11	7.11	7.5	2L	瓶	6	7.5	36	270	30	225	0.8333333
20	20070002.国产高度酒≥40度(盒装)	2708364	6901382036264	五粮醇红淡雅陶瓷装	88	88	108	500ml	瓶	1	108	3	324	20	2160	6.6666667
20	20070002.国产高度酒≥40度(盒装)	2708363	6901382034147	五粮醇红淡雅水晶装	62	62	78	500ml	瓶	1	78	2	156	1	78	0.5
20	20070002.国产高度酒≥40度(盒装)	2673654	6901382034208	五粮醇50度金淡雅	168	168	218	500ml	盒	6	218	2	436	12	2616	6
20	20070002.国产高度酒≥40度(盒装)	2673649	6901382034178	五粮醇50度蓝淡雅	108	108	138	500ml	盒	6	138	2	276	21	2898	10.5
20	20010100.矿泉水	2658867	6947012800010	昆仑山天然雪山矿泉水	4	4	4.8	510ml	瓶	24	4.8	111	532.8	31	148.8	0.2792793
20	20010001.纯净水≥1.5L	2880971	6902538003536	乐百氏纯净水	2.2	2.2	2.5	1500ml	瓶	12	2.5	124	310	48	120	0.3870968

T5-13 试题十三

(1)背景资料

某店铺销存统计周分析表见下表5.13。

表 5.13 某店铺销存统计周分析表

目标管理和生意分析								
本周目标(元)	9331	实际完成销售额(元)		8026		目标达成率	86.01%	
						下周计划目标(元)	9317	
天气温度(℃)	星期	上周销售	本周销售	对比升跌(%)	销售件数	库存件数	新货占比(%)	当日销售分析
29—34	一	2009	1388	−0.309109	18	1198	0.727	人流量减少,店铺没有做活动。
28—33	二	586	1076	0.05	16	1182	0.727	上周天气不是很稳定,本周天气比较稳定,没有下雨天气。
30—35	三	603	1568	1.6003317	25	1146	0.726	30号是商场活动最后一天,而且我们也参加了活动。
28—33	四	356	1070	2.005618	15	1131	0.724	活动的效果还不错,成套搭配的比较多。
30—37	五	1015	774	−0.237438	15	1116	0.728	上周商场活动开始,人流量多点。
30—37	六	1597	1150	−0.2799	13	1103	0.727	天气比较炎热,人流量不是很多,再加上货品很多不是齐色齐码了。
30—37	日	1697	1000	−0.410725	11	1092	0.726	天气炎热,货品不足。
合计		7863	8026	0.02073				

本周销售前十						
排行	款号	销售件数	库存占比	库存件数	周转期	备注
1	302—539	7	0.64%	8	1.14	
2	302—671	3	0.27%	4	1.33	
3	602—199	3	0.27%	4	1.33	
4	302—507	3	0.27%	14	4.67	
5	201—368	3	0.27%	12	4.00	
6	302—588	3	0.27%	3	1.00	
7	602—201	3	0.27%	7	2.33	
8	302—548	2	0.18%	9	4.50	
9	202—087	2	0.18%	10	5.00	
10	602—205	2	0.18%	8	4.00	

(2)测试任务

请对测试题中背景资料所附报表进行分析,写一份报表分析报告,要求有报表内容描述、发现问题、分析问题和解决问题几个部分。

T5-14 测试题十四

（1）背景资料

某超市白酒部分商品资料报表见下表5.14。

表5.14 某超市白酒部分商品资料报表

部门	分类	商品编号	商品条码	商品名称	实际进价(元)	实际售价(元)	规格	单位	箱装数量	安全天数	商品最大库存周转天数
20	20070002.国产高度酒≥40度(盒装)	2658245	6921464150398	浏阳河新金世纪双双礼盒	46	55	475ml*2	盒	4	45	45
20	20070002.国产高度酒≥40度(盒装)	2705355	6921464150732	浏阳河52度金世纪自产四星	58	68	475ml	瓶	1	45	45
20	20070002.国产高度酒≥40度(盒装)	2705358	6901798130020	52度泸州老窖六年古法装	106	138	500ml	瓶	1	45	45
20	20070002.国产高度酒≥40度(盒装)	2710342	6901382035441	55度新五粮液	638	688	500ml	瓶	1	45	45
20	20070002.国产高度酒≥40度(盒装)	2496816	6901798122315	泸州醇52度柔和八年	110	128	500ml	盒	6		45
20	20070002.国产高度酒≥40度(盒装)	2455939	6901798122667	泸州醇52度柔和喜韵	29	18.8	500ml	瓶	6		45
20	20070002.国产高度酒≥40度(盒装)	2455942	6901798122001	泸州醇52度柔和吉庆	39.5	48	500ml	瓶	6		45
20	20070002.国产高度酒≥40度(盒装)	2455947	6901798121974	泸州醇52度柔和五年	65	78	500ml	瓶	6		45
20	20070004.国产烈酒礼盒	2624399	6901798130990	泸州老酒坊52度福禄高升礼盒	118	148	500ml*2	盒	4	30	45
20	20070003.国产高度酒≥40度(瓶装)	2311722	6901798117243	52度泸州老酒坊喜字坛	46	49	500ml	瓶	6		45
20	20070002.国产高度酒≥40度(盒装)	2311725	6901798117250	52度泸州老酒坊地字坛	68	36.8	500ml	瓶	6		45
20	20070002.国产高度酒≥40度(盒装)	2311727	6901798117236	52度泸州老酒坊天字坛	142	178	500ml	瓶	6		45
20	20070002.国产高度酒≥40度(盒装)	2338470	6901798118899	52度泸州酒坊欢天喜地礼盒	73	98	500ml*2	盒	4		45
20	20070003.国产高度酒≥40度(瓶装)	2353627	6901798118615	泸州老酒坊酒久香	16	17.5	500ml	瓶	6		45
20	20070004.国产烈酒礼盒	2624403	6901798131003	泸州老酒坊52度百子送福礼盒	68	85	500ml*2	盒	4	30	45
20	20070002.国产高度酒≥40度(盒装)	2628421	6901798129185	泸州老酒坊幸福装	34.5	42	480ml	瓶	6	30	45
20	20070002.国产高度酒≥40度(盒装)	2814248	6901382023677	五粮液52度1618酒	669	758	500ml	瓶	6		45
20	20070000.国产低度酒＜40度(盒装)	2624448	6931317100302	五粮液35度黄金酒礼盒	262	268	480ml*2	盒	5		45
20	20070001.国产低度酒＜40度(瓶装)	2624451	6931317100227	五粮液35度黄金酒单瓶	116	119	480ml	瓶	6		45
20	20070002.国产高度酒≥40度(盒装)	2024498	6901798104595	52度泸州老窖国窖	598	618	500ml	盒	6		45
20	20070002.国产高度酒≥40度(盒装)	2809355	6901798127051	泸州老窖52度八年陈头曲	98	108	500ml	瓶	6	30	45
20	20070002.国产高度酒≥40度(盒装)	2235146	6901798125644	52度泸州老窖紫砂陶大曲	228	236	500ml	盒	6		45
20	20070004.国产烈酒礼盒	2925100	6901798127334	泸洲老窖国窖1573红爵55度礼盒	1588	1980	600ml	盒	4		45
20	20070002.国产高度酒≥40度(盒装)	2199512	6901382103355	五粮液52度	608	639	500ml	瓶	6		28

部门	分类	商品编号	商品条码	商品名称	实际进价(元)	实际售价(元)	规格	单位	箱装数量	安全天数	商品最大库存周转天数
20	20070002. 国产高度酒≥40度(盒装)	2199512	6901382103355	五粮液52度500ml	638	639	500ml	瓶	6		28
20	20070002. 国产高度酒≥40度(盒装)	2737275	6901382000548	52度五星浏阳河(新一代)	131	148	475ml	瓶	6		45
20	20070002. 国产高度酒≥40度(盒装)	2088975	6901382737529	浏阳河五星红太阳52度	145	165	475ml	瓶	6		45
20	20070002. 国产高度酒≥40度(盒装)	2219505	6901382006342	浏阳河祝君如意喜洋洋酒52度	60	68	450ml	盒	6		45
20	20070002. 国产高度酒≥40度(盒装)	2595989	6901382012336	浏阳河52度珍品二十年	132	1583	475ml	瓶	6		45
20	20070002. 国产高度酒≥40度(盒装)	2737289	6901382002856	52度浏阳河四星金世纪(新一代)	41	48.8	475ml	瓶	6		45
20	20070002. 国产高度酒≥40度(盒装)	2737317	6901382000531	52度浏阳河五星金世纪(新一代)	132	145	475ml	瓶	6		45
20	20070001. 国产低度酒<40度(瓶装)	2752928	6901382012312	浏阳河百里醇香青花瓷	82	99	475ml	瓶	6		45
20	20070002. 国产高度酒≥40度(盒装)	2865474	6921464129011	浏阳河十年52度	218	248	475ml	瓶	6	30	45
20	20070002. 国产高度酒≥40度(盒装)	2865495	6921464129080	浏阳河十五年52度	368	418	475ml	瓶	6	30	45
20	20070002. 国产高度酒≥40度(盒装)	2865537	6921464129042	浏阳河三十年52度	598	668	475ml	瓶	6	30	45
20	20070002. 国产高度酒≥40度(盒装)	2907159	6901382012374	浏阳河52度仿青花瓷双瓶礼盒	83	98	475ml	盒	3		45
20	20070004. 国产烈酒礼盒	2908734	6901382025848	五粮液礼盒	972	1090	500ml	盒	4		45
20	20070004. 国产烈酒礼盒	2908769	6901382022038	五粮液52度特供专用酒	424	488	500ml	盒	6		45
20	20070002. 国产高度酒≥40度(盒装)	2907187	6921464150015	浏阳河52度仿青花瓷五里醇香	58	59	475ml	瓶	6		45
20	20070002. 国产高度酒≥40度(盒装)	2907222	6901382012275	浏阳河52度仿青花瓷十里醇香	46	58	475ml	瓶	6		45
20	20070002. 国产高度酒≥40度(盒装)	2076448	6901382016471	五粮液国宴酒52度	566	648	500ml	瓶	4		45
20	20070002. 国产高度酒≥40度(盒装)	2360887	6901382030859	五粮液集团尊酒	350	438	500ml	瓶	6	30	45
20	20070002. 国产高度酒≥40度(盒装)	2361825	6901382029877	五粮液陈酿	650	666	500ml	瓶	6	30	45
20	20070004. 国产烈酒礼盒	2601628	6901382021024	五粮液尊酒祝君万事如意	235	288	500ml*2	盒	5		45
20	20070002. 国产高度酒≥40度(盒装)	2199512	6901382103355	五粮液52度	578	639	500ml	瓶	6		28
20	20070003. 国产高度酒≥40度(瓶装)	2027597	6943072800069	泸洲50度高粱王酒	27.6	32.8	5000ml	瓶	4		45
20	20070003. 国产高度酒≥40度(瓶装)	2027598	6943072800052	泸洲50度大高粱酒	13.2	15.9	2500ml	瓶	6		45
20	20070002. 国产高度酒≥40度(盒装)	2508590	6901798120472	泸州老窖52度六年陈头曲	68	70	500ml	瓶	6		45
20	20070002. 国产高度酒≥40度(盒装)	2379700	6901382005574	52度五粮液金	596	636	480ml	盒	6		45
20	20070004. 国产烈酒礼盒	2382249	6901382003990	52度精品五粮液一马当先	605	698	500ml	盒	6		45

(2)测试任务

请对测试题中背景资料所附报表进行分析,写一份报表分析报告,要求有报表内容描述、发现问题、分析问题和解决问题几个部分。

T5-15　测试题十五

(1)背景资料

某连锁企业门市 1 店 2017 年与 2016 年比较损益报表见下表 5.15。

表 5.15　门市 1 店 2017 年与 2016 年比较损益报表(单位:元)

期间 项目	2017 年度	2016 年度	差异
一、主营业务收入	2,716,772.00	2,130,039.00	586,733.00
减:主营业务成本	1,336,510.96	1,167,682.81	168,828.15
二、毛利收入	1,380,261.04	962,356.19	417,904.85
毛利率	50.81%	45.18%	5.62%
减:税费	163,006.32	119,282.18	43,724.14
减:期间费用	630,583.01	470,779.21	159,803.80
其中:营业费用	368,670.69	187,677.55	180,993.14
管理费用	258,455.87	280,778.77	(22,322.90)
财务费用	3,456.45	2,322.89	1,133.56
三、营业利润	586,671.71	372,294.80	214,376.91
加:投资收益			0.00
其他业务利润			0.00
补贴收入	6,800.00	3,000.00	3,800.00
营业外收入	17,985.00	1,200.00	16,785.00
减:营业外支出	3,654.77	2,100.00	1,554.77
以前年度损益调整			0.00
四、利润总额	607,801.94	374,394.80	233,407.14
减:所得税	36,000.00	24,000.00	12,000.00
五、净利润	571,801.94	350,394.80	221,407.14
净利润率	21.05%	16.45%	4.60%

(2)测试任务

请对测试题中背景资料所附报表进行分析,写一份报表分析报告,要求有报表内容描述、发现问题、分析问题和解决问题几个部分。

T5-16　测试题十六

(1)背景资料

某连锁企业门市 1 店 2017 年各月经营损益报表见下表 5.16。

表 5.16　门市 1 店 2017 年各月经营损益表(单位:元)

期间 项目	实际					
	2017年1月	2017年2月	2017年3月	2017年4月	2017年5月	2017年6月
一、主营业务收入	356,787.00	245,671.00	189,977.00	115,567.00	149,887.00	165,888.00
减:主营业务成本	178,393.50	130,205.63	98,788.04	58,939.17	74,943.50	84,602.88
二、毛利收入	178,393.50	115,465.37	91,188.96	56,627.83	74,943.50	81,285.12
毛利率	50.00%	47.00%	48.00%	49.00%	50.00%	49.00%
减:税费	21,407.22	14,740.26	11,398.62	6,934.02	8,993.22	9,953.28
减:期间费用	141,830.00	87,143.00	78,251.00	59,488.00	67,431.00	78,360.00
其中:营业费用	106,787.00	64,566.00	55,567.00	46,678.00	50,987.00	67,705.00
管理费用	34,565.00	21,788.00	21,776.00	13,115.00	15,988.00	9,866.00
财务费用	478.00	789.00	908.00	(305.00)	456.00	789.00
三、营业利润	15,156.28	13,582.11	1,539.34	(9,794.19)	(1,480.72)	(7,028.16)
加:投资收益						
其他业务利润						
补贴收入						
营业外收入						
减:营业外支出						
以前年度损益调整						
四、利润总额	15,156.28	13,582.11	1,539.34	(9,794.19)	78.00	(7,028.16)
减:所得税	3,000.00	3,000.00	3,000.00	3,000.00	3,000.00	3,000.00
五、净利润	12,156.28	10,582.11	(1,460.66)	(12,794.19)	(2,922.00)	(10,028.16)
净利润率	3.41%	4.31%	−0.77%	−11.07%	−1.95%	−6.05%

期间 项目	实际						
	2017年7月	2017年8月	2017年9月	2017年10月	2017年11月	2017年12月	Total
一、主营业务收入	145,600.00	129,999.00	289,000.00	238,630.00	218,768.00	290,998.00	2,536,772.00
减:主营业务成本	77,168.00	71,499.45	144,500.00	124,087.60	118,572.26	154,810.94	1,316,510.96
二、毛利收入	68,432.00	58,499.55	144,500.00	114,542.40	100,195.74	136,187.06	1,220,261.04
毛利率	47.00%	45.00%	50.00%	48.00%	45.80%	46.80%	48.10%
减:税费	8,736.00	7,799.94	17,340.00	14,317.80	13,126.08	17,459.88	152,206.32
减:期间费用	69,326.00	73,642.00	111,030.00	87,910.00	83,308.00	115,362.00	1,053,081.00
其中:营业费用	58,980.00	59,990.00	98,796.00	78,336.00	74,553.00	105,667.00	868,612.00
管理费用	10,889.00	12,865.00	11,667.00	10,007.00	7,866.00	8,760.00	179,152.00
财务费用	(543.00)	787.00	567.00	(433.00)	889.00	935.00	5,317.00
三、营业利润	(9,630.00)	(22,942.39)	16,130.00	12,314.60	3,761.66	3,365.18	14,973.72
加:投资收益							0.00
其他业务利润							0.00
补贴收入							0.00
营业外收入							0.00
减:营业外支出					.		0.00
以前年度损益调整							0.00
四、利润总额	(9,630.00)	(22,942.39)	16,130.00	12,314.60	3,761.66	3,365.18	16,532.44
减:所得税	3,000.00	3,000.00	3,000.00	3,000.00	3,000.00	3,000.00	36,000.00
五、净利润	(12,630.00)	(25,942.39)	13,130.00	9,314.60	761.66	365.18	(19,467.56)
净利润率	−8.67%	−19.96%	4.54%	3.90%	0.35%	0.13%	−0.77%

(2)测试任务

请对测试题中背景资料所附报表进行分析,写一份报表分析报告,要求有报表内容描述、发现问题、分析问题和解决问题几个部分。

高等职业院校学生专业技能考核标准与题库

T5-17　测试题十七

(1)背景资料

某超市商品资料报表(见下表5.17)。

表5.17　某超市商品资料报表

部门	分类	商品编号	商品条码	商品名称	实际进价(元)	实际售价(元)	规格	单位	箱装数量	保质期	安全天数	商品最大库存周转天数
20	20010100．矿泉水	2658867	6947012800010	昆仑山天然雪山矿泉水	4	4.8	510ml	瓶	24	730	45	45
20	20010001．纯净水≥1.5L	2880971	6902538003536	乐百氏纯净水	2.2	2.5	1500ml	瓶	12	0	45	45
20	20040101．运动饮料瓶装	2653290	6902538005141	乐百氏脉动蜜桃味	2.9	3.6	600ml	支	15	300	45	45
20	20010000．纯净水<1.5L	2154429	6902538003499	乐百氏纯净水	0.8	1	330ml	瓶	24	0	45	45
20	20040101．运动饮料瓶装	2138346	6902538004052	乐百氏脉动水饮料(桔子)	2.9	3.5	600ml	瓶	15	365	45	45
20	20040101．运动饮料瓶装	2138345	6902538004045	乐百氏脉动水饮料(清柠)	2.9	3.6	600ml	瓶	15	365	45	45
20	20010000．纯净水<1.5L	2054362	6902538002690	乐百氏纯净水	0.95	1.1	550ml	支	24	365	45	45
20	20010000．纯净水<1.5L	2076027	6901285991219	大怡宝水	1.16	1.5	555ml	瓶	24	365	45	45
20	20010001．纯净水≥1.5L	2056972	6901285991271	怡宝纯净水	2.17	2.5	1555ml	支	12	365	45	45
20	20010000．纯净水<1.5L	2076034	6901285991240	细怡宝水	0.96	1.2	350ml	瓶	24	365	45	45
20	20010100．矿泉水	2145265	6922255447833	景田矿泉水	1.58	2	348ml	瓶	24	365	45	45
20	20010100．矿泉水	2145266	6922255451427	景田矿泉水	2	2.5	570ml	瓶	24	0	45	45
20	20010001．纯净水≥1.5L	2667523	6901285991530	怡宝饮用纯净水	7	7.9	4500ml	瓶	4	365	45	45
20	20010101．矿物质水	2648697	6921311197224	康师傅矿物质水	7.8	7.9	330ml*15	箱	1	365	45	45
20	20010101．矿物质水	2203375	6920459905388	康师傅矿物质水	0.56	0.7	330ml	瓶	15	365	45	45
20	20010101．矿物质水	2393363	6921311105038	康师傅矿物质水	0.76	0.9	550ml	瓶	15	360	45	45
20	20010000．纯净水<1.5L	2482728	6934024512161	百事冰纯水	1.05	1.2	600ml	瓶	12	360	45	45
20	20010100．矿泉水	2403609	6921168502066	农夫山泉普通型	11.2	11.5	550ml*12	箱	1	360	45	45
20	20010100．矿泉水	2066255	6921168509270	农夫山泉家庭装	6.5	7.2	4L	瓶	4	365	45	45
20	20010001．纯净水≥1.5L	2066262	6921168520015	农夫山泉天然水	2.4	2.8	1.5L	瓶	12	600	45	45
20	20010100．矿泉水	2066276	6921168509256	农夫山泉普通型	0.98	1.2	550ml	瓶	24	600	45	45
20	20010100．矿泉水	2144585	6921168511280	农夫山泉	1.06	1.2	380ml	支	24	0	45	45
20	20010000．纯净水<1.5L	2141374	21413742	水森活	0.7	0.9	550ml	瓶	15	365	45	45
20	20010001．纯净水≥1.5L	2083384	6920180239295	屈臣氏蒸馏水	14.38	15.4	6L	瓶	4	365	45	45
20	20010001．纯净水≥1.5L	2083377	6920180210515	屈臣氏蒸馏水	4.93	4.6	1.5L	瓶	12	365	45	45

116

部门	分类	商品编号	商品条码	商品名称	实际进价（元）	实际售价（元）	规格	单位	箱装数量	保质期	安全天数	商品最大库存周转天数
20	20010201.苏打水	2265706	6920180210683	屈臣氏汤力水	3.47	3.9	345ml	听	24	720	45	45
20	20010000.纯净水<1.5L	2351774	6920180210034	屈臣氏矿物质蒸馏水	1.66	2	400ml	瓶	24	360	45	45
20	20010001.纯净水≥1.5L	2351775	6920180219327	屈臣氏蒸馏水	9.88	11.8	4.5L	瓶	4	360	45	45
20	20010000.纯净水<1.5L	2376000	6920180219334	屈臣氏蒸馏水	2.09	2.5	600ml	瓶	24	360	45	45
20	20010101.矿物质水	2437499	6920180270038	屈臣氏矿物质蒸馏水	2.09	2.5	600ml	瓶	24	360	45	45
20	20010300.其他水	2006025	6920180210928	屈臣氏干姜水	3.47	3.9	345ml	罐	24	730	45	45
20	20010201.苏打水	2083300	6920180210577	屈臣氏苏打水	3.47	3.9	345ml	罐	24	600	45	45
20	20010000.纯净水<1.5L	2083328	6920180210614	280屈臣氏蒸馏水	1.29	1.6	280ml	瓶	35	365	45	45
20	20010000.纯净水<1.5L	2083335	6920180239196	屈臣氏蒸馏水	1.66	2	400ml	支	24	365	45	45
20	20010000.纯净水<1.5L	2851165	6902083884178	娃哈哈纯真年代纯净水	0.87	1	596ml	瓶	24	365	45	45
20	20010300.其他水	2300758	6902083887070	娃哈哈活性含氧水	1.8	1.9	600ml	瓶	12	360	45	45
20	20010000.纯净水<1.5L	2308101	6902083881412	娃哈哈纯净水	2.35	2.5	1.5L	瓶	15	365	45	45
20	20010000.纯净水<1.5L	2131754	6902083880675	娃哈哈纯净水	0.9	1	350ml	支	24	365	45	45
20	20010300.其他水	2650643	6902083893675	娃哈哈含氧水	1.3	1.6	350ml	瓶	24	365	45	45
20	20010300.其他水	2650646	6902083892531	娃哈哈含氧水	31.2	36	1*24	箱	24	365	45	45
20	20010100.矿泉水	2673252	6920180210065	屈臣氏蒸馏水	3.3	3.5	1L	支	12	730	45	45
20	20010101.矿物质水	2504297	6920180210430	屈臣氏矿物水	9.88	12.2	4.5L	桶	4	540	45	45
20	20010101.矿物质水	2635147	6920180210362	屈臣氏蒸馏水三支装	4.98	5.8	400ml	组	8	730	45	45
20	20010101.矿物质水	2635415	6920180210409	屈臣氏水两支装	4.18	4.8	600ml	组	12	730	45	45
20	20010201.苏打水	2643425	6920180240581	屈臣氏调酒系列4罐装	13.88	14.9	345ml*4	组	6	540	45	45
20	20010000.纯净水<1.5L	2686188	6920180210669	屈臣氏蒸馏水	15.48	17.6	280ml*12	组	2	730	45	45
20	20010000.纯净水<1.5L	2076062	6902083881405	娃哈哈纯净水	1.05	1.2	596ml	瓶	24	365	45	45
20	20010101.矿物质水	2557185	6925303723620	统一矿物质水	0.93	1.2	600ml	瓶	24	360	45	45
20	20010101.矿物质水	2667939	6925303723750	统一ALKAQUA矿物质水	3	3.7	570ml	瓶	15	365	45	45
20	20010101.矿物质水	2648821	2002648821007	冰露矿物质水	24	27.2	500ml*24	箱	1	365	45	45
20	20010000.纯净水<1.5L	2751374	6930270201224	水森活饮用纯净水	2.1	2.3	1.5L	瓶	6		45	45
20	20010101.矿物质水	2624292	6930270201453	冰露矿物质水	1.1	1.3	550ml	瓶	24	365	45	45

(2)测试任务

请对测试题中背景资料所附报表进行分析,写一份报表分析报告,要求有报表内容描述、发现问题、分析问题和解决问题几个部分。

T5-18　测试题十八

(1)背景资料

某连锁企业门市1店2017年各季经营损益报表(见下表5.18)。

表5.18　门市1店2017年各季经营损益报表

期　间 项　目	实际情况				
	1季度	2季度	3季度	4季度	Total
一、主营业务收入	892,435.00	441,342.00	594,599.00	788,396.00	2,716,772.00
减:主营业务成本	427,387.17	218,485.55	293,167.45	397,470.79	1,336,510.96
二、毛利收入	465,047.83	222,856.45	301,431.55	390,925.21	1,380,261.04
毛利率	52.11%	50.50%	50.69%	49.58%	50.81%
减:税费	47,546.10	25,880.52	33,875.94	44,903.76	152,206.32
减:期间费用	307,224.00	205,279.00	253,998.00	286,580.00	1,053,081.00
其中:营业费用	226,920.00	165,370.00	217,766.00	258,556.00	868,612.00
管理费用	78,129.00	38,969.00	35,421.00	26,633.00	179,152.00
财务费用	2,175.00	940.00	811.00	1,391.00	5,317.00
三、营业利润	110,277.73	(8,303.07)	13,557.61	59,441.45	174,973.72
加:投资收益					0.00
其他业务利润					0.00
补贴收入					0.00
营业外收入					0.00
减:营业外支出					0.00
以前年度损益调整					0.00
四、利润总额	110,277.73	(8,303.07)	13,557.61	59,441.45	174,973.72
减:所得税	9,000.00	9,000.00	9,000.00	9,000.00	36,000.00
五、净利润	101,277.73	(17,303.07)	4,557.61	50,441.45	138,973.72
净利润率	11.35%	−3.92%	0.77%	6.40%	5.12%

(2)测试任务

请对测试题中背景资料所附报表进行分析,写一份报表分析报告,要求有报表内容描述、发现问题、分析问题和解决问题几个部分。

T5-19　测试题十九

(1)背景资料

某超市商品销售报表见下表5.19。

表 5.19 某超市商品销售报表

部门	分类	商品编号	商品条码	商品名称	实际进价（元）	实际售价（元）	规格	单位	销售数量	销售金额（元）	销售毛利率（%）	销售毛利
20	20080000.国产罐装啤酒	2057736	6948960100108	百威啤酒	5.23	4.8	330ml	听	21	109.83	−8.96%	−1.88125
20	20080000.国产罐装啤酒	2397341	6916058200559	哈尔滨小麦王啤酒	2.05	2.2	330ml	瓶	35	71.75	6.82%	2.3863636
20	20080101.进口瓶装啤酒	2454222	6948960100009	百威啤酒	5.45	5.9	600ml	瓶	22	119.9	7.63%	1.6779661
20	20080100.进口罐装啤酒	2556536	6948960100078	百威啤酒	5.67	5.9	500ml	听	3	17.01	3.90%	0.1169492
20	20080001.国产瓶装啤酒	2668838	6916058200634	哈尔滨特制	3.1	3.5	580ml	瓶	34	105.4	11.43%	3.8857143
20	20080001.国产瓶装啤酒	2049407	6901035604260	青岛纯生	6.33	6.8	600ml	瓶	32	202.56	6.91%	2.2117647
20	20080000.国产罐装啤酒	2054677	6901035603003	青岛啤酒	3.45	3.8	330ml	罐	45	155.25	9.21%	4.1447368
20	20080000.国产罐装啤酒	2106878	6923740135082	青岛醇厚罐6连包	20.7	22.9	330ml*6	箱	78	1614.6	9.61%	7.4934498
20	20080000.国产罐装啤酒	2756645	6948960100979	哈啤冰纯促销装	18.72	21.1	355ml*6	组	54	1010.88	11.28%	6.0909953
20	20080001.国产瓶装啤酒	2756673	6948960100221	哈尔滨啤酒瓶装	3.55	3.6	600ml	瓶	23	81.65	1.39%	0.3194444
20	20080000.国产罐装啤酒	2759130	6948960100252	哈尔滨啤酒厅装	3.12	3.4	355ml	厅	12	37.44	8.24%	0.9882353
20	20080001.国产瓶装啤酒	2525651	721031926342	珠江3.6度精品小麦	2.4	2.5	600ml	瓶	27	64.8	4.00%	1.08
20	20080000.国产罐装啤酒	2003774	6940721900187	低/艾尔10度超爽啤酒	2.7	2.9	500ml	听	16	43.2	6.90%	1.1034483
20	20080000.国产罐装啤酒	2103525	6939417520037	金崂青岛超纯听装	1.6	1.8	325ml	听	35	56	11.11%	3.8888889
20	20080000.国产罐装啤酒	2104654	6931743402599	蓝宝菠萝啤酒	1.8	2.1	345ml	听	54	97.2	14.29%	7.7142857
20	20080000.国产罐装啤酒	2289062	6931743400809	13度蓝宝黑啤	2.4	2.7	330ml	听	43	103.2	11.11%	4.7777778
20	20080001.国产瓶装啤酒	2658248	6920938123180	力加冰啤	5.67	6.3	550ml	瓶	8	45.36	10.00%	0.8
20	20080000.国产罐装啤酒	2666067	6931743404333	蓝宝荔枝啤	1.6	1.8	345ml	瓶	7	11.2	11.11%	0.7777778
20	20080000.国产罐装啤酒	2881125	6920807200950	蓝宝纯生啤酒	3.5	4.7	500ml	听	42	147	25.53%	10.723404
20	20080100.进口罐装啤酒	2122129	6908942372268	喜力啤酒（罐装）	6.58	7.7	330ml	罐	11	72.38	14.55%	1.6
20	20080101.进口瓶装啤酒	2122136	6908942371070	喜力啤酒（瓶装）	7.58	8.7	330ml	支	35	265.3	12.87%	4.5057471
20	20080101.进口瓶装啤酒	2886704	6908942351225	喜力啤酒	9.16	9.6	600ml	瓶	89	815.24	4.58%	4.0791667
20	20080000.国产罐装啤酒	2420428	6931743401509	蓝带蓝宝超纯啤酒	2.6	2.8	350ml	听	78	202.8	7.14%	5.5714286
20	20080000.国产罐装啤酒	2437469	6931743402193	蓝带蓝宝大超纯	2.8	3.9	500ml	听	56	156.8	28.21%	15.794872

部门	分类	商品编号	商品条码	商品名称	实际进价(元)	实际售价(元)	规格	单位	销售数量	销售金额(元)	销售毛利率(%)	销售毛利
20	20080000. 国产罐装啤酒	2459144	6920807200943	蓝带蓝宝纯生罐装啤酒	2.6	2.9	350ml	罐	47	122.2	10.34%	4.862069
20	20080000. 国产罐装啤酒	2502547	6931743404470	蓝带蓝宝纯生态啤酒	2.5	2.7	350ml	听	99	247.5	7.41%	7.3333333
20	20080000. 国产罐装啤酒	2582287	6940721900132	低/艾尔5度菠萝啤	2.6	3.1	500ml	厅	19	49.4	16.13%	3.0645161
20	20080000. 国产罐装啤酒	2582291	6940721900163	低/艾尔13度黑啤酒	4	4.4	500ml	厅	59	236	9.09%	5.3636364
20	20080000. 国产罐装啤酒	2645309	6940721901030	艾尔麦香啤	2.8	3.1	330ml	罐	80	224	9.68%	7.7419355
20	20080000. 国产罐装啤酒	2645311	6940721901016	艾尔麦香黑啤	3	3.4	330ml	罐	210	630	11.76%	24.705882
20	20080001. 国产瓶装啤酒	2780851	721031926113	珠江纯生	4.5	4.8	600ml	瓶	18	81	6.25%	1.125
20	20080000. 国产罐装啤酒	2835192	721031922368	珠江10度罐装精品小麦酒	1.7	1.8	355ml	罐	188	319.6	5.56%	10.444444
20	20080001. 国产瓶装啤酒	2849654	721031926236	珠江特制小麦啤酒	2.8	2.9	600ml	瓶	33	92.4	3.45%	1.137931

(2)测试任务

请对测试题中背景资料所附报表进行分析,写一份报表分析报告,要求有报表内容描述、发现问题、分析问题和解决问题几个部分。

T5-20 测试题二十

(1)背景资料

某超市商品销售报表见下表5.20。

表5.20 某超市商品销售报表

部门	分类	商品编号	商品条码	商品名称	实际进价(元)	实际售价(元)	规格	单位	销售数量	销售金额(元)	销售毛利率(%)	销售毛利
20	20010100. 矿泉水	2658867	6947012800010	昆仑山天然雪山矿泉水	4	4.8	510ml	瓶	119	571.2	20.00%	23.8
20	20010001. 纯净水≥1.5L	2880971	6902538003536	乐百氏纯净水	2.2	2.5	1500ml	瓶	223	557.5	13.64%	30.4090909
20	20040101. 运动饮料瓶装	2653290	6902538005141	乐百氏脉动蜜桃味	2.9	3.6	600ml	支	121	435.6	24.14%	29.2068966
20	20010000. 纯净水<1.5L	2154429	6902538003499	乐百氏纯净水	0.8	1	330ml	瓶	245	245	25.00%	61.25
20	20040101. 运动饮料瓶装	2138346	6902538004052	乐百氏脉动水饮料(桔子)	2.9	3.5	600ml	瓶	490	1715	20.69%	101.37931
20	20040101. 运动饮料瓶装	2138345	6902538004045	乐百氏脉动水饮料(清柠)	2.9	3.6	600ml	瓶	378	1360.8	24.14%	91.2413793
20	20010000. 纯净水<1.5L	2054362	6902538002690	乐百氏纯净水	0.95	1.1	550ml	支	430	473	15.79%	67.8947368

部门	分类	商品编号	商品条码	商品名称	实际进价(元)	实际售价(元)	规格	单位	销售数量	销售金额(元)	销售毛利率(%)	销售毛利
20	20010000.纯净水<1.5L	2076027	6901285991219	大怡宝水	1.16	1.5	555ml	瓶	89	133.5	29.31%	26.0862069
20	20010001.纯净水≥1.5L	2056972	6901285991271	怡宝纯净水	2.17	2.5	1555ml	支	98	245	15.21%	14.9032258
20	20010000.纯净水<1.5L	2076034	6901285991240	细怡宝水	0.96	1.2	350ml	瓶	28	33.6	25.00%	7
20	20010100.矿泉水	2145265	6922255447833	景田矿泉水	1.58	2	348ml	瓶	49	98	26.58%	13.0253165
20	20010100.矿泉水	2145266	6922255451427	景田矿泉水	2	2.5	570ml	瓶	41	102.5	25.00%	10.25
20	20010001.纯净水≥1.5L	2667523	6901285991530	怡宝饮用纯净水	7	7.9	4500ml	瓶	239	1888.1	12.86%	30.7285714
20	20010101.矿物质水	2648697	6921311197224	康师傅矿物质水	7.8	7.9	330ml*15	箱	345	2725.5	1.28%	4.42307692
20	20010101.矿物质水	2203375	6920459905388	康师傅矿物质水	0.56	0.7	330ml	瓶	110	77	25.00%	27.5
20	20010101.矿物质水	2393363	6921311105038	康师傅矿物质水	0.76	0.9	550ml	瓶	332	298.8	18.42%	61.1578947
20	20010000.纯净水<1.5L	2482728	6934024512161	百事冰纯水	1.05	1.2	600ml	瓶	220	264	14.29%	31.4285714
20	20010100.矿泉水	2403609	6921168502066	农夫山泉普通型	11.2	11.5	550ml*12	箱	433	4979.5	2.68%	11.5982143
20	20010100.矿泉水	2066255	6921168509270	农夫山泉家庭装	6.5	7.2	4L	瓶	333	2397.6	10.77%	35.8615385
20	20010001.纯净水≥1.5L	2066262	6921168520015	农夫山泉天然水	2.4	2.8	1.5L	瓶	298	834.4	16.67%	49.6666667
20	20010100.矿泉水	2066276	6921168509256	农夫山泉普通型	0.98	1.2	550ml	瓶	188	225.6	22.45%	42.2040816
20	20010100.矿泉水	2144585	6921168511280	农夫山泉	1.06	1.2	380ml	支	232	278.4	13.21%	30.6415094
20	20010000.纯净水<1.5L	2141374	21413742	水森活	0.7	0.9	550ml	瓶	199	179.1	28.57%	56.8571429
20	20010001.纯净水≥1.5L	2083384	6920180239295	屈臣氏蒸馏水	14.38	15.4	6L	瓶	38	585.2	7.09%	2.69541029
20	20010001.纯净水≥1.5L	2083377	6920180210515	屈臣氏蒸馏水	4.93	4.6	1.5L	瓶	209	961.4	-6.69%	-13.989858
20	20010201.苏打水	2265706	6920180210683	屈臣氏汤力水	3.47	3.9	345ml	听	48	187.2	12.39%	5.9481268
20	20010000.纯净水<1.5L	2351774	6920180210034	屈臣氏矿物质蒸馏水	1.66	2	400ml	瓶	103	206	20.48%	21.0963855
20	20010001.纯净水≥1.5L	2351775	6920180219327	屈臣氏蒸馏水	9.88	11.8	4.5L	瓶	25	295	19.43%	4.8582996
20	20010000.纯净水<1.5L	2376000	6920180219334	屈臣氏蒸馏水	2.09	2.5	600ml	瓶	15	37.5	19.62%	2.94258373
20	20010101.矿物质水	2437499	6920180270038	屈臣氏矿物质蒸馏水	2.09	2.5	600ml	瓶	65	162.5	19.62%	12.7511962
20	20010300.其他水	2006025	6920180210928	屈臣氏干姜水	3.47	3.9	345ml	罐	54	210.6	12.39%	6.69164265

部门	分类	商品编号	商品条码	商品名称	实际进价(元)	实际售价(元)	规格	单位	销售数量	销售金额(元)	销售毛利率(%)	销售毛利
20	20010201.苏打水	2083300	6920180210577	屈臣氏苏打水	3.47	3.9	345ml	罐	34	132.6	12.39%	4.21325648
20	20010000.纯净水<1.5L	2083328	6920180210614	屈臣氏蒸馏水	1.29	1.6	280ml	瓶	59	94.4	24.03%	14.1782946
20	20010000.纯净水<1.5L	2083335	6920180239196	屈臣氏蒸馏水	1.66	2	400ml	支	76	152	20.48%	15.5662651
20	20010000.纯净水<1.5L	2851165	6902083884178	娃哈哈纯真年代纯净水	0.87	1	596ml	瓶	47	47	14.94%	7.02298851
20	20010300.其他水	2300758	6902083887070	娃哈哈活性含氧水	1.8	1.9	600ml	瓶	39	74.1	5.56%	2.16666667
20	20010000.纯净水<1.5L	2308101	6902083881412	娃哈哈纯净水	2.35	2.5	1.5L	瓶	62	155	6.38%	3.95744681
20	20010000.纯净水<1.5L	2131754	6902083880675	娃哈哈纯净水	0.9	1	350ml	支	90	90	11.11%	10
20	20010300.其他水	2650643	6902083893675	娃哈哈含氧水	1.3	1.6	350ml	瓶	16	25.6	23.08%	3.69230769
20	20010300.其他水	2650646	6902083892531	娃哈哈含氧水	31.2	36	1*24	箱	40	1440	15.38%	6.15384615
20	20010100.矿泉水	2673252	6920180210065	屈臣氏蒸馏水	3.3	3.5	1L	支	9	31.5	6.06%	0.54545455
20	20010101.矿物质水	2504297	6920180210430	屈臣氏矿物质水	9.88	12.2	4.5L	桶	12	146.4	23.48%	2.81781377
20	20010101.矿物质水	2635147	6920180210362	屈臣氏蒸馏水三支装	4.98	5.8	400ml	组	59	342.2	16.47%	9.71485944
20	20010101.矿物质水	2635415	6920180210409	屈臣氏水两支装	4.18	4.8	600ml	组	238	1142.4	14.83%	35.3014354
20	20010201.苏打水	2643425	6920180240581	屈臣氏调酒系列4罐装	13.88	14.9	345ml*4	组	6	89.4	7.35%	0.44092219
20	20010000.纯净水<1.5L	2686188	6920180210669	屈臣氏蒸馏水	15.48	17.6	280ml*12	组	17	299.2	13.70%	2.32816537
20	20010000.纯净水<1.5L	2076062	6902083881405	娃哈哈纯净水	1.05	1.2	596ml	瓶	589	706.8	14.29%	84.1428571
20	20010101.矿物质水	2557185	6925303723620	统一矿物质水	0.93	1.2	600ml	瓶	674	808.8	29.03%	195.677419
20	20010101.矿物质水	2667939	6925303723750	统一 ALKAQUA 矿物质水	3	3.7	570ml	瓶	76	281.2	23.33%	17.7333333
20	20010101.矿物质水	2648821	2002648821007	冰露矿物质水	24	27.2	500ml*24	箱	55	1496	13.33%	7.33333333
20	20010000.纯净水<1.5L	2751374	6930270201224	水森活饮用纯净水	2.1	2.3	1.5L	瓶	750	1725	9.52%	71.4285714
20	20010101.矿物质水	2624292	6930270201453	冰露矿物质水	1.1	1.3	550ml	瓶	458	595.4	18.18%	83.2727273

(2)测试任务

请对测试题中背景资料所附报表进行分析,写一份报表分析报告,要求有报表内容描述、发现问题、分析问题和解决问题几个部分。

模块二 团队管理

H2-1 排班

(1)任务描述

请按照给定的背景资料,根据卖场的营业时间和员工人数,合理地进行排班。具体背景资料及要求详见每套试题。

(2)实施条件

本项目实施条件如下表所示。

排班实施条件一览表

项目	基本实施条件	备注
场地	测试室面积不少于 70 平方米	必备
设备	桌、椅 32 张,打印机 2 台,连接互联网的电脑 32 台	必备
人员	监考人员 2 名	必备

(3)考核时量

60 分钟

(4)评分标准

本项目评分标准如下表所示。

排班评分标准

评价内容		配分	考核点	备注
职业素养	卷容格式	4	文字编排工整清楚、格式符合要求。	
	文字、符号表达	3	清晰,易分辨。	
	答题要素完整	3	要素完整(日期、时间、班次等)。	
排班内容	完整性	10	根据背景资料完整地进行排班。	
	条理性	20	根据背景资料有条理地进行排工作月班。	
	合法性	20	根据背景资料合理地进行排班,每名员工平均月工作时间基本相等。	符合劳动合同法有关工时的规定
	原则性	20	符合科学排班的原则,充分保证部门、门店运营的需要;保证员工的休息时间;大多数员工的认可与接受。	
	特殊性	20	考虑到营业时间;各时段的来客数;假期、节令和促销期;其他特殊情况。	
小计		100		

(5)试题内容

本项目下设 20 套操作试题,抽查时,学生只需按照相关操作规范独立完成其中一套试题所给定任务。

T6-1　测试题一

(1)背景资料

某服装连锁店每天 8:00 开门,22:00 闭店,员工每天上班时间为 7:30－22:30,正常情况下,节假日和每周周六和周日为营业高峰。店内实行每天两班倒,其中 A 班上班时间为 7:30－15:30,B 班上班时间为 14:30－22:30,AB 班每周轮换一次,正常每人每月休息 8 天,特殊情况下经过店长许可可以调换班次,另外如遇节假日繁忙时段视情况适当调整排班。目前该店除店长共有员工 9 名(一号到九号),其中能够胜任收银岗位工作的人员只有三人(一、二、三号),9 名员工均能够胜任导购等其他岗位工作,八、九号是新聘员工。明天是星期日(8 月 28 日),9 月 15 日为中秋节。七号员工因晚上要参加学习要求从 9 月 10 日起不排 B 班,四号员工因病请假一周(8 月 28 日至 9 月 2 日),五号员工因妹妹定于 9 月 15 日举行婚礼,要求 9 月 13 日－15 日连休三天。

(2)测试任务

假定你是该店的店长,请根据上述背景资料对该服装连锁店 9 月份的班次进行合理安排,并提交 EXCEL 格式的电子表格。

T6-2　测试题二

(1)背景资料

某服饰连锁店每天 8:00 开门,22:00 闭店,员工每天上班时间为 7:30－22:30,正常情况下,节假日和每周周六和周日为营业高峰。店内实行每天两班倒,其中 A 班上班时间为 7:30－15:30,B 班上班时间为 14:30－22:30,AB 班每周轮换一次,正常每人每月休息 8 天,特殊情况下经过店长许可可以调换班次,另外如遇节假日繁忙时段视情况适当调整排班。目前该店除店长共有员工 9 名(一号到九号),其中能够胜任收银岗位工作的人员只有三人(一、二、三号),9 名员工均能够胜任导购等其他岗位工作,八、九号员工为新聘人员,三号员工上、下班所需乘坐的公交车公交线路运行时间为 6:30－21:30。明天是星期日(4 月 30 日),七号员工五一节结婚,请婚假 7 天(4 月 30 日至 5 月 6 日),六号员工将从 5 月 10 日离职,但人事部门告知预计要到 5 月 15 日才会有新员工到岗。

(2)测试任务

假定你是该店的店长,请根据上述背景资料对该服装连锁店 5 月份的班次进行合理安排,并提交 EXCEL 格式的电子表格。

T6-3 测试题三

(1)背景资料

某服装连锁店每天 8:00 开门,22:00 闭店,员工每天上班时间为 7:30—22:30,正常情况下,节假日和每周周六和周日为营业高峰。店内实行每天两班倒,其中 A 班上班时间为 7:30—15:30,B 班上班时间为 14:30—22:30,AB 班每周轮换一次,正常每人每月休息 8 天,特殊情况下经过店长许可可以调换班次,另外如遇节假日繁忙时段视情况适当调整排班。目前该店除店长共有员工 9 名(一号到九号),其中能够胜任收银岗位工作的人员只有三人(一、二、三号),9 名员工均能够胜任导购等其他岗位工作,五、六号两位家庭住得比较近且关系非常好,八、九号是新聘员工。明天是星期日(8 月 28 日),9 月 15 日为中秋节。四号员工因家庭原因要求最近两周不要排 A 班,七号员工因请丧假五天(8 月 28 日至 9 月 2 日),五号员工因妹妹定于 9 月 15 日举行婚礼,要求 9 月 13 日—15 日连休三天。

(2)测试任务

假定你是该店的店长,请根据上述背景资料对该服装连锁店 9 月份的班次进行合理安排,并提交 EXCEL 格式的电子表格。

T6-4 测试题四

(1)背景资料

某服饰连锁店每天 8:00 开门,22:00 闭店,员工每天上班时间为 7:30—22:30,正常情况下,节假日和每周周六和周日为营业高峰。店内实行每天两班倒,其中 A 班上班时间为 7:30—15:30,B 班上班时间为 14:30—22:30,AB 班每周轮换一次,正常每人每月休息 8 天,特殊情况下经过店长许可可以调换班次,另外如遇节假日繁忙时段视情况适当调整排班。目前该店除店长共有员工 9 名(一号到九号),其中能够胜任收银岗位工作的人员只有三人(一、二、三号),9 名员工均能够胜任导购等其他岗位工作,五、六号员工为男性,八、九号员工为新聘人员,三号员工上、下班所需乘坐的公交车公交线路运行时间为 6:30—21:30。明天是星期日(4 月 30 日),七号员工五一节结婚,请婚假 7 天(4 月 30 日至 5 月 6 日)。

(2)测试任务

假定你是该店的店长,请根据上述背景资料对该服装连锁店 5 月份的班次进行合理安排,并提交 EXCEL 格式的电子表格。

T6-5 测试题五

(1)背景资料

某服饰连锁店每天 8:00 开门,22:00 闭店,员工每天上班时间为 7:30—22:30,正常情况下,节假日和每周周六和周日为营业高峰。店内实行每天两班倒,其中 A 班上班时间为 7:30—15:30,B 班上班时间为 14:30—22:30,AB 班每周轮换一次,正常每人每月休息 8 天,特殊情况下经过店长许可可以调换班次,另外如遇节假日繁忙时段视情况适当调整排班。目前该店除店长共有员工9名(一号到九号),其中能够胜任收银岗位工作的人员只有三人(一、二、三号),9名员工均能够胜任导购等其他岗位工作,五、六号员工为男性,八、九号员工为新聘人员,三号员工上下班所需乘坐的公交车公交线路运行时间为6:30—21:30。明天是星期日(5月29日),6月9日为端午节,七号员工定于6月12日举行婚礼,希望请婚假5天(6月11日至6月15日)。

(2)测试任务

假定你是该店的店长,请根据上述背景资料对该服装连锁店6月份的班次进行合理安排,并提交EXCEL格式的电子表格。

T6-6　测试题六

(1)背景资料

S超市每天8:00开门,22:00闭店,员工每天上班时间为7:30—22:30,正常情况下,每周周六和周日为销售高峰。店内实行每天两班倒,其中A班上班时间为7:30—15:30,B班上班时间为14:30—22:30,AB班每周轮换一次,每人每月休息8天,特殊情况下经过店长许可可以调换班次,另外如遇节假日繁忙时段视情况适当调整排班。目前S超市有收银员9名(一号到九号),五、六号两位家庭住得比较近且关系非常好,八、九号员工属于新聘人员。根据营业情况,超市要求日常至少保持2台收银机开机,销售高峰期间至少保持4台收银机开机。明天是星期五(4月30日),三号员工五一节结婚,请婚假7天(4月30日至5月6日),六号员工将从5月10日离职,但人事部门告知暂未招聘到新的员工替代。

(2)测试任务

请根据上述背景资料对员工5月份的班次进行合理安排,并提交EXCEL格式的电子表格。

T6-7　测试题七

(1)背景资料

S超市每天8:00开门,22:00闭店,员工每天上班时间为7:30—22:30,正常情况下,节假日和每周周六和周日为营业高峰。店内实行每天两班倒,其中A班上班时间为7:30—15:30,B班上班时间为14:30—22:30,AB班每周轮换一次,正常每人每月休息8天,特殊情况下经过店长许可可以调换班次,另外如遇节假日繁忙时段视情况适当调整排班。目前S超市有收银员9名(一号到九号),五、六号两位家庭住得比较近且关系非常好,八、九号员工属于新聘人员。根据营业情况,超市要求日常至少保持2台收银机开机,销售高峰期间至少保持4台收银机开机。明天是星期日(8月28),9月15日为中秋节,七号员工因晚上要参加学习要求从9月10日起不排B班,四号员工因病请假一周(8月28日至9月2日),五号员工因妹妹定于9月15日举行婚礼,要求9月13日—15日连休三天。

(2)测试任务

请根据上述背景资料对员工 9 月份的班次进行合理安排,并提交 EXCEL 格式的电子表格。

T6-8　测试题八

(1)背景资料

S 超市每天 8:00 开门,22:00 闭店,员工每天上班时间为 7:30—22:30,正常情况下,节假日和每周周六和周日为营业高峰。店内实行每天两班倒,其中 A 班上班时间为 7:30—15:30,B 班上班时间为 14:30—22:30,AB 班每周轮换一次,正常每人每月休息 8 天,特殊情况下经过店长许可可以调换班次,另外如遇节假日繁忙时段视情况适当调整排班。目前 S 超市有收银员 9 名(一号到九号),八、九号员工属于新聘人员,三号员工上、下班所需乘坐的公交车公交线路运行时间为 6:30—21:30。根据营业情况,超市要求日常至少保持 2 台收银机开机,销售高峰期间至少保持 4 台收银机开机。明天是星期日(8 月 28 日),9 月 15 日为中秋节。四号员工因家庭原因要求最近两周不要排 A 班,七号员工因请丧假五天(8 月 28 日至 9 月 2 日),五号员工因妹妹定于 9 月 15 日举行婚礼,要求 9 月 13 日—15 日连休三天。

(2)测试任务

请根据上述背景资料对员工 9 月份的班次进行合理安排,并提交 EXCEL 格式的电子表格。

T6-9　测试题九

(1)背景资料

S 超市每天 8:00 开门,22:00 闭店,员工每天上班时间为 7:30—22:30,正常情况下,节假日和每周周六和周日为营业高峰。店内实行每天两班倒,其中 A 班上班时间为 7:30—15:30,B 班上班时间为 14:30—22:30,AB 班每周轮换一次,正常每人每月休息 8 天,特殊情况下经过店长许可可以调换班次,另外如遇节假日繁忙时段视情况适当调整排班。目前 S 超市有收银员 9 名(一号到九号),八、九号员工属于新聘人员,三号员工上下班所需乘坐的公交车公交线路运行时间为 6:30—21:30。根据营业情况,超市要求日常至少保持 2 台收银机开机,销售高峰期间至少保持 4 台收银机开机。明天是星期日(4 月 30 日),七号员工五一节结婚,请婚假 7 天(4 月 30 日至 5 月 6 日)。

(2)测试任务

请根据上述背景资料对员工 5 月份的班次进行合理安排,并提交 EXCEL 格式的电子表格。

T6-10　测试题十

(1)背景资料

S超市每天8:00开门,22:00闭店,员工每天上班时间为7:30—22:30,正常情况下,节假日和每周周六和周日为营业高峰。店内实行每天两班倒,其中A班上班时间为7:30—15:30,B班上班时间为14:30—22:30,AB班每周轮换一次,正常每人每月休息8天,特殊情况下经过店长许可可以调换班次,另外如遇节假日繁忙时段视情况适当调整排班。目前S超市有收银员9名(一号到九号),其中五、六号两位家庭住得比较近且关系非常好,八、九号员工为新聘人员,三号员工上、下班所需乘坐的公交车公交线路运行时间为6:30—21:30。明天是星期日(5月29日),6月9日为端午节,七号员工定于6月12日举行婚礼,希望请婚假5天(6月11日至6月15日)。

(2)测试任务

请根据上述背景资料对员工6月份的班次进行合理安排,并提交EXCEL格式的电子表格。

T6-11　测试题十一

(1)背景资料

S超市每天8:00开门,22:00闭店,员工每天上班时间为7:30—22:30,正常情况下,每周周六和周日为销售高峰。店内实行每天两班倒,其中A班上班时间为7:30—15:30,B班上班时间为14:30—22:30,AB班每周轮换一次,每人每月休息8天,特殊情况下经过店长许可可以调换班次,另外如遇节假日繁忙时段视情况适当调整排班。目前S超市有收银员7名(一号到七号),三、四号两位家庭住得比较近且关系非常好,六、七号员工属于新聘人员。根据营业情况,超市要求日常至少保持2台收银机开机,销售高峰期间至少保持3台收银机开机。明天是星期五(4月30日),二号员工五一节结婚,请婚假7天(4月30日至5月6日),六号员工将从5月10日离职,但人事部门告知暂未招聘到新的员工替代。

(2)测试任务

请根据上述背景资料对员工5月份的班次进行合理安排,并提交EXCEL格式的电子表格。

T6-12　测试题十二

(1)背景资料

S超市每天8:00开门,22:00闭店,员工每天上班时间为7:30—22:30,正常情况下,节假日和每周周六和周日为营业高峰。店内实行每天两班倒,其中A班上班时间为7:30—15:30,B班上班时间为14:30—22:30,AB班每周轮换一次,正常每人每月休息8天,特殊情况下经过店长许可可以调换班次,另外如遇节假日繁忙时段视情况适当调整排班。目前S超市有收银员 7 名(一号到七号),二、四号两位家庭住得比较近且关系非常好,五、六号员工属于新聘人员。根据营业情况,超市要求日常至少保持 2 台收银机开机,销售高峰期间至少保持 3 台收银机开机。明天是星期日(8 月 28 日),9 月 15 日为中秋节。七号员工因晚上要参加学习要求从 9 月 10 日起不排 B 班,三号员工因病请假一周(8 月 28 日至 9 月 2 日),五号员工因妹妹定于 9 月 15 日举行婚礼,要求 9 月 13 日—15 日连休三天。

(2)测试任务

请根据上述背景资料对员工 9 月份的班次进行合理安排,并提交 EXCEL 格式的电子表格。

T6-13　测试题十三

(1)背景资料

S 超市每天 8:00 开门,22:00 闭店,员工每天上班时间为 7:30—22:30,正常情况下,节假日和每周周六和周日为营业高峰。店内实行每天两班倒,其中 A 班上班时间为 7:30—15:30,B 班上班时间为 14:30—22:30,AB 班每周轮换一次,正常每人每月休息 8 天,特殊情况下经过店长许可可以调换班次,另外如遇节假日繁忙时段视情况适当调整排班。目前 S 超市有收银员 7 名(一号到七号),六、七号员工属于新聘人员,三号员工上、下班所需乘坐的公交车公交线路运行时间为 6:30—21:30。根据营业情况,超市要求日常至少保持 2 台收银机开机,销售高峰期间至少保持 3 台收银机开机。明天是星期日(8 月 28 日),9 月 15 日为中秋节。四号员工因家庭原因要求最近两周不要排 A 班,四号员工因请丧假五天(8 月 28 日至 9 月 2 日),五号员工因妹妹定于 9 月 15 日举行婚礼,要求 9 月 13 日—15 日连休三天。

(2)测试任务

请根据上述背景资料对员工 9 月份的班次进行合理安排,并提交 EXCEL 格式的电子表格。

T6-14　测试题十四

(1)背景资料

S 超市每天 8:00 开门,22:00 闭店,员工每天上班时间为 7:30—22:30,正常情况下,节假日和每周周六和周日为营业高峰。店内实行每天两班倒,其中 A 班上班时间为 7:30—15:30,B 班上班时间为 14:30—22:30,AB 班每周轮换一次,正常每人每月休息 8 天,特殊情况下经过店长许可可以调换班次,另外如遇节假日繁忙时段视情况适当调整排班。目前 S 超市有收银员 7 名(一号到七号),五、七号员工属于新聘人员,二号员工上下班所需乘坐的公交车公交线路运行时间为 6:30—21:30。根据营业情况,超市要求日常至少保持 2 台收银机开机,销售高峰期间至少保持 3 台收银机开机。明天是星期日(4 月 30 日),六号员工五一节结婚,请婚假 7 天(4 月 30 日至 5 月 6 日)。

(2)测试任务

请根据上述背景资料对员工 5 月份的班次进行合理安排,并提交 EXCEL 格式的电子表格。

T6-15 测试题十五

(1)背景资料

S 超市每天 8:00 开门,22:00 闭店,员工每天上班时间为 7:30—22:30,正常情况下,节假日和每周周六和周日为营业高峰。店内实行每天两班倒,其中 A 班上班时间为 7:30—15:30,B 班上班时间为 14:30—22:30,AB 班每周轮换一次,正常每人每月休息 8 天,特殊情况下经过店长许可可以调换班次,另外如遇节假日繁忙时段视情况适当调整排班。目前 S 超市有收银员 7 名(一号到七号),其中五、六号两位家庭住得比较近且关系非常好,四、七号员工为新聘人员,三号员工上下班所需乘坐的公交车公交线路运行时间为 6:30—21:30。明天是星期日(5 月 29 日),6 月 9 日为端午节。二号员工定于 6 月 12 日举行婚礼,希望请婚假 5 天(6 月 11日至 6 月 15 日)。

(2)测试任务

请根据上述背景资料对员工 6 月份的班次进行合理安排,并提交 EXCEL 格式的电子表格。

T6-16 测试题十六

(1)背景资料

H 超市有保安人员 20 名(一号至二十号),包括报警门岗、收货部岗、员工通道岗、便衣岗、监察岗、值班助理、值班经理等岗位(其中一号为值班经理,二、三、四号为值班助理),上班时间分为早班 7:00—15:00,晚班 15:00—23:00,夜班 23:00—7:00。正常情况下每天上班人员安排如下表所示,特殊情况下经过店长许可可以调换班次,另外如遇节假日繁忙时段视情况适当调整排班。今天是 9 月 30 日星期三,明天是"十一"放假七天,预计在晚班时段客流量将有较大幅度增长。六号员工国庆节结婚,请婚假 7 天(9 月 30 日至 10 月 6 日),十号员工在参加电大的学习,要求每周一至五晚上 19:00—21:00 及周末白天 8:00—17:00 不值班。

表 6.1 H 超市保安员排班表

岗位名称	报警门岗	收货部岗	员工通道岗	便衣岗	监察岗	值班助理	值班经理
早班人数	1	1	1	1	1	0	1
晚班人数	1	1	1	1	1	1	0
夜班人数	0	0	1	0	0	1	0
休息人数	6						

(2)测试任务

请根据以上信息对 H 超市保安员 10 月份班次进行合理排班。

T6-17　测试题十七

(1)背景资料

H 超市有保安人员 19 名(一号至十九号),包括报警门岗、收货部岗、员工通道岗、便衣岗、监察岗、值班助理、值班经理等岗位(其中一号为值班经理,二、三、四号为值班助理),上班时间分为早班 7:00—15:00,晚班 15:00—23:00,夜班 23:00—7:00。正常情况下每天上班人员安排如下表所示,特殊情况下经过店长许可可以调换班次,另外如遇节假日繁忙时段视情况适当调整排班。今天是 9 月 30 日星期三,明天是"十一"放假七天,预计在晚班时段客流量将有较大幅度增长。六号员工国庆节结婚,请婚假 7 天(9 月 30 日至 10 月 6 日),十号员工在参加电大的学习,要求每周一至五晚上 19:00—21:00 及周末白天 8:00—17:00 不值班。

表 6.2　H 超市保安员排班表

岗位名称	报警门岗	收货部岗	员工通道岗	便衣岗	监察岗	值班助理	值班经理
早班人数	1	1	1	1	1	0	1
晚班人数	1	1	1	1	1	1	0
夜班人数	0	0	0	0	0	1	0
休息人数	6						

(2)测试任务

请根据以上信息对 H 超市保安员 10 月份班次进行合理排班。

T6-18　测试题十八

(1)背景资料

H 超市有保安人员 20 名(一号至二十号),包括报警门岗、收货部岗、员工通道岗、便衣岗、监察岗、值班助理、值班经理等岗位(其中一号为值班经理,二、三、四号为值班助理),上班时间分为早班 7:00—15:00,晚班 15:00—23:00,夜班 23:00—7:00。正常情况下每天上班人员安排如下表所示,特殊情况下经过店长许可可以调换班次,另外如遇节假日繁忙时段视情况适当调整排班。今天是星期日(5 月 29 日),6 月 9 日为端午节,预计在假期晚班时段客流量将有较大幅度增长。七号员工请丧假 5 天(5 月 29 日至 6 月 2 日),十二号员工因家庭原因,要求最近两周不值早班,十五号员工因妹妹结婚要求 6 月 12 日至 6 月 15 日连休 4 天。

表 6.3　H 超市保安员排班表

岗位名称	报警门岗	收货部岗	员工通道岗	便衣岗	监察岗	值班助理	值班经理
早班人数	1	1	1	1	1	0	1
晚班人数	1	1	1	1	1	1	0
夜班人数	0	0	1	0	0	1	0
休息人数	6						

(2)测试任务

请根据以上信息对 H 超市保安员 6 月份班次进行合理排班。

T6-19　测试题十九

(1)背景资料

H 超市有保安人员 19 名(一号至十九号),包括报警门岗、收货部岗、员工通道岗、便衣岗、监察岗、值班助理、值班经理等岗位(其中一号为值班经理,二、三、四号为值班助理),上班时间分为早班 7:00—15:00,晚班 15:00—23:00,夜班 23:00—7:00。正常情况下每天上班人员安排如下表所示,特殊情况下经过店长许可可以调换班次,另外如遇节假日繁忙时段视情况适当调整排班。今天是星期日(5 月 29 日),6 月 9 日为端午节,预计在假期晚班时段客流量将有较大幅度增长。七号员工请丧假 5 天(5 月 29 日至 6 月 2 日),十二号员工因家庭原因,要求最近两周不值早班,十五号员工因妹妹结婚要求 6 月 12 日至 6 月 15 日连休 4 天。

表 6.4　H 超市保安员排班表

岗位名称	报警门岗	收货部岗	员工通道岗	便衣岗	监察岗	值班助理	值班经理
早班人数	1	1	1	1	1	0	1
晚班人数	1	1	1	1	1	1	0
夜班人数	0	0	1	0	0	1	0
休息人数	6						

(2)测试任务

请根据以上信息对 H 超市保安员 6 月份班次进行合理排班。

T6-20　测试题二十

(1)背景资料

H 超市有保安人员 20 名(一号至二十号),包括报警门岗、收货部岗、员工通道岗、便衣岗、监察岗、值班助理、值班经理等岗位(其中一号为值班经理,二、三、四号为值班助理),上班时间分为早班 7:00—15:00,晚班 15:00—23:00,夜班 23:00—7:00。正常情况下每天上班人员安排如下表所示,特殊情况下经过店长许可可以调换班次,另外如遇节假日繁忙时段视情况适当调整排班。今天是星期日(5月29日),6月9日为端午节,预计在假期晚班时段客流量将有较大幅度增长。六号员工请病假一周(5月30日至6月5日),七号员工请丧假5天(5月29日至6月2日),十号员工在参加电大的学习,要求每周一至五晚上19:00－21:00及周末白天8:00－17:00不值班,十五号员工因妹妹结婚要求6月12日至6月15日连休4天。

表6.5 H超市保安员排班表

岗位名称	报警门岗	收货部岗	员工通道岗	便衣岗	监察岗	值班助理	值班经理
早班人数	1	1	1	1	1	0	1
晚班人数	1	1	1	1	1	1	0
夜班人数	0	0	1	0	0	1	0
休息人数	6						

(2)测试任务

请根据以上信息对H超市保安员6月份班次进行合理排班。

H2-2　会议组织

(1)任务描述

请根据给定的背景资料准备会议材料,并现场主持召开团队会议。具体背景资料及测试任务与要求详见每套测试题。

(2)实施条件

本项目实施条件如下表所示。

会议组织实施条件一览表

项目	基本实施条件	备注
场地	测试场地一个:30平方米的无障碍空间;准备室一间:面积不少于70平方米	必备
设备	准备室:桌、椅6张,连接互联网的电脑6台,打印机1台	必备
人员	测试场地:测试专家3名 准备室:监考人员1名	必备

(3)考核时量

60分钟

(4)评分标准

本项目评分标准如下表所示。

会议组织评分标准

评价内容		配分	考核点	备注
职业素养	职业道德	5	遵守会议规程，尊重参会人员，不违背职业道德和营销理念。	
	商务礼仪	5	着装得体、仪态从容、语言富有亲和力，体现良好的职业素养。	
会议前准备	会议时间安排	10	会议的流程与时间安排合理。	
	会议内容选取	5	会议的内容选取恰当、针对性强。	
	会议资料准备	5	能根据主持会议的需求准备相关数据资料	。
会议过程	语言表达	10	具有良好的语言表达能力、组织协调能力和思维应变能力(5分)；语言清晰流畅、富有亲和力和穿透力(5分)。	
	内容说明	15	说明问题注重事实、以人为本、以理服人(5分)；任务安排与问题解决方案等信息传递顺畅，运用专业知识和技能得当、指导性强(10分)。	
	会场驾驭	25	能灵活运用主持技巧，与会者充分互动，会议气氛良好(10分)；会议过程中思维果断，能随机处理突发事件(5分)；能自如驾驭会场、有效控制时间(5分)，秩序井然(5分)。	
会议效果	有效性	5	较好解决存在的问题或找到解决问题的有效方法。	
	创新性	5	解决问题的方法具有创新性。	
	鼓舞性	10	通过会议能起到加深理解、增进互信、明确团队和个人下一步的目标任务(5分)、具有鼓舞性，能较好提升团队凝聚力和执行力(5分)。	
小计		100		

(5)试题内容

本项目下设15套操作试题。抽查时，学生只需按照相关操作规范独立完成其中一套试题所给定任务。

T7-1　测试题一

(1)背景资料

湖南比一比商业连锁所属浏阳沙市店，位于沙市镇书院路和永社公路交汇处，营业面积212平方米，员工13人，主要经营食杂水果、烟酒品种，营业时间为上午8:00至晚上21:00，日均客流约250人，日销售额11000到15000元。

该店通过召开早晚会的方式进行日常管理，本次早会会议涉及的内容如下表：

表 7.1 店内日常工作目标达成和任务分解表

	分 区	沙市店
5月11日 销售汇总	销 售	11576 元
	月累计	144743 元
	月预算目标	395336 元
	基础目标达成率	
5月11日 品类汇总	百事可乐	9 瓶
	月累计	256 瓶
	月目标	246 瓶
	达成率	104.06%
	怡宝矿泉水	38 瓶
	月累计	636 瓶
	月目标	1247 瓶
	达成率	51.69%
	哈尔滨啤酒	72 瓶
	月累计	468 瓶
	月目标	2341 瓶
	达成率	20.00%
	牛栏山二锅头	3 瓶
	月累计	12 瓶
	月目标	50 瓶
	达成率	24.00%
	优乐美奶茶	2 瓶
	月累计	16 瓶
	月目标	50 瓶
	达成率	32.00%
	康师傅麻辣牛肉面	1 包
	月累计	26 包
	月目标	65 包
	达成率	40.00%
	高露洁牙膏	1 支
	月累计	19 支
	月目标	56 支
	达成率	26.32%
	飘柔洗发水	1 瓶
	月累计	19 瓶
	月目标	53 瓶
	达成率	37.44%
5月11日 销售汇总	分 区	沙市店
	销 售	13154 元（1011 元/人）
5月12日 品类汇总	百事可乐	10 瓶
	怡宝矿泉水	43 瓶
	哈尔滨啤酒	81 瓶
	牛栏山二锅头	3 瓶
	优乐美奶茶	2 瓶
	康师傅麻辣牛肉面	2 包
	高露洁牙膏	2 支
	飘柔洗发水	2 瓶
备注	问题：一位顾客抱怨所购糕点变味；生鲜部地面有菜叶没有及时清扫；上班时有员工聊天。 信息分享：员工小刘被总部评为"优秀员工"；总部决定下周开始举行"和谐杯"安全知识演讲竞赛活动，本店准备推荐一人参加。	

(2)测试任务

请你以店长的身份主持一次早会,店面情况及会议涉及的内容见背景资料。

T7-2　测试题二

(1)背景资料

湖南绿叶水果连锁超市有限公司,是集水果批发、零售、配送于一体的连锁企业,是省内知名品牌、央视上榜品牌,拥有业内唯一的注册商标。公司目前拥有固定资产逾2000万元,员工400余人,设有一个超市经营公司、一个专卖连锁公司、一个市场拓展系统和六十余家全国各地的生产直供基地。

公司坚持以"诚信经营、创新发展"为经营理念,以"超出顾客的期望"为服务宗旨,以"美丽、舒适、营养、健康"为永恒主题,致力于"促进农业经济发展、弘扬民族水果文化、提高国人生活水平",实行统一形象、统一规划、统一采购、统一配送、统一管理的全国连锁经营,为广大消费者提供物美价廉的商品、舒适的购物环境、热忱周到的服务。公司创办以来,赢得了社会各界及广大消费者的广泛认同。

展望未来,绿叶水果将坚持"立足长沙、巩固湖南、辐射全国"的发展目标,倾力打造中国水果第一品牌。

绿叶水果新民路店共有员工9人,位于新民路与麓山路交汇处,人车流量大,附近有岳麓山风景区、长沙市第四医院、湖南师范大学等。

现总部准备于端午节时段进行一次促销活动,促销计划如下表所示:

表7.2　总部促销计划表

促销时间	2015年6月14日至6月20日
促销主题	端午节水果 特价销售及夏季水果促销
促销内容	绿叶水果连锁门店针对所有水果 进行节日促销
促销宣传	DM刊促销(4开,5万份,费用约15000元)
执行分店	所有分店
其他要求	各门店应及时联系周边单位端午节福利的大宗团购业务

(2)测试任务

假如你是绿叶水果新民路店店长,请根据上述背景资料,主持一次团队会议,对店面促销活动做出安排,以贯彻执行总部促销计划。

T7-3　测试题三

(1)背景资料

壹加壹商业连锁属下张家边店,位于中山新港工业园区,门店面积327平方米,主要经营食杂水果、烟酒等品种。日均顾客流量420人,员工15人,营业时间为上午8:00 — 晚上21:00,日销售额20000 - 25000元。

该店通过召开早晚会的方式进行日常管理,本次早会会议涉及的内容如下表:

表 7.3　店内日常工作目标达成和任务分解表

	分　区	新港店
5月11日 销售汇总	销　售	18965 元
	月累计	190454 元
	月预算目标	603467 元
	基础目标达成率	31.56%
5月11日 品类汇总	加多宝	22 瓶
	月累计	823 瓶
	月目标	732 瓶
	达成率	121.45%
	怡宝矿泉水	58 瓶
	月累计	907 瓶
	月目标	1896 瓶
	达成率	47.89%
	哈尔滨啤酒	84 瓶
	月累计	608 瓶
	月目标	2673 瓶
	达成率	22.73%
	牛栏山二锅头	3 瓶
	月累计	12 瓶
	月目标	50 瓶
	达成率	24.00%
	优乐美奶茶	2 瓶
	月累计	16 瓶
	月目标	50 瓶
	达成率	32.00%
	康师傅麻辣牛肉面	1 包
	月累计	26 包
	月目标	65 包
	达成率	40.00%
	高露洁牙膏	1 支
	月累计	19 支
	月目标	56 支
	达成率	26.32%
	飘柔洗发水	1 瓶
	月累计	19 瓶
	月目标	53 瓶
	达成率	37.44%
5月12日 销售汇总	分　区	新港店
	销　售	19986 元(1332 元/人)

	加多宝	23 瓶
5月12日 品类汇总	怡宝矿泉水	61 瓶
	哈尔滨啤酒	87 瓶
	牛栏山二锅头	3 瓶
	优乐美奶茶	2 瓶
	康师傅麻辣牛肉面	2 包
	高露洁牙膏	2 支
	飘柔洗发水	2 瓶
备注	问题:食品部糖果堆头混乱没有及时整理;上班的时候有员工聊天;一位顾客反映所购汰渍洗衣粉包装上有两个价签。 信息分享:员工小刘被总部评为"优秀员工";总部决定下周开始举行"和谐杯"安全知识演讲竞赛活动,本店准备推荐一人参加。	

(2)测试任务

请你以店长的身份主持一次早会,店面情况及会议涉及的内容见背景资料。

T7-4 测试题四

(1)背景资料

亿佰家集团属下龙华三联店,位于三联开平工业园,门店面积 340 平方米,主要经营百货、食杂水果、烟酒品种,日均客流量 300 人,从业人员 16 人,日销售额 12000－18000 元,营业时间为上午 8:00 — 晚上 21:00。

该店通过召开早晚会的方式进行日常管理,本次早会会议涉及的内容如下表:

表 7.4 店内日常工作目标达成和任务分解表

	分 区	三联店
5月11日 销售汇总	销 售	154335 元
	月累计	161431 元
	月预算目标	567423 元
	基础目标达成率	28.45%
5月11日 品类汇总	百事可乐	9 瓶
	月累计	256 瓶
	月目标	243 瓶
	达成率	104.06%
	怡宝矿泉水	38 瓶
	月累计	636 瓶
	月目标	1247 瓶
	达成率	51.69%
	青岛啤酒	74 瓶
	月累计	463 瓶
	月目标	2341 瓶
	达成率	20.00%

	牛栏山二锅头	3 瓶
	月累计	11 瓶
	月目标	48 瓶
	达成率	24.00％
	香飘飘奶茶	2 瓶
	月累计	15 瓶
	月目标	49 瓶
	达成率	32.00％
	康师傅麻辣牛肉面	1 包
5 月 11 日 品类汇总	月累计	26 包
	月目标	65 包
	达成率	40.00％
	高露洁牙膏	1 支
	月累计	17 支
	月目标	54 支
	达成率	31.48％
	飘柔洗发水	1 瓶
	月累计	17 瓶
	月目标	51 瓶
	达成率	33.33％
5 月 11 日 销售汇总	分 区	三联店
	销 售	16437 元(1027 元/人)
	百事可乐	10 瓶
	怡宝矿泉水	45 瓶
	青岛啤酒	82 瓶
5 月 11 日 品类汇总	牛栏山二锅头	3 瓶
	香飘飘奶茶	2 瓶
	康师傅麻辣牛肉面	2 包
	高露洁牙膏	2 支
	飘柔洗发水	2 瓶
备注	问题:上班时间有员工聊天;生鲜部地面菜叶没有及时清扫;一位顾客反映所购白猫洗衣粉包装上有两个价签。 信息分享:员工小王被总部评为优秀员工;总部决定下周开始举行"星级员工"评选活动。	

(2)测试任务

请你以店长的身份主持一次早会,店面情况及会议涉及的内容见背景资料。

T7-5　测试题五

(1)背景资料

连芯惠旗下袁家铺店,位于袁家铺中心区域,门店面积 210 平方米,主要经营食杂水果、烟酒品种,日均客流量 300 人,员工 11 人,日销售额 6000 - 10000 元,营业时间为上午 8:00—晚上 21:00。

该店通过召开早晚会的方式进行日常管理,本次早会会议涉及的内容如下表:

表 7.5　店内日常工作目标达成和任务分解表

	分 区	袁家铺店
5 月 11 日 销售汇总	销 售	10476 元
	月累计	108561 元
	月预算目标	365897 元
	基础目标达成率	29.67%
5 月 11 日 品类汇总	雪 碧	10 瓶
	月累计	271 瓶
	月目标	256 瓶
	达成率	106.23%
	怡宝矿泉水	39 瓶
	月累计	597 瓶
	月目标	1221 瓶
	达成率	48.89%
	哈尔滨啤酒	78 瓶
	月累计	1078 瓶
	月目标	2378 瓶
	达成率	45.33%
	牛栏山二锅头	3 瓶
	月累计	12 瓶
	月目标	50 瓶
	达成率	24.00%
	香飘飘奶茶	2 瓶
	月累计	16 瓶
	月目标	50 瓶
	达成率	32.00%
	康师傅麻辣牛肉面	1 包
	月累计	26 包
	月目标	65 包
	达成率	40.00%
	高露洁牙膏	1 支
	月累计	19 支
	月目标	56 支
	达成率	33.93%
	飘柔洗发水	1 瓶
	月累计	19 瓶
	月目标	53 瓶
	达成率	35.85%
5 月 12 日 销售汇总	分 区	袁家铺店
	销 售	12379 元(1125 元/人)
5 月 12 日 品类汇总	雪 碧	12 瓶
	怡宝矿泉水	43 瓶
	哈尔滨啤酒	80 瓶
	牛栏山二锅头	3 瓶
	香飘飘奶茶	2 瓶
	康师傅麻辣牛肉面	2 包
	高露洁牙膏	2 支
	飘柔洗发水	2 瓶

备注	问题:加工部地面有水,一位顾客不慎摔倒(所幸无损伤);食品柜堆头混乱没有及时整理;顾客埋怨收银时间长。 信息分享:新员工小李今天入职;总部决定下周开始举行"星级员工"评选活动。

(2)测试任务

请你以店长的身份主持一次早会,店面情况及会议涉及的内容见背景资料。

T7-6　测试题六

(1)背景资料

海德嘉邦属下五里界店,位于五里界集贸市场附近,门店面积 280 平方米,主要经营食杂水果、烟酒等品种,日均客流 300 人,员工 13 人,日销售额 12000－16000 元,营业时间为上午 8:00－晚上 21:00。

该店通过召开早晚会的方式进行日常管理,本次早会会议涉及的内容如下表:

表 7.6　店内日常工作目标达成和任务分解表

	分 区	五里界店
5月11日 销售汇总	销 售	11327 元
	月累计	144641 元
	月预算目标	395321 元
	基础目标达成率	36.59%
5月11日 品类汇总	雪 碧	8 瓶
	月累计	251 瓶
	月目标	244 瓶
	达成率	104.06%
	怡宝矿泉水	38 瓶
	月累计	636 瓶
	月目标	1247 瓶
	达成率	51.69%
	哈尔滨啤酒	72 瓶
	月累计	468 瓶
	月目标	2341 瓶
	达成率	20.00%
	牛栏山二锅头	3 瓶
	月累计	12 瓶
	月目标	50 瓶
	达成率	24.00%
	优乐美奶茶	2 瓶
	月累计	15 瓶
	月目标	50 瓶
	达成率	30.00%

	康师傅麻辣牛肉面	1 包
	月累计	24 包
	月目标	65 包
	达成率	36.92%
5 月 11 日	高露洁牙膏	1 支
品类汇总	月累计	18 支
	月目标	56 支
	达成率	32.14%
	飘柔洗发水	1 瓶
	月累计	19 瓶
	月目标	53 瓶
	达成率	35.85%
5 月 12 日	分 区	五里界店
销售汇总	销 售	13268 元(1021 元/人)
	雪 碧	11 瓶
	怡宝矿泉水	41 瓶
	哈尔滨啤酒	83 瓶
5 月 12 日	牛栏山二锅头	3 瓶
品类汇总	优乐美奶茶	2 瓶
	康师傅麻辣牛肉面	2 包
	高露洁牙膏	2 支
	飘柔洗发水	2 瓶
备注	问题:顾客反映生鲜部地面有积水打滑;一位顾客反映所购的白猫包装上有两个价签;顾客埋怨收银时间长。 信息分享:员工小张被总部评为本季度"优秀员工";总部决定下周举行"我与海德共成长"为主题的演讲竞赛活动,本店准备推荐 1 人参加。	

(2)测试任务

请你以店长的身份主持一次早会,店面情况及会议涉及的内容见背景资料。

T7-7 测试题七

(1)背景资料

大热门旗下雷锋镇店,位于长沙市大河西枫林路与雷高路交汇处,营业面积 1400 平方米,员工 56 人,主要经营食杂、生鲜、日化、烟酒等品种,营业时间为上午 8:00 — 晚上 21:00 日均客流约 900 人,日销售额 45000—80000 元。

该店不定期召开周会,会议涉及的内容如下表:

表 7.7 销存统计周分析表

本周目标(元)			实际完成销售额(元)	
天气温度	星期	上周销售(元)	本周销售(元)	对比升跌
29—34	一	72286	72345	1.00081
28—33	二	75661	75238	−0.0056

30—35	三	71789	72076	1.00399
28—33	四	71878	72765	1.01221
30—37	五	79749	79342	−0.0052
30—37	六	83894	85498	1.01911
30—37	日	80349	81067	1.00893
合计		535515	538322	1.00057

目标达成率		营业环境分析
下周计划目标(元)		
周一	71675	人流量减少,店铺没有做活动。
周二	77641	上周天气不是很稳定,本周天气比较稳定,没有下雨天气。
周三	72653	上周开始的活动剩下最后一天。
周四	73261	活动的促销效果持续明显。
周五	80128	本周商场活动开始,人流量会增多。
周六	84685	天气比较炎热,人流量会不是很多
周日	81067	天气炎热,货品可能不足。
合计	541092	
备注		案例分享:分享本周周销售冠军李丽(生鲜部部长)的成功案例。 活动计划宣讲:总部计划组织一次收银技能比武,本店将于下周举行初赛,选出 3 人参加总部决赛。

(2)测试任务

请你以店长的身份主持一次周会,会议涉及的内容见背景资料。

T7-8　测试题八

(1)背景资料

芙蓉兴盛雷锋车站店,位于长沙河西雷锋镇雷锋汽车站内,门店面积 45 平方米,主要经营食杂、烟酒等品种,日均客流 100 人,员工 5 人,日销售额 4500—6000 元,营业时间为上午 8:00—晚上 21:00。

该店通过召开早晚会的方式进行日常管理,本次早会会议涉及的内容如下表:

表 7.8　店内日常工作目标达成和任务分解表

	分 区	雷锋车站店
5 月 11 日 销售汇总	销 售	6418 元
	月累计	70311
	月预算目标	204509
	基础目标达成率	34.38%

	百事可乐	4 瓶
	月累计	189 瓶
	月目标	162 瓶
	达成率	115.19%
	怡宝矿泉水	20 瓶
	月累计	298 瓶
	月目标	638 瓶
	达成率	46.19%
	哈尔滨啤酒	47 瓶
	月累计	711 瓶
	月目标	1532 瓶
	达成率	46.22%
	邵阳大曲	1 瓶
	月累计	12 瓶
5 月 11 日	月目标	50 瓶
品类汇总	达成率	24.00%
	优乐美奶茶	1 瓶
	月累计	16 瓶
	月目标	50 瓶
	达成率	32.00%
	康师傅麻辣牛肉面	1 包
	月累计	26 包
	月目标	65 包
	达成率	40.00%
	高露洁牙膏	1 支
	月累计	19 支
	月目标	56 支
	达成率	33.93%
	飘柔洗发水	1 瓶
	月累计	18 瓶
	月目标	52 瓶
	达成率	34.62%
5 月 12 日	分 区	雷锋车站店
销售汇总	销 售	6634 元(1326 元/人)
	百事可乐	5 瓶
	怡宝矿泉水	22 瓶
	哈尔滨啤酒	52 瓶
5 月 12 日	邵阳大曲	2 瓶
品类汇总	优乐美奶茶	2 瓶
	康师傅麻辣牛肉面	2 包
	高露洁牙膏	2 支
	飘柔洗发水	2 瓶
备注	问题:有一位顾客投诉所购买的蛋糕有异味;监控显示小偷盗走了一瓶售价 28 元的飘柔洗发水;顾客埋怨收银时间长。 信息分享:新员工小刘入职;总部决定从本周开始,进行"和谐杯"安全知识竞赛,本店将推荐一人参加。	

(2)测试任务

请你以店长的身份主持一次早会,店面情况及会议涉及的内容见背景资料。

T7-9　测试题九

(1)背景资料

千惠旗下东方银座店,位于长沙火星镇东方银座社区内,门店面积46平方米,主要经营食杂、烟酒、早餐等品种,日均客流100人,员工4人,日销售额4000—7000元,营业时间为上午8:00 — 晚上23:00。

该店通过召开早晚会的方式进行日常管理,本次早会会议涉及的内容如下表:

表7.9　店内日常工作目标达成和任务分解表

	分 区	东方银座店
5月11日 销售汇总	销 售	5116元
	月累计	55024元
	月预算目标	165438元
	基础目标达成率	33.26%
5月11日 品类汇总	雪 碧	4瓶
	月累计	189瓶
	月目标	162瓶
	达成率	115.19%
	怡宝矿泉水	18瓶
	月累计	298瓶
	月目标	638瓶
	达成率	46.19%
	哈尔滨啤酒	47瓶
	月累计	711瓶
	月目标	1532瓶
	达成率	46.22%
	邵阳大曲	1瓶
	月累计	12瓶
	月目标	50瓶
	达成率	24.00%
	优乐美奶茶	1瓶
	月累计	16瓶
	月目标	50瓶
	达成率	32.00%
	康师傅麻辣牛肉面	1包
	月累计	26包
	月目标	65包
	达成率	40.00%
	高露洁牙膏	1支
	月累计	19支
	月目标	56支
	达成率	33.93%
	飘柔洗发水	1瓶
	月累计	18瓶
	月目标	52瓶
	达成率	34.62%

5月11日 销售汇总	分　区	东方银座店
	销　售	5698元(1425元/人)
5月12日 品类汇总	雪　碧	5瓶
	怡宝矿泉水	19瓶
	哈尔滨啤酒	51瓶
	邵阳大曲	2瓶
	优乐美奶茶	2瓶
	康师傅麻辣牛肉面	2包
	高露洁牙膏	2支
	飘柔洗发水	2瓶
备注	问题：有一位顾客投诉所购买的蛋糕变质；监控显示小偷盗走了一瓶售价34.8元的小浣熊舒宁沐浴露；上班时候有员工聊天。 信息分享：小李被总部评为"优秀员工"；总部决定下周举行"流动红旗"评比活动。	

（2）测试任务

请你以店长的身份主持一次早会，店面情况及会议涉及的内容见背景资料。

T7-10　测试题十

（1）背景资料

贝贝熊旗下树木岭店，位于长沙市树木岭锦园小区旁，门店面积110平方米，主要经营衣服、食品等母婴等品种，日均客流180人，员工10人，日销售额8000—12000元，营业时间为上午8：15—晚上21：30

该店通过召开早晚会的方式进行日常管理，本次早会会议涉及的内容如下表：

表7.10　店内日常工作目标达成和任务分解表

5月11日 销售汇总	分　区	树木岭
	销　售	11256元
	月累计	144188元
	月预算目标	320000元
	基础目标达成率	45.06%
5月12日 品类汇总	菁智	86罐
	月累计	2483罐
	月目标	1210罐
	达成率	205.20%
	贝因美	0罐
	月累计	49罐
	月目标	710罐
	达成率	6.85%
	宝力臣	0罐
	月累计	6罐
	月目标	50罐
	达成率	12.00%

	果仙多维	3 袋
	月累计	12 袋
	月目标	50 袋
	达成率	24.00%
	舒比奇	无货
	月累计	0 包
	月目标	5000 包
	达成率	0.00%
	水杯	122 元
5月12日	月累计	475 元
品类汇总	月目标	2110 元
	达成率	22.51%
	玩具	60 元
	月累计	1371 元
	月目标	4430 元
	达成率	30.95%
	针纺	1988 元
	月累计	14252 元
	月目标	38830 元
	达成率	36.70%
5月13日	分 区	树木岭
销售额	今日销售	12000 元（1200 元/人）
	菁智	90 罐
	贝因美	2 罐
	宝力臣	1 罐
品类目标	果仙多维	4 袋
	水杯	100 元
	玩具	100 元
	针纺	1900 元
备注	问题：有一位顾客投诉所购买的鞋子坏了（有明显的脱胶）；衣服掉毛在地板上没有及时清扫；童车陈列不规范。 信息分享：小李被总部评为"优秀员工"，并获得奖金 600 元；总部决定下周举行"咿呀杯"安全知识竞赛，本店将推举 1 人参赛。	

（2）测试任务

请你以店长的身份主持一次早会，店面情况及会议涉及的内容见背景资料。

T7-11 测试题十一

（1）背景资料

家润多旗下望城区店，位于长沙市望城区市中心，营业面积 1600 平方米，从业人员 58 人，主要经营食杂、生鲜、日化、烟酒等品种，营业时间为上午 8:00 — 晚上 21:00 日均客流约 920 人，日销售额 40000—65000 元。

该店不定期召开周会，会议涉及的内容如下表：

表 7.11　销存统计周分析表

天气温度	星期	本周目标(元)	实际完成销售额(元)	
		上周销售(元)	本周销售(元)	对比升跌
29—34	一	71586	71643	1.00081
28—33	二	75643	75219	−0.0056
30—35	三	71349	72340	1.0139
28—33	四	71856	74169	1.0322
30—37	五	73449	72332	−0.0152
30—37	六	83394	84987	1.01911
30—37	日	80269	80977	1.00883
合计		527528	531667	1.00057

目标达成率		营业环境分析
下周计划目标(元)		
周一	71574	人流量减少,店铺没有做活动。
周二	77411	上周天气不是很稳定,本周天气比较稳定,没有下雨天气。
周三	72364	上周开始的活动剩下最后一天。
周四	73129	活动的促销效果持续明显。
周五	79341	本周商场活动开始,人流量会增多。
周六	83267	天气比较炎热,人流量会不是很多
周日	80539	天气炎热,货品可能不足。
合计	537625	
备注		案例分享:分享本周周销售冠军(刘海果蔬部部长)成功案例。 活动计划宣讲:总部计划组织一次商品成列技能比武,本店将于下周举行初赛,选出 4 人参加总部决赛。

(2)测试任务:

请你以店长的身份主持一次周会,会议涉及的内容见背景资料。

T7-12　测试题十二

(1)背景资料

西遇旗下北京朝阳长楹天街店,位于北京朝阳长楹天街,门店面积 365 平方米,主要经营衣服、食品等母婴等品种,日均客流 150 人,员工 11 人,日销售额 20000 — 38000 元,营业时间为上午 8:00—晚上 20:00。

该店通过召开早晚会的方式进行日常管理,本次早会会议涉及的内容如下表:

表 7.12　店内日常工作目标达成和任务分解表

	分 区	天街
5 月 11 日 销售汇总	销 售	26,527 元
	月累计	244,188 元
	月预算目标	768342 元
	基础目标达成率	31.78%

	单鞋	11 双
	月累计	186 双
	月目标	356 双
	达成率	52.24%
5 月 11 日	高跟鞋	39 双
品类汇总	月累计	1265 双
	月目标	1327 双
	达成率	95.33%
	深口鞋	2 双
	月累计	23 双
	月目标	90 双
	达成率	25.56%
	休闲鞋	4 双
	月累计	121 双
	月目标	98 双
	达成率	32.65%
	连衣裤	3 件
	月累计	92 件
	月目标	86 件
	达成率	106.98%
	休闲连衣裙	4 件
5 月 11 日	月累计	98 件
品类汇总	月目标	75 件
	达成率	130.67%
	箱包	768 个
	月累计	5679 个
	月目标	25642 个
	达成率	22.15%
	女包	1876 个
	月累计	21679 个
	月目标	57896 个
	达成率	37.44%
5 月 11 日	分区	天街
销售汇总	销售	27642 元（2513 元/人）
	单鞋	12 双
	高跟鞋	42 双
	深口鞋	3 双
品类汇总	休闲鞋	5 双
	连衣裤	3 件
	休闲连衣裙	4 件
	箱包	875 个
	女包	1879 个
备注	问题:有一位顾客投诉所购买的衣服存在质量问题(扣子掉了);衣服的标签存在外露现象;监控显示小偷盗走标价 199 元的牛皮蝴蝶结长款钱包一个。信息分享:小李被总部评为"优秀员工";总部决定下周举行"爱我西遇"演讲竞赛活动,本店将推举 1 人参赛。	

(2)测试任务

请你以店长的身份主持一次早会,店面情况及会议涉及的内容见背景资料。

T7-13　测试题十三

(1)背景资料

国美旗下和府店,位于长沙市八一桥和府大厦,营业面积 1200 平方米(三层平),员工 110 人,经营各种家用电器,营业时间为上午 8:00 — 晚上 21:30,日均客流约 410 人,日销售额 12000—18000 元。

该店每天营业结束后召开晚会,会议涉及的内容如下。

①晚会时间地点

时间:21:30—22:00

地点:和府店三楼

②整队清点人数(强调会议纪律、重申迟到缺席处罚规定)

③通报当天业绩与问责

通报当天销售与达成率,对冰洗、厨卫、电脑三个品类没完成任务,要求品类主任分析原因,提出问题问题,制定改进方案任务分解落实到人,并要求明天将全力以赴完成任务。

④检查卫生

带领员工一起检查各区域的卫生情况,并随时抽查商品知识,让员工能更快更好的熟悉门店,提高工作效率。

⑤明天的工作准备

检查各排面是否缺货少货,促销商品是否有 POP。

⑥明天的任务分解

空调 3.6 万元、彩电 2.8 万元、冰洗 4 万元、小家电 3.2 万元、厨卫 4.5 万元、电脑 3 万元、通讯 3.8 万元。

⑦总结

肯定成绩、指出存在问题及具体改进措施。

(2)测试任务

请你以店长的身份主持一次晚会,店面情况及会议涉及的内容见背景资料。

T7-14　测试题十四

(1)背景资料

快乐惠旗华夏店,位于长沙市开福区华夏路,门店面积 96 平方米,主要食杂、烟酒等品种,日均客流 200 人,员工 6 人,日销售额 6000—9000 元,营业时间为上午 8:00 — 晚上 23:00。

该店通过召开早晚会的方式进行日常管理,本次早会会议涉及的内容如下表:

表7.13 店内日常工作目标达成和任务分解表

	分区	华夏店
5月11日 销售汇总	销售	7698元
	月累计	67374元
	月预算目标	245622元
	基础目标达成率	27.43%
5月11日 品类汇总	百事可乐	5瓶
	月累计	212瓶
	月目标	187瓶
	达成率	113.34%
	怡宝矿泉水	24瓶
	月累计	436瓶
	月目标	897瓶
	达成率	48.66%
	哈尔滨啤酒	58瓶
	月累计	839瓶
	月目标	1895瓶
	达成率	44.32%
	牛栏山二锅头	1瓶
	月累计	12瓶
	月目标	50瓶
	达成率	24.00%
	优乐美奶茶	1瓶
	月累计	16瓶
	月目标	50瓶
	达成率	32.00%
	康师傅麻辣牛肉面	1包
	月累计	26包
	月目标	65包
	达成率	40.00%
	高露洁牙膏	1支
	月累计	19支
	月目标	56支
	达成率	33.93%
	飘柔洗发水	1瓶
	月累计	19瓶
	月目标	53瓶
	达成率	35.85%
5月12日 销售汇总	分区	华夏店
	销售	7988元(1210元人)
5月12日 品类汇总	百事可乐	6瓶
	怡宝矿泉水	27瓶
	哈尔滨啤酒	61瓶
	牛栏山二锅头	2瓶
	优乐美奶茶	2瓶
	康师傅麻辣牛肉面	2包
	高露洁牙膏	2支
	飘柔洗发水	2瓶
备注	问题:顾客投诉有一袋白猫洗衣粉包装上标有两个价签;监控显示小偷盗走了一瓶售价34.8元的小浣熊舒宁沐浴露;上班时候有员工聊天。 信息分享:小李实习期满,从今天开始转为我店正式员工;总部决定下周举行"流动红旗"评比活动。	

(2)测试任务

请你以店长的身份主持一次早会,店面情况及会议涉及的内容见背景资料。

T7-15　测试题十五

(1)背景资料

步步高旗下西站店,位于长沙市湘江新区河西汽车站,营业面积 1000 平方米,从业人员 28 人,经营各种家用电器,营业时间为上午 8:00 — 晚上 21:30,日均客流约 350 人,日销售额 10000—13000 元。

该店每天营业结束后召开晚会,会议涉及的内容如下。

①晚会时间地点

时间:21:30—22:00

地点:西站店三楼

②整队清点人数(强调会议纪律、重申迟到缺席处罚规定)

③通报当天业绩与问责

通报当天销售与达成率,对空调、厨卫、电视三个品类没完成任务,要求品类主任分析原因,提出问题问题,制定改进方案任务分解落实到人,并要求明天将全力以赴完成任务。

④检查卫生

带领员工一起检查各区域的卫生情况,并随时抽查商品知识,让员工能更快更好的熟悉门店,提高工作效率。

⑤明天的工作准备

检查各排面是否缺货少货,促销商品是否有 POP。

⑥明天的任务分解

空调 2.8 万元、彩电 2.1 万元、冰洗 3.5 万元、小家电 2.1 万元、厨卫 3.9 万元、电脑 2.3 万元、通讯 2.1 万元。

⑦总结

肯定成绩、指出存在问题及具体改进措施。

(2)测试任务

请你以店长的身份主持一次晚会,店面情况及会议涉及的内容见背景资料。

模块三　顾客管理

H3-1　顾客投诉处理

(1)任务描述

请根据背景资料制定一套投诉处理方案,并进行口头阐述。具体背景资料及测试要求详见每一套测试题。

(2)实施条件

本项目实施条件如下表所示。

顾客投诉处理实施条件一览表

项目	基本实施条件	备注
场地	每个现场测试室:面积不少于30平方米 每个机试测试室:面积不少于30平方米	必备
设备	每个现场测试室:桌、椅3张(测试专家用),计时器1台 每个机试测试室:桌、椅6张,连接互联网的电脑6台,打印机1台,	必备
人员	每个现场测试室:测试专家3名 每个机试准备室:监考人员2名	必备

(3)考核时量

90分钟

(4)评分标准

本项目评价标准如下表所示。

顾客投诉处理方案评分标准

评价内容		配分	考核点	备注
职业素养	职业道德	5	诚实严谨、遵守纪律、独立完成任务,方案不违背职业道德与营销伦理。	方案字数不少于500字,每少20字扣1分。
	商务礼仪	5	从容冷静,仪容整洁、服饰大方得体。	
投诉处理方案的质量与特色	投诉处理目标设定	10	能正确分析具体情景中的投诉属于哪一类型投诉(2分); 能对顾客投诉原因进行正确分析(3分); 投诉处理目标设定合理(5分)。	
	投诉处理实施安排	20	坚持顾客投诉处理原则(4分); 有解决问题的方案或措施(4分); 符合相关法律和法规的要求(4分); 顾客投诉处理程序符合要求(4分); 投诉处理措施合理,处理技巧运用得当(4分)。	
	投诉处理反馈信息收集与总结	5	方案体现了就客户服务的态度和结果、客户对投诉处理的满意度而向客户进行的回访(2分); 就投诉问题提出了今后的改进意见(3分)。	
	特色与创新	10	处理方案有一定新意,见解独到(5分); 就投诉问题提出的改进意见合理得当(5分)。	
	卷容与文字表达	10	文字编排工整清楚、格式符合要求(5分); 文字表达流畅、条理清楚、逻辑性较强(5分)。	
口头表达能力	顾客投诉处理方案口头阐述	35	内容完整(5分);语言规范、吐字清晰、声音洪亮圆润(5分);表达准确、流畅、自然(10分);语言技巧处理得当,语速恰当,节奏张弛符合思想感情的起伏变化,能熟练表达方案内容(15分)。	
小计		100		

(5)试题内容

本项目下设 20 套操作试题,抽查时,学生只需按照相关操作规范独立完成其中一套试题所给定任务。

T8-1　测试题一

(1)背景资料

2016 年某日在某超市,顾客服务中心接到一起顾客投诉,顾客李小姐从某商场购买了晨光酸牛奶后去一家餐馆吃饭,吃完饭李小姐随手拿出酸牛奶让自己的孩子喝,自己则在一边跟朋友聊天,突然听见孩子大叫:"妈妈,这里有苍蝇。"李小姐寻声望去,看见小孩喝的酸牛奶盒里(当时酸奶盒已被孩子用手撕开)有只苍蝇。李小姐当时火冒三丈,带着小孩来超市投诉。正在这时,有位值班经理看见便走过来说:"你既然说有问题,那就带小孩去医院,有问题我们负责!"顾客听到后,更是火上加油,大声喊:"你负责? 好,现在我让你去吃 10 只苍蝇,我带你去医院检查,我来负责好不好?"边说边在商场里大喊大叫,并口口声声说要去"消费者协会"投诉,引来了许多顾客围观。

(2)测试任务:

现作为公司的客户服务主管的你,面对此种情景,请你制定一套李小姐投诉处理方案,并进行口头阐述。

T8-2　测试题二

(1)背景资料

2016 年 7 月在某购物广场,顾客华某购买了一台价值二千多元的某品牌双盘式煤气炉。2016 年 8 月 1 日华某母亲在厨房做饭时煤气炉发生了爆炸,炉具表面的玻璃钢全部炸裂,喷出的火焰不仅烧伤了华某母亲的头发、脸面,而且全身多处也大面积烧伤(当时是夏天,华某母亲身穿遇火易燃的薄丝面料衣服)。事故发生后,华某马上把母亲送入医院,并让家人用照相机、摄影机对事故现场进行了拍摄,随后华某打电话到商场顾客服务中心投诉,要求商场对事故的发生做出合理解释并对患者予以二十万元的经济赔偿。

(2)测试任务

现作为公司的客户服务主管的你,面对此种情景,请你制定一套华某投诉处理方案,并进行口头阐述。

T8-3　测试题三

(1)背景资料

2016 年 7 月 6 日,张女士来到某商场生鲜部购买商品。当时她带的小孩又哭又闹,一位员工看到后,就顺手拿了一个小布猴玩具递给小孩(卖场里装饰有许多布猴,但也是商品),并说:"送给你玩吧。"小孩拿到小布猴玩具后就不再哭了,张女士挑选好商品后就去收银台进行结算。张女士出收银台时,防损员发现小孩手中的小布猴玩具未买单,就对张女士进行提示,要求顾客补单。张女士很恼火:"是你们里面的员工把布猴送给我小孩玩,怎么现在又要求买单?"防损员说:"我们的员工没有权利把商品送给您。""哦,那你是说员工没送,是我偷了你们的东西?"张女士认为防损员的语气、态度不好,反过来要求防损员向他道歉。防损员认为自己的做法没有错,未当面道歉。张女士就亮出了她的警察证,对防损员说:"你说我小孩偷了你们的东西,你侮辱了我,侵犯了我的权利,你必须向我道歉。"防损员认为自己没有做错,依旧没有当众向顾客道歉。张女士就去前台进行投诉,并扬言要将此事投诉到《长株潭报》报社。

(2)测试任务

现作为公司的客户服务主管的你,面对此种情景,请你制定一套张女士的投诉处理方案,并进行口头阐述。

T8-4 测试题四

(1)背景资料

2016 年 7 月 26 日,在某购物广场头饰、首饰的专柜内有几位顾客正在挑选商品,其中有一位孕妇选中了一款发夹,但是柜台上的样品有一些小小瑕疵,就要求柜台促销员帮她另取一个。促销员在储货柜旁蹲着帮其寻找,找了一会儿,就示意孕妇过去。孕妇听到促销员的招呼声后就走了过去,顺势弯身在促销员身旁椅子上坐了下去,随后就听"嘭"的一声,这位孕妇摔倒在地,椅子在她身下散成一堆破烂。"这是怎么回事?"孕妇的丈夫一边扶起妻子,一边生气地问着促销员。促销员显然没有料到会发生这样的事情,再三对顾客道歉:"我并没有料到会发生这样的事情,我不知道您会坐下去,这椅子本来就是坏的。"顾客更生气了,说道:"既然是坏椅子,为什么还放在这里,而且又没有任何标志,这不是个陷阱吗?"顾客就去前台进行投诉,并说要商场派人与他们一起去医院进行检查。

(2)测试任务

现作为公司的客户服务主管的你,面对此种情景,请你制定一套顾客投诉处理方案,并进行口头阐述。

T8-5 测试题五

(1)背景资料

2016 年 5 月的某个星期天,王女士带着她的儿子小宝和侄儿亮亮来到某购物广场购物。在三楼百货部某品牌专柜,王女士看中了一款漂亮的时装,于是便进入更衣室试穿。这时,小宝和亮亮正起劲地在购物车两端较劲,小宝虽然个头没有亮亮高,但却并不示弱,拼命地背过身子想把车子拉到自己这边来。也许是亮亮厌倦了这个"游戏",他在没有喊停的情况下,突然撒手,致使小宝在惯性作用下,猛的往前扑倒,顿时,鲜血从他稚嫩的小嘴和下巴的裂口处涌了出来,撕心裂肺的哭喊声顿时响彻卖场。小宝的母亲闻声跑来,惊慌失措地将儿子抱起,疼惜的泪水充满了双眼。经医院检查证实:小宝下颌骨骨折,且下巴上会终身留下疤痕。

第二天,王女士来到服务中心,强烈投诉员工服务质量糟糕,原因有二:一是当员工看到无人监护的两个小孩在卖场打闹时,无人加以劝告和制止,对惨剧的发生负有不可推卸的责任;二是孩子摔伤后,竟没有一位员工说一句安慰的话,更没有人伸手帮一把,让顾客感到非常心寒。

(2)测试任务

现作为公司的客户服务主管的你,面对此种情景,请你制定一套王女士投诉处理方案,并进行口头阐述。

T8-6 测试题六

(1)背景资料

2016 年 7 月 4 日李小姐在某商场选购商品时,看到此商场的"统一鲜橙多"才 7.50 元/瓶。当时看到货架上摆的是两支促销装,便拿了好几瓶,然后很高兴地又选购了其他的商品到收银台付款。她在付款时,听到收银员告诉的总金额,李小姐很奇怪地想"怎么会这么贵呢?"但是也没问,以为是东西较多的原因。付完款后便随意看了一下小票,原来 7.5 元/瓶的"鲜橙多"变成 15.0 元!

李小姐便询问收银员是怎么回事,收银员礼貌地告诉顾客李小姐到总服务台咨询一下,到了服务台李小姐将当时的情况告诉了接待员,接待员听后便叫了该商品部的主管来解决。主管到后提出去复核价格,来到柜台时,负责人看了价格又看了促销商品,便对顾客李小姐说:"小姐,我们上面写得很清楚,7.5 元一支,因为缺货,所以摆的就是这个。"顾客听后便问:"但这没有其他的标价。"负责人听后便说:"反正就是 7.5 元一支,就这样吧。"说完就走了。

李小姐顿时便有点上当受骗的感觉,便来到服务台投诉。

(2)测试任务

现作为公司客户服务主管的你,面对此种情景,请你制定一套李小姐的投诉处理方案,并进行口头阐述。

T8-7 测试题七

(1)背景资料

2016 年 7 月 3 日上午八点,一名五十来岁的女顾客走进某购物广场,这位顾客挑选的是大宗电器,调试了半天,总算选好了。结算时,顾客拿出一张空白支票,要在上面填上相关内容。这时顾客发现自己没有戴老花眼镜,看不清字,没有办法填。顾客要求大宗购物处接待人员替她填写,该员工以怕写错为由,拒绝顾客的请求。顾客说:"慢慢写不会错的。"结果被该员工断然拒绝,言辞非常冷淡。顾客很失望,到商场外找司机来填,没想到司机也填错了。顾客没办法,只有回去向公司重新申请一张支票。

顾客花费了许多手续,终于又申请到一张支票,急急忙忙赶回商场,没想到她挑选好的大件物品,因为无人看管,已经被还原到原处了。这就意味着顾客必须重新挑选商品。这样一来,已经到了下午四点钟。顾客越想越生气,便来到服务台投诉。

(2)测试任务

现作为公司客户服务主管的你,面对此种情景,请你制定一套顾客投诉处理方案,并进行口头阐述。

T8-8 测试题八

(1)背景资料

某日,某顾客在买完东西走出店门时,有两位工作人员正推着购物车过来,顾客因没注意到就没及时让开,其实这时工作人员只要礼貌地说一声"请让让"就可以了,但"让啊!"这一粗喉咙大嗓门的地方话却代替了我们倡导的文明礼貌用语。由于顾客听不懂他们喊的地方话就没有动,这时该员工又语气很不友善来了一句"有点宝吧!"(意思即:有些蠢吧!),顾客问该工作人员自己应该怎样做,该男士又大声喊道:"老子是在上班,再吵老子下班搞死你"。(意思即:我在上班,如果你再吵,下班后我揍死你!)令人哭笑不得,于是顾客来到服务台进行投诉。

(2)测试任务

现作为公司客户服务主管的你,面对此种情景,请你制定一套顾客投诉处理方案,并进行口头阐述。

T8-9 测试题九

(1)背景资料

2016 年 6 月 30 日,一位顾客来到某商场生鲜水果区购物时,看到红提柜前的人特别多,走过去一看才知道原来这儿的红提比别的商场便宜好几元钱一斤,当时便想买一箱回去。顾客拿取红提的时候,营业员小姐告诉他商场规定该商品每位顾客只能限购 5 斤,由于随行的朋友还有几个,顾客便说:"我们一起来的有好几个人,如果每人可以买 5 斤,那我就代他们多买一些。"营业员听后二话不说就给他提了一箱,让顾客去计量处称重。

顾客到收银台处结账时,商场的负责人看到此顾客一个人提了一箱红提,便和收银员说:"如果一人买一箱,就不卖,要不就拿回去散称。"顾客当时听后便打电话叫同行的朋友一起到收银台来,当朋友来后,负责人又口气非常生硬的说:"你们不能这样买!",顾客当时便问:"为什么?既然不行,为什么在计量时不提醒我?"负责人又大声说:"我说不行就不行!"说完便让防损员将红提搬走,当时这几位顾客非常气愤,丢下已选购好的其他好几百块钱的商品走到服务台进行投诉,并说:"你们服务态度这么差,今后我们发誓绝不到你们商场购物!"

(2)测试任务

现作为公司客户服务主管的你,面对此种情景,请你制定一套顾客投诉处理方案,并进行口头阐述。

T8-10　测试题十

(1)背景资料

2016年6月28日上午,一男一女两位顾客去某商场家电区购买空调,空调区的营业员小姐微笑着说:"你们好,要买空调吗? 请随便看看!"

"请问有没有海尔空调卖?"

"在这边,请问您要装在多大的房间里?"

"大约12个平方。"

"我建议您买这一款一匹的空调比较合适。"

"天气比较热,下午能不能安装好?"

"没问题。如果现在付款,我们下午就可以给你送货,并且下午就安装。"

于是营业员开好单后,带顾客到收银台付款,然后到售后服务中心办理送货手续。这时顾客又强调一下:"下午一定要安装好啊!"这时候服务小姐说:"稍等一下,我咨询一下安装部。"大约过了两分钟之后,服务小姐说:"不好意思,下午及明天的空调安装已经排满,须等到后天上午安装。""怎么这样服务的呢? 付款前说得那么好,钱交了就可以安装了。"顾客感觉受到了欺骗,大发雷霆,走到服务台进行投诉。

(2)测试任务

现作为公司客户服务主管的你,面对此种情景,请你制定一套顾客投诉处理方案,并进行口头阐述。

T8-11　测试题十一

(1)背景资料

2016年5月中旬,某商场推出一则促销广告:"自即日起,在商场内举办摸球有奖销售活动,凡每天购买50元商品者可免费摸奖一次,多买多摸,当场兑现。"一位顾客得知这个宣传后,便专程到商场买了一台价格2400元的空调,当晚到商场参加摸奖,据商场促销广告规定:顾客如果摸到印有"9、6、9"数字的乒乓球,就可获得一等奖5000元。然而当这位顾客拿着乒乓球来兑奖时,商场门市部的负责人却以"6"和"9"形体相反为由,拒不承认。顾客于是来服务中心进行投诉。

(2)测试任务

现作为公司客户服务主管的你,面对此种情景,请你制定一套顾客投诉处理方案,并进行口头阐述。

T8-12　测试题十二

(1)背景资料

2016年2月15日某商场接到顾客叶小姐的投诉,说2016年2月8日在商场购买的牛肉有问题。顾客称 2 月 11 日解冻发现切开的每一块牛肉都有瘀血,当时没有在意。第二天再次解冻时还是发现这种情况,于是就打电话给肉联厂的一位经理,该经理声称这种情况最大可能为死牛肉或注水牛肉,要顾客保留好样品等肉联厂上班后再拿去鉴定。顾客也将此现象反应给了商场的值班经理,当班负责人请顾客拿牛肉到商场处理。顾客不同意,她一定要先鉴定后再商议。值班经理将此情况通知肉档课长,要求马上去查实。2 月 20 日,叶小姐将肉带到某肉联厂鉴定,负责肉检的黄小姐致电商场,告之该肉很可能是死牛肉并没有做检疫。经了解,得知牛肉的来源:牛肉是一个私人老板供应的,供货老板声称是布吉肉联厂进的货,没有问题。商场有关负责人致电顾客叶小姐来服务台共同协商,叶小姐很气愤,要求赔偿 1000 元,若不同意会在媒体曝光,并做身体检查。

(2)测试任务

现作为公司客户服务主管的你,面对此种情景,请你制定一套顾客投诉处理方案,并进行口头阐述。

T8-13　测试题十三

(1)背景资料

2016 年 6 月 22 日上午,一位顾客在购买空调扇的时候,商场的促销员促销心切,给顾客介绍的时候说:空调扇可以达到 15 度的温度(实际上空调也很难达到 18 度)。顾客相信了他的话就购买了一台。但拿回家后发现制冷效果不好,就想退货,于是来到服务中心进行投诉。顾客抓住促销员说的可以达到 15 度的承诺不放,并称商场对他进行了欺骗,坚持必须退货,并赔偿交通费 50 元,否则将向消费者协会投诉。

(2)测试任务

现作为公司客户服务主管的你,面对此种情景,请你制定一套顾客投诉处理方案,并进行口头阐述。

T8-14　测试题十四

(1)背景资料

某顾客在某商场买了一件羊毛衫,在买后一个半月的时间里,两次拿来退换。第二次来到商场后要求退货,说她第一次买回家后,在穿前洗了一下就发现新衣服竟然起球了,便拿回商场换了一件,当时由于担心再次发生起球现象,便在更换后让负责处理此事的员工做出承诺,为了让顾客放心,该员工就在电脑小票上写下"如在三包期内出现起球现象,本商场予以无条件退货"的字样,并签上了自己的名字。后来顾客在穿洗了两次之后,又出现起球情况便要求商场退货并做经济赔偿。

(2)测试任务

现作为公司客户服务主管的你,面对此种情景,请你制定一套顾客投诉处理方案,并进行口头阐述。

T8-15 测试题十五

(1)背景资料

2016年7月10日,张先生带着小女儿乐悠悠的从啤酒堆头边走过时,突然听到"啪啦"一声脆响,紧接着女儿便号啕大哭起来。原来,他们旁边的一位老大爷因躲避拥挤的顾客而侧身退让时,手肘不小心碰倒了堆头角的一瓶啤酒,酒瓶摔下来时正好砸在张先生女儿的脚上,只见女孩儿穿着凉鞋的脚已经被碎瓶口割开了一条大口子,血流不止。张先生立即到服务中心投诉,要求赔偿。

(2)测试任务

现作为公司客户服务主管的你,面对此种情景,请你制定一套顾客投诉处理方案,并进行口头阐述。

T8-16 测试题十六

(1)背景资料

2016年6月22日有一顾客姜先生在某商场熟食部买了一只"口水鸡"招待其主管吃饭。由于"口水鸡"有异味,其主管吃了一口后就走了,姜先生觉得因此而得罪了顶头上司,怒气冲天,直冲服务中心投诉,要求在两天内给出令人满意的答复,否则,要将此事投诉到消费者协会及《长株潭报》报社。

(2)测试任务

现作为公司客户服务主管的你,面对此种情景,请你制定一套顾客投诉处理方案,并进行口头阐述。

T8-17 测试题十七

(1)背景资料

2016年7月8日,顾客杨先生一家在买完单时无意中发现,他的电脑小票上多录入了2件他并没有购买的商品,与此同时,跟随他身后买单的家人,也发现小票上多录入了2件并没有购买的商品。杨某当时非常气愤地跑到顾客服务中心,大骂:"你们这简直是诈骗犯!"而且一直嚷嚷:"如果不对这件事做出合理解释,我就投诉到消费者协会。"并坚持声称"要公司炒掉这样的员工,要狠狠地处罚她。"

(2)测试任务

现作为公司的客户服务主管的你,面对此种情景,请你制定一套顾客投诉处理方案,并进行口头阐述。

T8-18　测试题十八

(1)背景资料

2016年8月1日,某女士到某商场购物后走到出口处,防损员要求其将随身携带的手提包展示一下。顾客一听就有点来火:"我又没偷东西,为什么要把我包里的东西给你看?"由于防损员的语气生硬了一些,顾客觉得她的自尊受到了伤害,就到前台来投诉,说着说着就哭了起来。前台人员给顾客做了解释,顾客仍然觉得刚才防损员的行为伤害了她的自尊,回去后又到消费者协会进行投诉。消费者协会接到投诉后,给商场发来了一份传真,要求弄清事实,给顾客进行答复。

(2)测试任务

现作为公司的客户服务主管的你,面对此种情景,请你制定一套顾客投诉处理方案,并进行口头阐述。

T8-19　测试题十九

(1)背景资料

2016年8月10日在某购物广场,顾客杨小姐购买完化妆品,在收银台付完款准备离开时,一边的警报器突然响起,闻声而来的防损员跑过来,马上从杨小姐手中夺过她的挎包进行搜查。这时许多正在购物的顾客也纷纷向这边张望,投来好奇的目光,后经防损员检查,原来是由于收银员失误,没将一瓶化妆水消磁而引发报警器鸣响。由于当时围观的人很多,杨小姐羞辱交加,顾不上听防损员的解释,扔下已买单的商品气愤地跑出了商场。

当天下午,商场就接到杨小姐哥哥打来的投诉电话,杨小姐哥哥在电话里非常气愤,要求商场对早晨的事件做出合理解释,并要求就此误会对其妹付20万元的精神损失赔偿费,原因是其妹在此事件中受到了常人难以想象的精神打击。(原来杨小姐是名退役军人,以前在部队服役期间在一次意外的事故中被火烧伤,至今脸部还因烧伤严重变形,留下了永久的疤痕,为此她很少出门。这次意外的事故给杨小姐的心灵造成了极大的创伤,今天购物的不愉快经历无疑是雪上加霜。)杨小姐哥哥还对"商场强行对顾客搜包的行为"表示愤慨,声明商场若不予以赔偿,他们会诉诸消协和相关法律部门。

(2)测试任务

现作为公司的客户服务主管的你,面对此种情景,请你制定一套顾客投诉处理方案,并进行口头阐述。

T8-20　测试题二十

(1)背景资料

2016年8月14日晚上,一位女顾客带着读中学的儿子来到某购物广场一楼钟表柜台,请营业员检查购买才14天的"防水手表"。那位少年说:"你们这表有质量问题,买了才两周就不行了。夜视指示灯按钮不灵,有时可以按亮,有时就不行,下雨天就进水,里面全是雾气。"营业员接过表按了一下按钮说:"没问题呀!"少年又说:"你再按一次看看。"营业员又按了一次说:"哟,是有些问题。"孩子的母亲说:"那现在怎么办呢?""在 15 天之内可以换货。""那正好,我买了才 14 天,8 月 1 日买的,应该可以换货。"营业员一听,马上说:"阿,对不起,我记错了,电器才是 15 天,钟表是 7 天。""小姐,不会吧!"顾客不相信地看着营业员,营业员马上接过话,"这是国家的新三包规定,又不是我定的。"

顾客懒得与营业员进行理论,就说:"那就维修吧。多长时间可以取货?""至少要 15 天。""太长时间了,能不能快一点? 小孩读书天天要用表。""最快也要 10 天,修好了,我们电话通知你。""如果修好后再坏了怎么办?""如果修了三次,就可以换一块。"顾客对营业员的答复很不满,于是来到服务台进行投诉。

(2)测试任务

现作为公司的客户服务主管的你,面对此种情景,请你制定一套顾客投诉处理方案,并进行口头阐述。

(三)跨岗位综合技能

模块一 商圈调查

Z1-1 商圈调查方案设计

(1)任务描述

某连锁企业将根据实际需要进行门店选址评估前的商圈调查活动,请按照给定的企业市场背景资料,根据调查目的和要求对商圈调查活动进行策划,并撰写出格式正确、结构完整、目的明确、内容全面、方法科学、具有一定可行性的商圈调查方案。其具体内容包括调查目的、商圈范围及调查对象、调查内容、调查方法和调查工具、调查组织及人员安排、调查时间安排等几部分,其中调查工具要求设计调查表,一般包括商圈调查表、消费者调查表、竞争者调查表等。

(2)实施条件

本项目实施条件如下表所示。

信息系统操作实施条件一览表

项目	基本实施条件	备注
场地	测试室面积不少于 70 平方米	必备
设备	桌、椅 32 张,打印机 2 台,连接互联网的电脑 32 台	必备
人员	监考人员 2 名	必备

(3)考核时量

150 分钟

（4）评分标准

本项目评分标准如下表所示。

商圈调查方案设计评分标准

评价内容			配分	考核点		备注
职业素养（10分）	职业道德		5	具有实事求是的职业道德，设计方案不违背职业道德与营销伦理，遵守营销法律法规，认真负责。		严重违反考场纪律，造成恶劣影响的本项目记0分。
	职业能力		5	具有根据业态确定商圈范围及层次的能力，具有明确调查目的确定调查内容的能力，具有一定的调查方案写作能力，具有查阅文献资料的能力，具有完整的调查表的设计能力。		
作品（90分）	卷容格式		5	文字编排工整清楚、格式符合要求		
	文字表达		5	流畅、条理清楚、逻辑性较强		
	具体内容	封面完整	5	要素具备（标题、时间等）		
		调查目的	5	目的明确，表述较为准确		
		调查范围及对象	5	具有针对性，商圈划定合理，描述基本准确		
		调查内容	15	符合调查目的，内容正确且完整。		
		调查方法及工具	30	商圈调查表 10分	问题全面，答案选项设置穷尽、互斥、合理	调查表以表格形式呈现
				消费者调查表 10分	问题全面，答案选项设置穷尽、互斥、合理	
				竞争者调查表 10分	问题全面，答案选项设置穷尽、互斥、合理	
		调查方式	5	调查对象选取方式科学，调查地点选取合理		
		调查组织及人员安排	10	调查组织和分工设计科学（5分），人员配备合理（5分）		
		时间安排	5	各阶段时间安排设计合理		
小计			100			

T9-1　测试题一

（1）背景资料

河西王府井商业广场位于长沙市大河西先导区金星大道和桐梓坡路交汇处的西北角，总占地2.5万 m^2，总高度100m，总层数22层，总建筑面积为14.6万 m^2，总投资额人民币约10亿。其中王府井百货和超市约6.7万 m^2，步行街约1.6万 m^2，写字楼约3万 m^2，地下室面积约4万 m^2。河西王府井百货共7层，负1到6层每层近一万平方（比现在的王府井经营面积更大，品牌档次更高），沿西北方向紧密环绕着王府井百货，形成一条可聚焦人气、聚集财富的价值洼地。步行街有南北两个出入口，共三层，由于项目地势得天独厚的南北高差，形成步行街在两条主干道上有两个首层，即南向桐梓坡路入口首层，北向金星路入口首层。步行街打造的是整个大河西先导区的商业中心，是集购物、休闲、娱乐于一体的，辐射的消费人群涵盖整个大河西先导区（大河西先导区包括宁乡望城在内有200多万人口）。商业街的业态就是与人们生活息息相关的吃喝玩乐购，让大家在休息时间有一个地方可以放松心情,带上老人小孩,一家人不用到处奔波劳累在同一个地方就可以呆上一天,尽情享受这种轻松惬意的生活模式。但是自开业以来,河西王府井商业广场没有预想的那么受欢迎,人气也不旺,与对面的步步高商业广场相比显得冷清不少,步行街也没有如期地火爆起来。

(2)测试任务

河西王府井商业广场为了增加人气,提高销售,想通过商圈调查来了解原因和改善经营,请你根据背景为其设计一份商圈调查方案。

(3)要求

格式正确、结构完整、目的明确、内容全面、方法科学,方案的可执行性强。

T9-2 测试题二

(1)背景资料

快乐惠是一家便利店连锁企业,主要采用加盟连锁经营方式,营业面积在 30 到 200 平方米,主要经营食品、杂货和便利性商品。王先生现年 50 岁,有一定的积蓄,想在所住的山水誉峰小区开一家社区便利店,采取加盟快乐惠的方式,预计营业面积为 180 平方米,首次投入 20 万元。

(2)测试任务

由于是新小区,王先生决定在开店前做一个商圈调查,请你为其设计一份商圈调查方案。

(3)要求

格式正确、结构完整、目的明确、内容全面、方法科学,方案的可执行性强。

T9-3 测试题三

(1)背景资料

深圳市西遇时尚服饰有限公司创建于 2002 年 9 月,发展至今已有 12 年。目前西遇品牌销售网点覆盖北京、深圳、上海、广州、福建、沈阳、天津、河南、河北、重庆、成都、西安、湖南、湖北等省市,并在 70 多个省市的繁华购物中心拥有 300 多家品牌直营连锁门店,年销售业绩超 5 个亿。西遇是国内少有的融汇欧美流行风尚与国内前卫创意元素的时尚综合品牌之一,并一直走在时尚综合的最前沿,经营商品为男女流行时装、时尚鞋品、饰品、手袋、皮具等,深受 18 到 30 岁年轻、休闲、时尚、知性、热爱生活的消费者青睐。

(2)测试任务

长沙市梅溪湖步步高商业广场是一家新建的现代购物广场,西遇计划进入该广场,进入前需要做商圈分析和选址评估,请你为其设计一份商圈调查方案。

(3)要求

格式正确、结构完整、目的明确、内容全面、方法科学,方案的可执行性强。

T9-4　测试题四

(1)背景资料

麦当劳(英语:McDonald's)是全球大型跨国连锁餐厅,1940年创立于美国,在世界上大约拥有3万间分店,分布在全球121个国家和地区。主要售卖汉堡包以及薯条、炸鸡、汽水、冰品、沙拉、水果等快餐食品。

(2)测试任务

长沙市梅溪湖步步高商业广场是一家新建的现代购物广场,麦当劳计划进入该广场,进入前需要做商圈分析和选址评估,请你为其设计一份商圈调查方案。

(3)要求

格式正确、结构完整、目的明确、内容全面、方法科学,方案的可执行性强。

T9-5　测试题五

(1)背景资料

长沙沃尔玛购物广场面积为18000平方米,共分两层,停车位210个。沃尔玛将全部日用杂货和一般商品放在一起经营,顾客能从一个有着天天平价声誉的零售商那里一次性买齐食品和其他所需物品,即"一站式购物"模式。沃尔玛黄兴南路店继续推行这种模式,而且努力使长沙市民感受到:沃尔玛是一个家庭式的友好购物场所。沃尔玛黄兴南路店负责人表示,长沙零售业竞争非常激烈,20世纪80年代就有"五虎斗长沙"之说,而且以五一广场商圈尤甚。

(2)测试任务

每年国庆节是零售企业的绝好销售时期,沃尔玛黄兴南路店计划在国庆期间推出大型的商业促销活动,为了更好地了解和把握商圈各类信息,制定正确的促销策略,特组织一次商圈调查,请你为其设计一份商圈调查方案。

(3)要求

格式正确、结构完整、目的明确、内容全面、方法科学,方案的可执行性强。

T9-6　测试题六

(1)背景资料

麦德龙于1964年在德国以1.4万平方米的仓储式商店开始了企业的历程。麦德龙以"现购自运"(现金交易,自选自运)营销新理念在市场上引人注目。经过近40年的发展,现在麦德龙已经成为欧洲最大的商业连锁企业之一,并自1999年开始排名世界零售百强第三位。目前,麦德龙在全球32个国家和地区建立了3000多家分店,拥有约20万员工,年销售额超过1000亿德国马克。麦德龙于1995年来到中国并与中国著名的锦江集团合作,建立了锦江麦德龙现购自运有限公司,是第一家获得中国中央政府批准在中国多个主要城市建立连锁商场的合资企业。1996年,麦德龙在上海普陀区开设了第一家商场,从一开始就取得了惊人的成功,给中国带来了全新的概念,填补了中国在仓储业态上的空白。麦德龙提出"我们是顾客的仓库"的概念,意味着每个商店不另设仓库,同时商店本身就是仓库。通常,麦德龙标准店的规格为 140 米长 * (90 米＋28 米)宽,其中 90 米为商店宽度,28 米为商店自身仓储空间的宽度。麦德龙习惯于独立运营的商业空间,单层建筑,独立的停车场,很少将店开在大型购物中心里面。

(2)测试任务

麦德龙计划在长沙市河西建一个商场,请你为其设计一份商圈调查方案。

(3)要求

格式正确、结构完整、目的明确、内容全面、方法科学,方案的可执行性强。

T9-7　测试题七

(1)背景资料

创立于 2001 年 10 月的老百姓大药房是一家由单体民营药店发展起来的中外合资大型药品零售连锁企业,主要从事药品零售、批发、生产等业务。经过十余年的发展,现已成长为全国规模最大的药品零售连锁企业之一。公司总部位于湖南长沙,拥有总资产 38 亿元,年销售额 45 亿元,员工约 11900 多人。目前,已成功开发了湖南、陕西、浙江、江西、广西、山东、河北、广东、天津、上海、湖北、河南、北京、江苏、安徽、甘肃十六个省级市场,拥有门店 1700 家,2015 年 4 月 23 日,在上海证券交易所正式挂牌上市。

(2)测试任务

老百姓大药房计划在长沙市河西桐梓坡东路段开一个分店,需要了解商圈内的有关信息,请你为其设计一份商圈调查方案。

(3)要求

格式正确、结构完整、目的明确、内容全面、方法科学,方案的可执行性强。

T9-8　测试题八

(1)背景资料

7 天连锁酒店集团(7 Days Group Holdings Limited)创立于 2005 年,2009 年 11 月 20 日在美国纽约证券交易所上市(股票代码:SVN)。作为第一家登陆纽交所的中国酒店集团,7 天连锁酒店秉承让顾客"天天睡好觉"的愿景,致力为注重价值的商旅客人提供干净、环保、舒适、安全的住宿服务,满足客户核心的住宿需求。7 天连锁酒店现已拥有分店超过 1500 家,覆盖全国近 30 个省和直辖市约 200 个主要城市,业已建成经济型连锁酒店全国网络体系。

7 天连锁酒店建立的"7 天会"拥有会员超过 5000 万,是中国经济型酒店中规模最大的会员体系。作为业内科技领航者,7 天酒店是目前少数能"7×24 小时"同时提供多达 5 种便利预订方式的连锁酒店,包括:网上预订、电话预订、WAP 预订、短信预订、手机客户端预订。

(2)测试任务

七天连锁酒店计划在长沙市汽车西站附近开一家分店,需要做商圈调查与分析,请你为其设计一份商圈调查方案。

(3)要求

格式正确、结构完整、目的明确、内容全面、方法科学,方案的可执行性强。

T9-9　测试题九

(1)背景资料

始创于1998年的湖南绿叶果业集团,是中国优秀的水果批发、零售、连锁企业集团之一,是"中国果业百强企业、中国果业十大连锁品牌",旗下拥有"批发贸易、KA卖场、专卖连锁、电子商务"四大产业,并拥有现代货物流配送中心、百余家世界各地的水果直供基地及数十个大型冷藏库,确保产地优果直采、全程冷链运输、美味直达到家。

18年来,绿叶果业集团始终在可持续发展、企业社会责任、提供就业机会等领域担当表率,连锁门店与经销网络已遍及湖南、江西各地,并已战略性的进入陕西、成都等省份。截止至2016年6月,集团年销售额逾15亿元,多业态门店180余家,员工1600余人,2016年销售目标为30亿元,门店目标为250余家。2014年5月,绿叶水果商城正式上线,开启O2O全渠道战略。

(2)测试任务

绿叶水果计划在长沙市岳麓区雷锋大道青山镇开设一家水果连锁专卖店,需要调查了解商圈情况,进行商圈分析,请你为其设计一份商圈调查方案。

(3)要求

格式正确、结构完整、目的明确、内容全面、方法科学,方案的可执行性强。

T9-10　测试题十

(1)背景资料

孩子王——国内首家最大的母婴童外资企业,是五星控股继"五星电器"后打造的第一大零售连锁品牌,为0—14岁的孩子及准妈妈们提供优质、安全、丰富、新颖的全系列商品,以及健康、有趣和有利于能力培养的增值服务。孩子王致力于经营顾客关系,成为中国消费者选购儿童商品和服务的首选,孩子王总部位于南京,现分别在华中等地区拥有3个分公司、数十个儿童主题购物体验广场,拥有业内高素质员工2000多人,实体门店5000m²—12000m²的经营规模创造了中国婴童商城的奇迹。未来五年,孩子王将遍布中国一二线城市,发展会员超1000万,拥有超过10000人的专业工作团队,开出100家品牌旗舰店及加大线上业务的投入,经营规模超过百亿,成为真正的中国孩子王。

根据常德市城市商业网点规划,常德市划分为三大传统商业中心(人民路商圈、火车站商圈、桥南商圈)与两大规划新兴商业中心(西城商圈、北部新城商圈)。随着人民路步行街升级改造、中国商业地产知名品牌万达进驻西城白马湖,以及在火车站商圈以全新体验式商业模式打造的欢乐主题国际购物中心——和瑞欢乐城的启动,常德将迎来商圈的全面升级。未来,常德的商业格局将形成三足鼎立的局面:以步行街为中心的老城区商圈、以万达为中心的新西城商圈以及以和瑞欢乐城为中心的火车站商圈,而在这其中,常德未来商业的核心非火车站商圈莫属。

(2)测试任务

孩子王计划进入湖南省常德市,需要对常德市商圈进行全面分析,因此在进入前需要做一个周密的商圈调查,请你为其设计一份商圈调查方案。

(3)要求

格式正确、结构完整、目的明确、内容全面、方法科学,方案的可执行性强。

T9-11 测试题十一

(1)背景资料

巴拉巴拉是中国著名休闲品牌森马所有者中国森马集团 2002 年在香港创建的童装品牌,以童装休闲为切入点,以"高起点,高档次,低价位"为经营发展战略,以"务实,开拓,创新"为经营理念,以"休闲,时尚,运动,健康"的都市化风格,获得了市场和消费者的高度认可。"BALABALA"(巴拉巴拉)全面覆盖儿童的服装、童鞋、配饰品类,倡导"童年不同样"的品牌主张,通过趣味、欢乐、多彩的产品及充满惊喜的品牌体验,激发、释放孩子们的探索、好奇的天性,目前已有 300 多家特许连锁专卖店。

(2)测试任务

巴拉巴拉计划在湖南省益阳市桃江县城开设连锁分店,需要做商圈调查与分析,请你为其设计一份商圈调查方案。

(3)要求

格式正确、结构完整、目的明确、内容全面、方法科学,方案的可执行性强。

T9-12 测试题十二

(1)背景资料

100%女人内衣有限公司前身是 1991 年以生产加工内衣为主的大型外贸生产厂家,内衣生产已经有 20 多年历史;100%女人采用整店输出模式,凭借"统一形象,统一价格,统一管理,统一宣传"的完善管理服务体系及超高的性价比,在三线内衣品牌经营中的单店效益已超越都市丽人等老品牌。100%产品种类丰富,包括文胸,男女内裤,睡衣,家居服,调整型美体内衣,打底裤,保暖衣,泳衣,吊带,背心,孕妇装,袜子等系列超过 3000 种款式。产品风格时尚、实用、舒适,适合年龄 16 到 58 岁,产品价格高中低皆有。

(2)测试任务:100%女人内衣计划在长沙市河西金星路步步高商业广场附近开一家分店,需要做商圈调查与分析,请你为其设计一份商圈调查方案。

(3)要求

格式正确、结构完整、目的明确、内容全面、方法科学,方案的可执行性强。

T9-13 测试题十三

(1)背景资料

湖南省怡清源茶业有限公司集茶叶科研、茶园基地建设、茶叶生产、加工、销售、茶文化传播于一体,是中国茶叶行业百强企业、中国茶叶知名企业。怡清源商标被评为湖南省著名商标,怡清源"野针王"被评为湖南省高新技术产品,"怡清源茶艺"被誉为"茶道潇湘第一家"。怡清源知名度、美誉度高,在整个湖南茶产业行业中占据着重要的位置。公司已建立了批发、代理、经销、联营、出口、连锁专卖等立体营销网络。经营的产品主要有:益阳安化黑茶、绿茶、湖南特产茶、礼品茶、高档绿茶、办公用茶等。公司以"连锁专卖、电子商务、特约经销"为营销模式,建立了300多家专卖店(英国2家),6000多个终端网点。

(2)测试任务

怡清源计划在长沙市河西银盆岭奥克斯商业广场或附近开一家分店,需要做商圈调查与分析,请你为其设计一份商圈调查方案。

(3)要求

格式正确、结构完整、目的明确、内容全面、方法科学,方案的可执行性强。

T9-14 测试题十四

(1)背景资料

真功夫餐饮管理有限公司是中国快餐行业前五强中唯一的本土品牌,坚持"营养还是蒸的好"的品牌定位,主营以蒸品为特色的中式快餐。1990年由公司创始人潘宇海先生在东莞长安创办,历经初创期、标准化运作期、品牌运作期、资本运作期,实现了由个体企业向现代化企业集团的飞跃。目前真功夫门店数量达570家,遍布全国40个城市。

真功夫致力于成为"全球中式快餐第一品牌"。其目标是走出国门,将中式快餐店开到世界的主要城市,为全球顾客提供健康美味的中式食品,向全世界传播中国的健康饮食文化。按真功夫发展远期规划,至2030年,真功夫全球门店总数将达到20000家,年度营业收入超过1500亿元,与麦当劳、肯德基在全球范围内并驾齐驱,成为全球中式快餐第一品牌,届时,真功夫也必定会成为在中华民族伟大复兴征程上的一面民族产业旗帜。

(2)测试任务

麦德龙计划在长沙市河西银盆岭奥克斯商业广场开一家分店,需要做商圈调查与分析,请你为其设计一份商圈调查方案。

(3)要求

格式正确、结构完整、目的明确、内容全面、方法科学,方案的可执行性强。

T9-15　测试题十五

(1)背景资料

长沙市长郡滨江中学,是百年长郡教育传统的延续和拓展,学校位于长沙市岳麓区滨江新城,由长沙市政府投资 3 亿兴建,占地 105 亩,建筑面积约 38000 平方米,办学规模 72 个班,可容纳 3600 名学生,是一所直属于长沙市教育局的公办初、高中学校,由百年名校长沙市长郡中学委托管理,于 2016 年 8 月正式开学。

(2)测试任务

李慧了解到长郡滨江是新建的学校,认为学校周边适合开店,但不知道开什么店,决定做商圈调查与分析,请你为其设计一份商圈调查方案。

(3)要求

格式正确、结构完整、目的明确、内容全面、方法科学,方案的可执行性强。

T9-16　测试题十六

(1)背景资料

星巴克(Starbucks)咖啡公司成立于 1971 年,是世界领先的特种咖啡的零售商,烘焙者和星巴克品牌拥有者,旗下零售产品包括 30 多款全球顶级的咖啡豆、手工制作的浓缩咖啡和多款咖啡冷热饮料、新鲜美味的各式糕点食品以及丰富多样的咖啡机、咖啡杯等商品。此外,公司通过与合资伙伴生产和销售瓶装星冰乐咖啡饮料、冰摇双份浓缩咖啡和冰淇淋,通过营销和分销协议在零售店以外的便利场所生产和销售星巴克咖啡和奶油利口酒,不断拓展星巴克音乐光盘等新的产品和品牌。

星巴克看好中国市场的巨大潜力,立志于在中国长期发展,与中国经济共同成长。自 1999 年进入中国以来,星巴克已在包括香港、台湾和澳门在内的大中华区开设了 430 多家门店,其中约 200 家在大陆地区。目前,星巴克正积极拓展大陆二线市场,致力于在不久的将来使中国成为星巴克在美国之外最大的国际市场。星巴克的价格定位是"多数人承担得起的奢侈品",消费者定位是"白领阶层",这些顾客大部分是高级知识分子,爱好精品、美食和艺术,而且是收入较高、忠诚度极高的消费阶层。

(2)测试任务

位于长沙市河西金星路与桐梓坡路交汇处西北方位的王府井商业广场想引进星巴克,但在王府井街对面的步步高商业广场一楼临金星路的位置已有一家星巴克,因此,星巴克有些犹豫,决定做一个详尽的商圈调查与分析,请你为其设计一份商圈调查方案。

(3)要求

格式正确、结构完整、目的明确、内容全面、方法科学,方案的可执行性强。

T9-17　测试题十七

(1)背景资料

苏宁电器是中国家电连锁零售企业的领先者,创立于1990年,总部位于江苏南京,为消费者提供质优价廉的家电商品,涵盖彩电、空调、冰箱、音像、小家电、通讯、电脑、数码等近千个品牌,20多万个规格型号。苏宁电器以消费者需求为核心,为中国亿万家庭提供方便、快捷、周到的家电生活服务,现已成为中国最大的商业企业集团之一,连锁网络覆盖中国大陆300多个城市,拥有近1500家连锁店,并进入中国香港和日本地区。

(2)测试任务

位于长沙市岳麓区银盆南路临近银盆岭处有一家苏宁电器,但不知什么原因,自开业以来生意一直不好,因此想通过商圈调查分析来了解原因,请你为其设计一份商圈调查方案。

(3)要求

格式正确、结构完整、目的明确、内容全面、方法科学,方案的可执行性强。

T9-18　测试题十八

(1)背景资料

都可茶饮是来自中国宝岛台湾亿可国际饮食股份有限公司的"COCO都可茶饮"品牌,CoCo都可茶饮于1997年创立,是一个横跨欧美、及东南亚、南非等地,具有国际视野的品牌,迄今已建立一个拥有全球超过1600家门市的连锁集团,以全面创新且提供消费者最好喝的饮料为目标。历经10多年的发展,目前已进驻各大知名地标,从中国台湾世贸、上海龙之梦购物中心、上海人民广场、香港、新加坡到纽约中央车站区,及东南亚地区的泰国曼谷、印尼雅加达、马来西亚吉隆坡等。由"CoCo都可茶饮"在流行饮品领域真诚、热情、服务精神,永不停歇的创新研发理念与国际视野,奠定了"CoCo都可茶饮"永续发展的经营基础,并与时代潮流一同创新、成长!目前在全球已经有超过1600家门市,是各大百货公司与购物中心曝光度最高的连锁茶饮品牌。

(2)测试任务

CoCo都可茶饮计划在长沙市岳麓区银盆岭奥克斯商业广场内开一家分店,需要做商圈调查与分析,请你为其设计一份商圈调查方案。

(3)要求

格式正确、结构完整、目的明确、内容全面、方法科学,方案的可执行性强。

T9-19　测试题十九

(1)背景资料

湖南省明园蜂业有限公司是一家集科研、开发、生产于一体的专业蜂产品公司,位于长沙市芙蓉区隆平高科技园,占地面积14亩。它拥有厂房面积8000平方米,其中GMP标准化厂房面积6000平方米;拥有1000立方米冷藏冷冻库,标准化实验室和完备的蜂产品开发研制生产设施。公司主要产品有蜂蜜、蜂王浆、蜂胶、蜂花粉、日化品、礼盒、蜂产品制品、休闲食品等八大系列,上百个品种;公司连锁专卖网络遍布全国,现有专卖店近600家,优质的"明园"牌蜂产品畅销大江南北。

(2)测试任务

明园蜂蜜计划在长沙市岳麓区金星路步步高超市内开店,需要做商圈调查与分析,请你为其设计一份商圈调查方案。

(3)要求

格式正确、结构完整、目的明确、内容全面、方法科学,方案的可执行性强。

T9-20　测试题二十

(1)背景资料

步步高超市从1995年开始创业,2003年12月正式成立步步高商业连锁股份有限公司,总部位于毛主席故乡——湖南省湘潭市。公司于2008年6月19日在深圳证券交易所上市,股票代码为002251,被誉为"中国民营超市第一股",2009年获评"十佳中小板细分行业龙头公司"。

步步高公司及控股子公司立足于中小城市,以密集式开店、多业态、跨区域的发展模式向消费者提供零售服务。2006年投资3亿元建成了辐射华南、西南、华东等区域市场的现代化物流中心,实现了供应链和采购系统的全新升级,奠定了湖南省连锁零售龙头企业的地位,连续四年列入全国连锁经营百强企业30强。目前,公司连锁门店已遍及湖南省各地市并战略性进入江西省。目前公司拥有门店129家,提供就业岗位48000个。

(2)测试任务

步步高计划在长沙市麓谷开发区里面建一个标准超级市场,需要做商圈调查与分析,请你为其设计一份商圈调查方案。

(3)要求

格式正确、结构完整、目的明确、内容全面、方法科学,方案的可执行性强。

模块二　团队建设

Z2-1　组织架构与人员配备

(1)任务描述

请根据背景资料,运用人员架构与配置原理和方法,为店面设置各种职务岗位、配置职务人员,明确员工的岗位职责,并写出一份结构简明、思路清晰、操作性较强的文字说明书。具体背景资料及要求详见各套测试题。

各测试题中所要求写作的说明书的要求如下:说明书分三小段,第一段用正确方法、分步骤设置职务岗位,并说明理由;第二段描述一个岗位的岗位职责;第三段用正确方法、分步骤(有计算过程),配置职务人员并说明理由。

(2)实施条件

本项目实施条件如下表所示。

组织架构与人员配备一览表

项目	基本实施条件	备注
场地	测试室面积不少于70平方米。	必备
设备	桌、椅32张,打印机2台,联接互联网的电脑32台。	必备
人员	监考人员2名。	必备

(3)考核时量

60分钟

(4)评分标准

本项目评分标准如下表所示。

组织架构与人员配备评分标准

评价内容		配分	考核点	备注
职业素养	卷容与文字表达	10	文字编排工整清楚、格式符合要求(5分); 文字表达流畅、条理清楚、逻辑性较强(5分)。	执行方案字数不少于500字,每少20字扣1分。
确定岗位	熟悉企业	8	对企业的历史背景的描述清晰(2分); 明确企业工作任务(2分); 对企业所处市场营销环境和战略目标的描述准确(2分); 对企业经营性质和范围的阐述准确(2分)。	
	遵循原则	6	岗位确定符合目标任务原则(3分); 岗位确定符合分工协作原则(3分)。	

确定岗位	确定岗位	21	企业组织机构类型选择恰当(3分); 按职务等级制度定岗(6分); 按卖场面积定岗(6分); 明确每一职务岗位的工作任务(6分)。	配备标准: 1. 按面积每36平方米配1人; 2. 按销售额每人日销售额1330元; 3. 收银员按每班接待购物顾客100人计算。
配置人员	遵循原则	8	符合能级对应原则(2分); 符合优势定位原则(2分); 符合动态调节原则(2分); 符合够用高效的经济理念(2分)。	
	配置人员	27	按营业面积配备人员(10分); 按营业额配备人员(10分); 按客流量大小配备人员(7分)。	
确定岗位 工作职责	明确任务	5	明确任务与岗位的匹配标准(5分)。	
	确定职责	15	确定指定岗位的工作职责(15分)。	
小计		100		

(5)试题内容

本项目下设20套操作试题,抽查时,学生只需按照相关操作规范独立完成其中一套试题所给定任务。

T10-1　测试题一

(1)背景资料

湖南比一比贸易有限责任公司是一家跨区域经营的商业连锁企业,诞生于1999年10月1日,经过近十年的发展,企业由小到大,一步一个脚印,逐步发展壮大。目前,公司已拥有连锁直营门店7家、加盟门店60余家、食品加工厂一家、日化批发部一家、近600个车位的大型停车场一个,已发展成为一个集大型物流配送、批发、食品加工于一体的综合性商贸零售企业,总营业面积逾4万平方米,经营品种达4万余种,安置就业人员2000多人,年销售额近3亿元。公司还积极参与政府倡导的各种公益事业,向希望学校、特殊学校、民间修路等公益事业捐款达百余万元,为社会稳定和地方经济繁荣付出了艰辛的努力,取得了一定的成效。

为了进一步拓展业务,占领广大农村市场,公司决定在浏阳北盛镇新开一家连锁店,新店营业面积750平方米,主要经营百货、食杂水果、烟酒品种,预计日均顾客(购物)流量300人,日销售额29000元,营业时间为上午8:00—晚上20:00。

(2)测试任务

请运用组织架构与人员配备原理和方法,为该店设置各种职务岗位、配置职务人员,明确店长的岗位职责,并写出一份结构简明、思路清晰、操作性较强的文字说明书。

T10-2　测试题二

(1)背景资料

安徽商之都股份有限公司隶属于中国 500 强、国家重点培育的 15 家流通企业之一的安徽省徽商集团。公司是按现代企业制度管理的跨业态大型商业连锁企业,经过 16 年的发展,已形成了以商业综合体为主体,以商业零售和商业地产为两翼的"一体两翼"发展格局,并以"安徽第一商业品牌"享誉业界。目前商之都已经在合肥、宣城、霍邱、六安、巢湖、滁州、淮南、叶集、池州、芜湖、亳州、宁国、蚌埠、宿州、无为等市(县)开设了 16 家百货门店、17 家国生电器专业店、20 家红府超市直营店和 800 余家农村加盟店,经营面积超过 50 万平方米,2010 年实现销售额 90.48 亿元,位居全国商业连锁企业前 20 强。

目前,安徽肥西花岗镇一加盟商,策划新增一家加盟店,新店营业面积 790 平方米,主要经营百货、食杂水果、烟酒品种,预计日均顾客(购物)流量 300 人,日销售额 29260 元,营业时间为上午 8:00-晚上 20:00。

(2)测试任务

请运用组织架构与人员配备原理和方法,为该店设置各种职务岗位、配置职务人员,明确收银员的岗位职责,并写出一份结构简明、思路清晰、操作性较强的文字说明书。

T10-3　测试题三

(1)背景资料

中山市壹加壹商业连锁有限公司是珠三角地区极具知名度和竞争力的商业连锁企业,该企业创办于 1994 年,历经十余年创业,现已发展成为拥有 39 间大型连锁商场,经营网络遍布中山城乡及珠海、江门等地。公司总营业面积达 16 万平方米,经营品种达 4 万种;另配备占地六十亩,建筑面积达 3.8 万平方米的一期、二期的现代化配送营运中心,同时建立全光纤网络覆盖,实行进、销、存一体化的电脑 POS 机系统;年度销售额历年来居中山商业首位,成为中山地区最大型的本土化零售企业。

为了进一步拓展业务,公司决定在中山小榄镇新开一家连锁店,新店营业面积 780 平方米,主要经营百货、食杂水果、烟酒品种,预计日均顾客(购物)流量 280 人,日销售额 29260 元,营业时间为上午 8:00-晚上 20:00。

(2)测试任务

请运用组织架构与人员配备原理和方法,为该店设置各种职务岗位、配置职务人员,明确理货员的岗位职责,并写出一份结构简明、思路清晰、操作性较强的文字说明书。

T10-4　测试题四

(1)背景资料

湖北宜昌北山商业连锁有限责任公司成立于 1996 年 9 月 9 日,是宜昌市起步最早、门店数量最多、规模最大的连锁商业企业。十五年来,公司秉承"立足区域,做精做强"的理念,采取便利店、生鲜食品超市、生活超市多业态并进,在湖北、四川已开设分店 100 余家,其中有 90 余家便利店(包含 21 家 24 小时便利店)。"开心购物在北山""隔邻有北山,生活真方便",星罗棋布的北山社区便利店已深入民心,"北山"已成为顾客心目中最亲切、最放心的企业品牌。

目前,宜昌秭归县城一加盟商,计划新开一家连锁分店,新店营业面积 700 平方米,主要经营百货、食杂水果、烟酒品种,预计日均顾客(购物)流量 250 人,日销售额 28000 元,营业时间为上午 8:00—晚上 20:00。

(2)测试任务

请运用组织架构与人员配备原理和方法,为该店设置各种职务岗位、配置职务人员,明确店长助理的岗位职责,并写出一份结构简明、思路清晰、操作性较强的文字说明书。

T10-5　测试题五

(1)背景资料

永辉超市成立于 2001 年,是中国 500 强企业之一,是福建省、重庆市流通及农业产业化双龙头企业,被国家商务部列为"全国流通重点企业"、"双百市场工程"重点企业,荣获"中国驰名商标",是上海主板上市企业(股票代码:601933)。永辉超市是中国大陆首批将生鲜农产品引进现代超市的流通企业之一,被国家七部委誉为中国"农改超"推广的典范,被百姓誉为"民生超市、百姓永辉"。它在福建、江西、重庆、贵州、四川、北京、天津、河北、安徽、江苏、河南、山西、陕西、山东、黑龙江、吉林、辽宁等 17 个省市已发展近 300 家大、中型超市,经营面积超过 300万平方米,位居 2010 年中国连锁百强企业 30 强、中国快速消费品连锁百强 10 强。

目前,福建三明荆西一加盟商,申请新开一家连锁分店,新店营业面积 612 平方米,主要经营百货、食杂水果、烟酒品种,预计日均顾客(购物)流量 260 人,日销售额 22610 元,营业时间为上午 8:00—晚上 21:00。

(2)测试任务

请运用组织架构与人员配备原理和方法,为该店设置各种职务岗位、配置职务人员,明确服务人员的岗位职责,并写出一份结构简明、思路清晰、操作性较强的文字说明书。

T10-6　测试题六

(1)背景资料

四川德惠商业股份有限公司是一家川内朝气蓬勃的零售超市连锁企业,成立于 2000 年 4月,总部设在成都郫县现代工业港,总资产达亿元,员工 1500 余人,2007 年营业额达 8.5 亿元。德惠在川内二、三级城市——南充、达州、巴中、阿坝、广元等地区有 17 家连锁分店,主要经营业态有综合性大型购物中心、标准超市,经营品类 2 万余种,总经营面积约 6 万平方米,拥有年配送 50 亿的物流中心。100 万的投入换来 2 亿的营业增长,这听起来有点像神话,然而,四川知名大型连锁超市集团——四川德惠(百信)商业股份有限公司,导入教练技术后仅用 2 年的时间就把神话变成了现实。

目前,四川阿坝查理寺一加盟商,计划新开一家连锁分店,新店营业面积 650 平方米,主要经营百货、食杂水果、烟酒品种,预计日均顾客(购物)流量 260 人,日销售额 24000 元,营业时间为上午 8:00—晚上 20:00。

(2)测试任务

请运用组织架构与人员配备原理和方法,为该店设置各种职务岗位、配置职务人员,明确仓务人员的岗位职责,并写出一份结构简明、思路清晰、操作性较强的文字说明书。

T10-7　测试题七

(1)背景资料

东莞亿佰家集团公司成立于 2011 年 5 月,总投资数亿元,现拥有千余名员工。亿佰家所运作的是一个综合互联网、传统连锁超市、物流配送等多种业态的创新项目,连锁超市项目自 2010 年 11 月份开始启动,目前已开设分店十余家,分布于长安、茶山、塘厦、厚街、常平、坂田、公明、观澜、龙溪等珠三角各地。预计 2012 年亿佰家将推出管家网网上配送,其目标是 2015 年前达到百家以上大型连锁超市,管家网拥有百万以上注册用户和建立起遍及全国的同城物流配送体系,并登陆资本市场。

目前,深圳龙华三联一加盟商,计划新开一家连锁分店,新店营业面积 600 平方米,主要经营百货、食杂水果、烟酒品种,预计日均顾客(购物)流量 260 人,日销售额 22610 元,营业时间为上午 8:00—晚上 20:00。

(2)测试任务

请运用组织架构与人员配备原理和方法,为该店设置各种职务岗位、配置职务人员,明确店长的岗位职责,并写出一份结构简明、思路清晰、操作性较强的文字说明书。

T10-8　测试题八

(1)背景资料

安徽百大合家福连锁超市股份有限公司前身系合肥百大合家福连锁超市有限责任公司,为中国企业 500 强——合肥百货大楼集团股份有限公司旗下的大型综合连锁超市企业。公司自 2000 年 6 月成立以来,在省内合肥、蚌埠、黄山等地开设大型综合超市、社区超市及乡镇便民店 100 多家,经营面积超过 15 万平方米,年销售规模超过 20 亿元,为社会各项公益事业捐资捐物价值超过 100 万元,成为安徽省内规模最大、效益最好的大型综合性连锁超市企业。2009 年合家福公司累计实现销售 22 亿元,名列中国快速消费品连锁百强第五十二位。

目前,安徽蚌埠老集镇一加盟商,计划新开一家连锁分店,新店营业面积 900 平方米,主要经营百货、食杂水果、烟酒品种,预计日均顾客(购物)流量 400 人,日销售额 33250 元,营业时间为上午 8:00—晚上 20:00。

(2)测试任务

请运用组织架构与人员配备原理和方法,为该店设置各种职务岗位、配置职务人员,明确收银员的岗位职责,并写出一份结构简明、思路清晰、操作性较强的文字说明书。

T10-9　测试题九

(1)背景资料

浙江台客隆连锁超市公司成立于 1999 年 10 月,总部位于浙江省舟山市,现有直营门店 65 家,加盟放心便利店 450 多家,是舟山地区规模最大、网点最多、服务面最广、最具影响力的知名品牌连锁超市公司。公司是浙江省经营连锁协会常务理事单位、浙江省采购联盟副理事长单位、浙江省商贸流通重点企业、2007 年国家商务部"万村千乡市场工程"优秀企业、2008 年获得浙江连锁经营业贡献奖、中国连锁经营协会百强企业。

日前,浙江诸暨枫桥镇一加盟商,计划新开一家连锁便利店,新店营业面积 640 平方米,主要经营百货、食杂水果、烟酒品种,预计日均顾客(购物)流量 260 人,日销售额 23000 元,营业时间为上午 8:00—晚上 20:00。

(2)测试任务

请运用组织架构与人员配备原理和方法,为该店设置各种职务岗位、配置职务人员,明确理货员的岗位职责,并写出一份结构简明、思路清晰、操作性较强的文字说明书。

T10-10　测试题十

(1)背景资料

1999 年,湖北雅斯连锁商业有限公司正式成立,经过近十年的发展,湖北雅斯已发展成宜昌地区连锁超市的龙头之一,商业零售网络覆盖宜昌、荆门、襄樊区域、天门、十堰市等 20 多个县市,截止 2008 年 5 月,雅斯连锁超市共有 50 家连锁网点,其中大卖场 20 家,社区店 10 家,便民店 4 家。2005 年,为了提升区域商业竞争力,湖北雅斯加入了世界最大的自愿连锁组织国际 SPAR,成为中国第三家加入 SPAR 的连锁企业。

目前,湖北襄樊黄龙镇一加盟商,计划新开一家连锁分店,新店营业面积 610 平方米,主要经营百货、食杂水果、烟酒品种,预计日均顾客(购物)流量 260 人,日销售额 22610 元,营业时间为上午 8:00—晚上 20:00。

(2)测试任务

请运用组织架构与人员配备原理和方法,为该店设置各种职务岗位、配置职务人员,明确店长助理的岗位职责,并写出一份结构简明、思路清晰、操作性较强的文字说明书。

T10-11　测试题十一

(1)背景资料

湖南步步高于1995年开始创业,2003年12月正式成立步步高商业连锁股份有限公司,总部位于毛主席故乡——湖南湘潭市。步步高公司及控股子公司立足于中小城市,以密集式开店、双业态、跨区域的发展模式,以统一的品牌向客户提供商品零售服务,奠定了湖南省连锁零售龙头企业的地位。现公司连锁门店已遍及湖南省各地市,并战略性进入江西省部分地市,以超市、百货两大零售业态为广大消费者提供商品零售服务。步步高超市连锁门店已遍及江西宜春、南昌、长沙、湘潭、株洲、岳阳、益阳、醴陵、郴州、邵阳、永州、衡阳等城市,以低价形象和"一站式服务"满足广大消费者的需求。2005年,董事长王填在美国与IGA国际自愿连锁组织成功签约,迈出了国际资源共享的第一步。

目前,株洲荷塘镇一加盟商,计划新开一家连锁分店,新店营业面积900平方米,主要经营百货、食杂水果、烟酒品种,预计日均顾客(购物)流量400人,日销售额33250元,营业时间为上午8:00—晚上20:00。

(2)测试任务

请运用组织架构与人员配备原理和方法,为该店设置各种职务岗位、配置职务人员,明确服务人员的岗位职责,并写出一份结构简明、思路清晰、操作性较强的文字说明书。

T10-12　测试题十二

(1)背景资料

陕西新合作西果连锁超市有限公司是由北京新合作商贸连锁有限公司控股,经营日用消费品的大型连锁企业。公司注册资金8000万元,在延安、安康、阎良、渭南、澄城、咸阳、宝鸡等地已发展七个控股子公司,两个直属公司,现已发展直营店80多个,加盟店150多个,在西安市临潼区新丰镇建设3万平方米西北大型物流配送中心一座,已有西安市中型物流配送中心一座,县级配送中心10座,初步形成了有较强实力和较大规模的经营格局。公司以开展"万村千乡市场工程"为契机,建设社会主义新农村为己任,加快整合供销社经营网络步伐,目前整合基层供销社网络50多家,发展农家店2000多家,经营网点可辐射全省8个地市,100多个县区,2000多个村。

目前,宝鸡坪头镇一加盟商,计划新开一家连锁分店,新店营业面积820平方米,主要经营百货、食杂水果、烟酒品种,预计日均顾客(购物)流量320人,日销售额29000元,营业时间为上午8:00—晚上20:00。

(2)测试任务

请运用组织架构与人员配备原理和方法,为该店设置各种职务岗位、配置职务人员,明确仓务人员的岗位职责,并写出一份结构简明、思路清晰、操作性较强的文字说明书。

T10-13　测试题十三

(1)背景资料

长沙市彬林百货贸易有限公司("连芯惠"注册商标)2008年经由国家工商总局注册,2009年正式进军全国商超行列,2012年公司发展迅猛,投重金打造全新物流配送,到目前为止在湖南省14个地级市已经完成了6个区域的布局,共拓展加盟门店240多家,其中长沙80多家,县城80多家,乡镇60多家,门店面积从30到5000平方米不等,彬林百货坚持以"便利"为核心的经营方针,实现差异化的经营战略。

目前,湘阴袁家铺一加盟商,计划新开一家连锁分店,新店营业面积900平方米,主要经营百货、食杂水果、烟酒品种,预计日均顾客(购物)流量400人,日销售额33250元。

(2)测试任务

请运用组织架构与人员配备原理和方法,为该店设置各种职务岗位、配置职务人员,明确店长的岗位职责,并写出一份结构简明、思路清晰、操作性较强的文字说明书。

T10-14　测试题十四

(1)背景资料

沈阳新天地连锁超市隶属于长春市新天地超市有限公司,公司成立于2000年,至今已有门店百余家,公司自成立以来,致力于服务广大顾客,始终坚持"敬业、认真、高效、务实"的企业精神,秉承"有限空间、无限便利,尽在新天地"的超市经营理念。公司依据沈阳市场的实际情况制定了发展门店300家的宏伟战略目标,并建立了集仓储、包装、配送、运输一体化的物流配送中心,配置了一流的软硬件配套设备和完善的采购系统,努力打造沈阳市内人性化、现代化、系统化、标准化、规范化的中型连锁超市。公司坚持"国际化"的经营管理理念,并与沈阳市场充分融合,带给沈阳人民一种全新的购物体验。公司从采购到销售、从后台配送到前台服务,都有先进的计算机系统支持,其完整先进的计算机管理系统使新天地超市的整体管理水平领先于沈阳市内其他同行业者。

目前,沈阳铁岭一加盟商,计划新开一家连锁分店,新店营业面积936平方米,主要经营百货、食杂水果、烟酒品种,预计日均顾客(购物)流量400人,日销售额34580元。营业时间为上午8:00—晚上20:00。

(2)测试任务

请运用组织架构与人员配备原理和方法,为该店设置各种职务岗位、配置职务人员,明确收银员的岗位职责,并写出一份结构简明、思路清晰、操作性较强的文字说明书。

T10-15　测试题十五

(1)背景资料

中山大信信和商业股份有限公司是珠三角地区大型零售企业之一,于1994年4月29日成立,总部位于中山市东升镇勤政路。历经十多年的磨炼,在全体员工的共同努力下,公司现已拥有 40 余间门店,分布在珠三角地区的番禺、佛山、南海、中山、顺德等地,下属员工 4000 余人。信和以"诚实、实干、服务、团队"为企业文化宗旨,以"信诚相待、和气生财"为经营理念,按照"对自己负责、对公司负责、对顾客负责"的核心价值观一直在稳步发展与壮大。大信信和超市的成功来源于具有战略眼光的领导层、强有力的系统支持、先进的管理理念、多种业态结构和精诚合作的团队。大信信和超市一贯认为零售商同时也应该是高科技技术的应用商。公司在 IT 技术上的投资一直在同行中处于前列。不管是在开始引进 POS 系统还是后来的会员卡管理系统,大信信和超市在同行业中一直是勇于吃螃蟹的人。

目前,中山坦背一加盟商,计划新开一家连锁分店,新店营业面积 864 平方米,主要经营百货、食杂水果、烟酒品种,预计日均顾客(购物)流量 330 人,日销售额 34000 元。营业时间为上午 8:00—晚上 20:00。

(2)测试任务

请运用组织架构与人员配备原理和方法,为该店设置各种职务岗位、配置职务人员,明确理货员的岗位职责,并写出一份结构简明、思路清晰、操作性较强的文字说明书。

T10-16　测试题十六

(1)背景资料

武汉海德嘉邦商贸有限公司成立于 1999 年,现有超市、便利店近百家,拥有近 5000 平方米的商品物流配送中心,员工总数达到 500 余人,且拥有一支年轻化,高素质,勇于创新的专业管理队伍,预计到 2012 年底,门店数量将超过 200 家,网点遍布武汉城市圈。利用直营、加盟店连锁同步促销活动,报纸、户外等大众传媒广告、整合营销等系列手段,公司的业绩处于武汉超市/便利店连锁零售行业领先地位。

目前,武昌五里界一加盟商,计划新开一家连锁分店,新店营业面积 900 平方米,主要经营百货、食杂水果、烟酒品种,预计日均顾客(购物)流量 400 人,日销售额 33250 元,营业时间为上午 8:00—晚上 20:00。

(2)测试任务

请运用组织架构与人员配备原理和方法,为该店设置各种职务岗位、配置职务人员,明确店长助理的岗位职责,并写出一份结构简明、思路清晰、操作性较强的文字说明书。

T10-17　测试题十七

(1)背景资料

陕西宝鸡老实人商业发展有限公司是宝鸡地区近年兴起的民营商业连锁企业的代表,自 2000 年创建,现已拥有岐山隆泰老实人购物广场、眉县秦丰老实人购物广场、陈仓区楼外楼老实人购物广场、扶风老实人购物广场、凤翔老实人购物广场、清姜老实人购物广场、老实人社区销售连锁机构、爱车专业汽车服务连锁工场、益来客(www.yelike.com)网上购物广场等项目,在职员工 800 余人,从业人员 1200 余人,营业面积 29000 平方米。老实人企业一贯奉行"做老实人、做老实事"、"荐良品在于心气正、取微利只因义在先"的经营方针,自创建以来,下属各店均得到当地市场的认可,受到顾客的广泛好评,并连年被省市区消费着协会授予"质量商品先进单位"、"信得过单位"、"售后服务最佳单位"、"省级诚信店"等荣誉称号。2006、2007年先后被国家商务部指定为"万村千乡市场工程"实施企业。

目前,宝鸡岐山一加盟商,计划新开一家连锁便利店,新店营业面积880平方米,主要经营百货、食杂水果、烟酒品种,预计日均顾客(购物)流量400人,日销售额31500元,营业时间为上午8:00—晚上20:00。

(2)测试任务

请运用组织架构与人员配备原理和方法,为该店设置各种职务岗位、配置职务人员,明确服务人员的岗位职责,并写出一份结构简明、思路清晰、操作性较强的文字说明书。

T10-18 测试题十八

(1)背景资料

百姓之家便民连锁超市创建于2003年3月。公司自创建之日起,本着"质量百信、服务百姓"的宗旨,"诚信经营、信誉至上"的经营理念,经过几年的不懈努力,现已拥有县级超市13家,具体分布在贡嘎、扎囊、曲松、加查、洛扎、浪卡子、乃东、琼洁、措那、隆孜、米林、白朗、江孜等县。2006年年底,百姓之家超市在拉萨市北京东路隆重开业,这标志着百姓之家向西藏最高首府——拉萨挺进。经过"3.14事件"血与火的考验,百姓之家着手创建西藏最大的购物商场即将开业,向多元化经营发展。

目前,达孜县一加盟商,计划新增一家连锁分店,新店营业面积760平方米,主要经营百货、食杂水果、烟酒品种,预计日均顾客(购物)流量240人,日销售额27000元,营业时间为上午8:00—晚上20:00。

(2)测试任务:

请运用组织架构与人员配备原理和方法,为该店设置各种职务岗位、配置职务人员,明确仓务人员的岗位职责,并写出一份结构简明、思路清晰、操作性较强的文字说明书。

T10-19 测试题十九

(1)背景资料

内蒙古利客连锁店成立于2002年,是一家集零售、管理、配送等功能为一体的大型连锁经营公司,在经营过程中本着诚信、尊重、服务、创新的核心价值观,以高质量商品一流服务为顾客创造轻松消费、简单生活,打造"内蒙古一流便利店",成功塑造出"利客"放心品牌。公司拥有完善、健全的职能机构,优秀的管理团队,在经营过程中,利客以优质的服务方便顾客、以向上的企业文化引导员工、以诚实守信的原则联系厂商,并根据分店不同的消费结构,不断调整分店的商品类别,以高品质的商品和良好的购物环境来吸引广大消费者,力求创建消费者最满意的便利店。利客正以特有的连锁经营模式迅速发展壮大,并在消费者心中赢得了一定的美誉度和忠诚度。

目前,呼和浩特一加盟商,计划新开一家连锁便利店,新店营业面积620平方米,主要经营百货、食杂水果、烟酒品种,预计日均顾客(购物)流量 260 人,日销售额 22500 元,营业时间为上午 8:00—晚上 20:00。

(2)测试任务

请运用组织架构与人员配备原理和方法,为该店设置各种职务岗位、配置职务人员,明确店长的岗位职责,并写出一份结构简明、思路清晰、操作性较强的文字说明书。

T10-20　测试题二十

(1)背景资料

新疆民心连锁超市地处美丽富饶的乌鲁木齐市,于 2002 年 7 月 29 日成立,是以零售为主要业务的连锁超市公司,经过九年的发展,现已拥有六家大中型超市和 30 家社区便利店。公司现有员工 1500 余人,年销售额 3 亿元,经营品种 4 万余种,现已初步形成了全疆范围内的零售经营网络。公司总部下设财务部、信息中心、营运部、采购中心、企划部、配送中心、事业发展部、人力资源部、工程部、行政部、防损部十个部门,各部门紧密合作,共同推动着公司的发展。民心连锁超市以独特的用人机制、吸引和培养了大批人才,民心人以勇于挑战,善于创新的精神使民心连锁超市成为新疆最有竞争力的多元化零售企业。

日前,克拉玛依一加盟商,计划新开一家连锁分店,新店营业面积 650 平方米,主要经营百货、食杂水果、烟酒品种,预计日均顾客(购物)流量 260 人,日销售额 23000 元,营业时间为上午 8:00—晚上 20:00。

(2)测试任务

请运用组织架构与人员配备原理和方法,为该店设置各种职务岗位、配置职务人员,明确收银员的岗位职责,并写出一份结构简明、思路清晰、操作性较强的文字说明书。

模块三　卖场布局

Z3-1　卖场布局

(1)任务描述

某连锁企业将对所属门店进行布局设计,请按照给定的卖场面积及商品种类以及其他背景资料,根据卖场设计与货位布局的原则进行卖场布局设计。背景资料及测试要求详见每套测试题。

(2)实施条件

本项目实施条件如下表所示。

卖场布局实施条件一览表

项目	基本实施条件	备注
场地	测试室面积不少于 70 平方米	必备
设备	桌、椅 32 张,打印机 2 台,连接互联网的电脑 32 台	必备
人员	监考人员 2 名	必备

(3)考核时量

60 分钟

(4)评分标准

本项目评价标准如下表所示。

卖场布局评价标准

评价内容		配分	考核点	备注
职业素养	卷容与文字表达	10	编排工整清楚、格式符合要求。	
专业技能	货位设计	90	商品配置充分体现磁石理论(30 分)。	至少体现 3 个磁石点。
			所体现的卖场内消费者动线设计合理(15 分)。	卖场动线设计要能提高卖场整体的环游性,减少卖场死角,以方便顾客走动、消除顾客的立体感。消费者在卖场内一般按逆时针方向走动。
			体现顾客需求原则(10 分)。	让顾客了解商品陈列,延长顾客逗留时间。
			体现分组陈列原则或关联陈列原则(10 分)。	按照商品大小组分类来做陈列,同一组别的商品集中陈列在同一区域;在功能或使用方法上,具有相互补充、相互配合、相互依靠的商品群,集中陈列在同一销售区域。
			根据给定资料进行商品货位的设计,能够根据消费者的消费习惯、行走习惯等将商品配置到适合的货位上(20 分)。	靠近入口处配置的商品,应该是高回转率的商品,使顾客一进入门店便开始购买商品;死角地方应配置大众化日常性消费商品;畅销商品应配置与货架两端靠近走道处,以吸引顾客进入货架方便选购商品;冲动性购买商品配置在主动走道上(包括结账区,但单价不宜过高)等。
			商品配置货位及陈列理由说明具有创新性(5 分)。	
小计		100		

(5)试题内容

本项目下设 20 套操作试题,抽查时,学生只需按照相关操作规范独立完成其中一套试题所给定任务。

T11-1　测试题一

(1)背景资料

某卖场形状及各商品货位编号如下图10.1所示(卖场面积约2500平方米),卖场经营的商品种类有:酒饮汽水、日配制品、家禽、肉类、冷冻食品、水产、蔬菜水果、粮油调料、散装杂粮、熟食凉菜、自制面点、熟食厨房、面包房、自制豆腐。

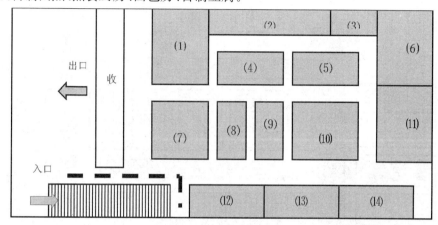

图10.1　某卖场形状图

(2)测试任务

请在背景资料所给的商品种类中,选择6到8个商品种类填入下表,再根据卖场布局的相关理论,为你所选择的每个商品种类在背景资料所给的卖场形状图中选择你认为合理的商品陈列货位,并将商品货位编号填入下表,同时在下表中说明你选择该商品陈列货位的理由。

(3)要求

①所选择商品种类及其合理的商品陈列货位要能充分体现磁石点理论(至少体现3个磁石点)、顾客需求原则、分组陈列原则或关联陈列原则等卖场布局与商品配置相关理论对商品配置的要求。

②所选择商品种类及其合理的商品陈列货位要能反应消费者的消费习惯、行走习惯等对商品配置的要求。

序号	商品种类	商品货位编号	陈列理由
1			
2			
3			
4			
5			
6			
7			
8			

T10-2 测试题二

(1)背景资料

某卖场形状及各商品货位编号如下图 10.2 所示(卖场面积约 8000 平方米),卖场经营的商品种类有:熟食、面包、蔬菜(水果、散装食品)、冷冻食品、奶粉、酒、零食饮料、床上用品、服装鞋类、热销促销商品、护齿(护肤、护发)用品、清洁剂(清洁工具、卫生用品)、箱包、车、文具、玩具、厨具餐具、生活用品、运动类产品、生活家电、书籍及音像制品、电视及手机、肉类、杀虫剂(卫生用品)、清洁工具(盆、桶)、盆(饭盒、杯子)、服饰。

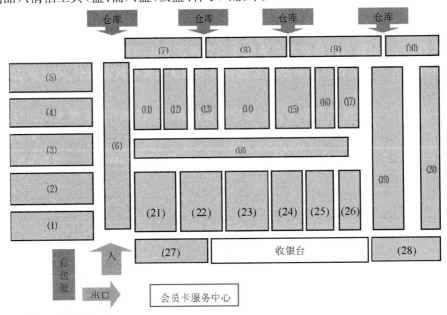

图 10.2 某卖场形状图

(2)测试任务

请在背景资料所给的商品种类中,选择 6 到 8 个商品种类填入下表,再根据卖场布局的相关理论,为你所选择的每个商品种类在背景资料所给的卖场形状图中选择你认为合理的商品陈列货位,并将商品货位编号填入下表,同时在下表中说明你选择该商品陈列货位的理由。

(3)要求

①所选择商品种类及其合理的商品陈列货位要能充分体现磁石点理论(至少体现 3 个磁石点)、顾客需求原则、分组陈列原则或关联陈列原则等卖场布局与商品配置相关理论对商品配置的要求。

②所选择商品种类及其合理的商品陈列货位要能反应消费者的消费习惯、行走习惯等对商品配置的要求。

序号	商品种类	商品货位编号	陈列理由
1			
2			
3			
4			
5			
6			
7			
8			

T10-3　测试题三

(1)背景资料

某卖场形状及各商品货位编号如下图 10.3 所示(卖场面积约 8000 平方米),卖场经营的商品种类有:面包、鸡蛋、熟食类、蔬菜水果、水产品、速食品、冷冻食品、米粮、散装食品、奶制品、肉类。

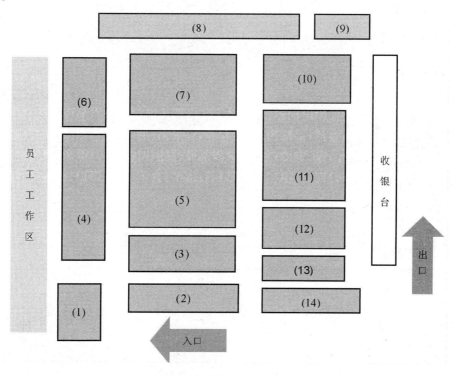

图 10.3　某卖场形状图

(2)测试任务

请在背景资料所给的商品种类中,选择 6 到 8 个商品种类填入下表,再根据卖场布局的相关理论,为你所选择的每个商品种类在背景资料所给的卖场形状图中选择你认为合理的商品陈列货位,并将商品货位编号填入下表,同时在下表中说明你选择该商品陈列货位的理由。

（3）要求

①所选择商品种类及其合理的商品陈列货位要能充分体现磁石点理论（至少体现 3 个磁石点）、顾客需求原则、分组陈列原则或关联陈列原则等卖场布局与商品配置相关理论对商品配置的要求。

②所选择商品种类及其合理的商品陈列货位要能反应消费者的消费习惯、行走习惯等对商品配置的要求。

序号	商品种类	商品货位编号	陈列理由
1			
2			
3			
4			
5			
6			
7			
8			

T10-4　测试题四

（1）背景资料

某卖场形状及各商品货位编号如下图 10.4 所示（卖场面积约 8000 平方米），卖场经营的商品种类有：拖鞋、家庭用品、小件产品、卫生纸、护肤品（牙膏牙刷）、护发品、茶叶（调料、方便面）、营养品、进口产品、面条、奶粉、促销化妆品、卫生用品、清洁工具、厨具餐具杯子、服饰、床上用品、鞋类、季节性大件商品、促销品、健身器材、箱包、文具类、书籍音像产品、服装、玩具、酒、饮料、油、季节性促销、零食。

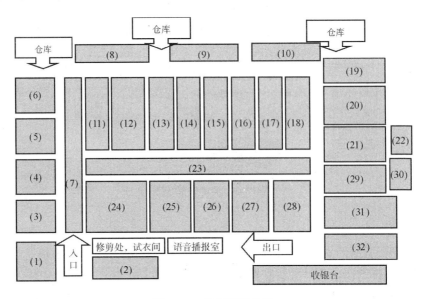

图 10.4　某卖场形状图

(2)测试任务

请在背景资料所给的商品种类中,选择 6 到 8 个商品种类填入下表,再根据卖场布局的相关理论,为你所选择的每个商品种类在背景资料所给的卖场形状图中选择你认为合理的商品陈列货位,并将商品货位编号填入下表,同时在下表中说明你选择该商品陈列货位的理由。

(3)要求

①所选择商品种类及其合理的商品陈列货位要能充分体现磁石点理论(至少体现 3 个磁石点)、顾客需求原则、分组陈列原则或关联陈列原则等卖场布局与商品配置相关理论对商品配置的要求。

②所选择商品种类及其合理的商品陈列货位要能反应消费者的消费习惯、行走习惯等对商品配置的要求。

序号	商品种类	商品货位编号	陈列理由
1			
2			
3			
4			
5			
6			
7			
8			

T10-5　测试题五

(1)背景资料

某卖场形状及各商品货位编号如右图 10.5 所示(卖场面积约 450 平方米),经营的商品种类有:桶盆、一次性用品、胶手套、挂钩等日杂、杯碟饭盒、蚊香清新剂等、洗洁精清洁剂、洗衣粉、文具、零食、快食面、包装面、酱油、扫把拖把、地毯、卷纸、日用堆、锅煲、毛巾、盒装裤、拖鞋、卫生巾尿片、包装纸巾、牙膏牙刷、洗发露沐浴露、包装饼、冲饮类、食用油、散装面、散装饼、酒水、饮料、牛奶、米。

(2)测试任务

请在背景资料所给的商品种类中,选择 6 到 8 个商品种类填入下表,再根据卖场布局的相关理论,为你所选择的每个商品种类在背景资料所给的卖场形状图中选择你认为合理的商品陈列货位,并将商品货位编号填入下表,同时在下表中说明你选择该商品陈列货位的理由。

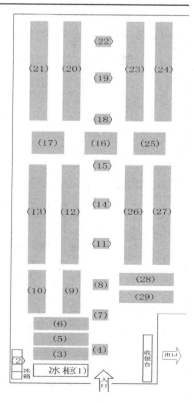

图 10.5　某卖场形状图

（3）要求

①所选择商品种类及其合理的商品陈列货位要能充分体现磁石点理论（至少体现 3 个磁石点）、顾客需求原则、分组陈列原则或关联陈列原则等卖场布局与商品配置相关理论对商品配置的要求。

②所选择商品种类及其合理的商品陈列货位要能反应消费者的消费习惯、行走习惯等对商品配置的要求。

序号	商品种类	商品货位编号	陈列理由
1			
2			
3			
4			
5			
6			
7			
8			

T10-6　测试题六

（1）背景资料

某卖场形状及各商品货位编号如下图 10.6 所示（卖场面积约 5000 平方米），经营商品区域划分为：酒饮区；保健品区；专柜商品；杂货区；清洁用品区；散糖果、散货；促销区；熟食加工区；冷冻冷藏区；鲜肉加工区；蔬果；鲜鱼；干货区域。

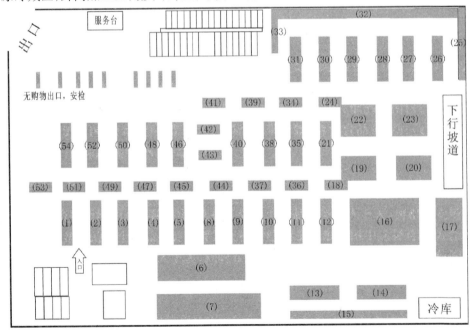

图 10.6　某卖场形状图

（2）测试任务

请在背景资料所给的商品种类中，选择 6 到 8 个商品种类填入下表，再根据卖场布局的相关理论，为你所选择的每个商品种类在背景资料所给的卖场形状图中选择你认为合理的商品陈列货位，并将商品货位编号填入下表，同时在下表中说明你选择该商品陈列货位的理由。

（3）要求

①所选择商品种类及其合理的商品陈列货位要能充分体现磁石点理论（至少体现 3 个磁石点）、顾客需求原则、分组陈列原则或关联陈列原则等卖场布局与商品配置相关理论对商品配置的要求。

②所选择商品种类及其合理的商品陈列货位要能反应消费者的消费习惯、行走习惯等对商品配置的要求。

序号	商品种类	商品货位编号	陈列理由
1			
2			
3			
4			
5			
6			
7			
8			

T10-7　测试题七

（1）背景资料

某卖场形状及各商品货位编号如下图 10.7 所示（卖场面积约 8000 平方米），经营商品区域划分为：食品；散货区；面包房；冰鲜；豆浆；酒饮；个人清洁；家用清洁；一般性服饰；内衣；鞋、箱包；家用百货；休闲百货；文教；小家电；大家电。

（2）测试任务

请在背景资料所给的商品种类中，选择 6 到 8 个商品种类填入下表，再根据卖场布局的相关理论，为你所选择的每个商品种类在背景资料所给的卖场形状图中选择你认为合理的商品陈列货位，并将商品货位编号填入下表，同时在下表中说明你选择该商品陈列货位的理由。

（3）要求

①所选择商品种类及其合理的商品陈列货位要能充分体现磁石点理论（至少体现 3 个磁石点）、顾客需求原则、分组陈列原则或关联陈列原则等卖场布局与商品配置相关理论对商品配置的要求。

②所选择商品种类及其合理的商品陈列货位要能反应消费者的消费习惯、行走习惯等对商品配置的要求。

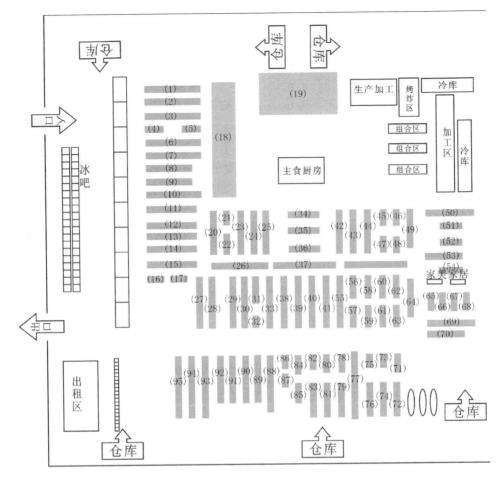

图 10.7　某卖场形状图

序号	商品种类	商品货位编号	陈列理由
1			
2			
3			
4			
5			
6			
7			
8			

T10-8　测试题八

(1)背景资料

某卖场形状及各商品货位编号如下图 10.8 所示(卖场面积约 5000 平方米),经营商品区域划分为:玩具;文具;图书;家用百货;进口食品;个人清洁;家用清洁;水果;冲调干杂;休闲食品;酒水饮料;仓库;客服中心。

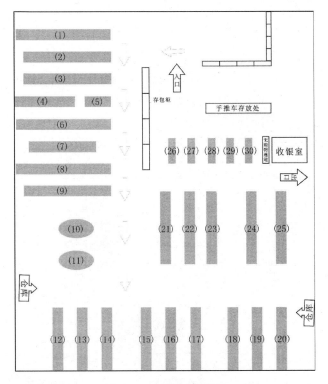

图 10.8　某卖场形状图

(2)测试任务

请在背景资料所给的商品种类中,选择 6 到 8 个商品种类填入下表,再根据卖场布局的相关理论,为你所选择的每个商品种类在背景资料所给的卖场形状图中选择你认为合理的商品陈列货位,并将商品货位编号填入下表,同时在下表中说明你选择该商品陈列货位的理由。

(3)要求

①所选择商品种类及其合理的商品陈列货位要能充分体现磁石点理论(至少体现 3 个磁石点)、顾客需求原则、分组陈列原则或关联陈列原则等卖场布局与商品配置相关理论对商品配置的要求。

②所选择商品种类及其合理的商品陈列货位要能反应消费者的消费习惯、行走习惯等对商品配置的要求。

序号	商品种类	商品货位编号	陈列理由
1			
2			
3			
4			
5			
6			
7			
8			

T10-9　测试题九

(1)背景资料

某卖场形状及各商品货位编号如下图 10.9 所示(卖场面积约 5000 平方米),经营商品区域划分为:图书音像制品;办公文教用品;玩具休闲百货区;小家电;数码;手机;客服中心;季节性服饰区;家用百货区;一般性服饰区;床上用品区;酒水饮料区;休闲食品区;干性杂货区;面包加工;主食厨房;熟食;鲜肉;蔬果加工间;冰鲜活鱼区;蔬果区;散装大米;个人洗护区;家庭清洁区;鞋及配件区。

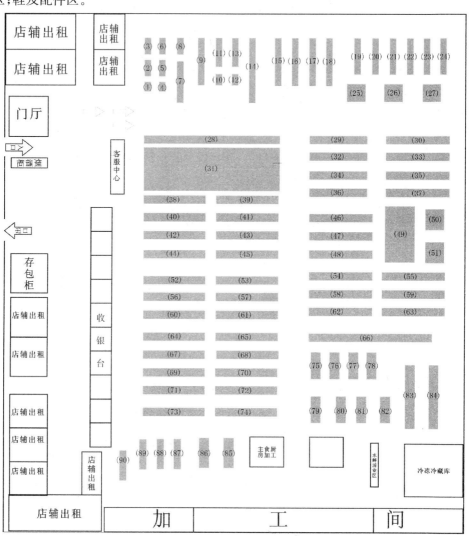

图 10.9　某卖场形状图

(2)测试任务

请在背景资料所给的商品种类中,选择 6 到 8 个商品种类填入下表,再根据卖场布局的相关理论,为你所选择的每个商品种类在背景资料所给的卖场形状图中选择你认为合理的商品陈列货位,并将商品货位编号填入下表,同时在下表中说明你选择该商品陈列货位的理由。

(3)要求

①所选择商品种类及其合理的商品陈列货位要能充分体现磁石点理论(至少体现3个磁石点)、顾客需求原则、分组陈列原则或关联陈列原则等卖场布局与商品配置相关理论对商品配置的要求。

②所选择商品种类及其合理的商品陈列货位要能反应消费者的消费习惯、行走习惯等对商品配置的要求。

序号	商品种类	商品货位编号	陈列理由
1			
2			
3			
4			
5			
6			
7			
8			

T10-10　测试题十

(1)背景资料

某卖场形状及各商品货位编号如下图 10.10 所示(卖场面积约 3000 平方米),经营商品区域划分为:蛋类腌菜;粮油区;面食熟点;糖果区;水果蔬菜;饮料食品;水产;烟酒专柜;图书。

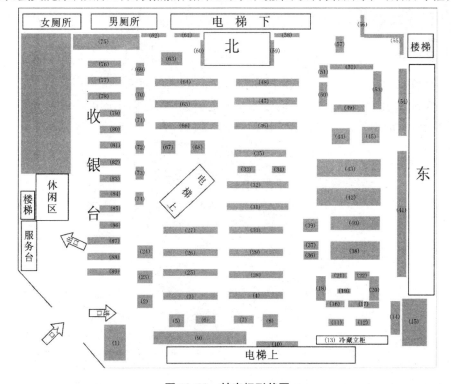

图 10.10　某卖场形状图

(2)测试任务

请在背景资料所给的商品种类中,选择6到8个商品种类填入下表,再根据卖场布局的相关理论,为你所选择的每个商品种类在背景资料所给的卖场形状图中选择你认为合理的商品陈列货位,并将商品货位编号填入下表,同时在下表中说明你选择该商品陈列货位的理由。

(3)要求

①所选择商品种类及其合理的商品陈列货位要能充分体现磁石点理论(至少体现3个磁石点)、顾客需求原则、分组陈列原则或关联陈列原则等卖场布局与商品配置相关理论对商品配置的要求。

②所选择商品种类及其合理的商品陈列货位要能反应消费者的消费习惯、行走习惯等对商品配置的要求。

序号	商品种类	商品货位编号	陈列理由
1			
2			
3			
4			
5			
6			
7			
8			

T10-11 测试题十一

(1)背景资料

某卖场形状及各商品货位编号如下图10.11所示(卖场面积约3000平方米),经营商品区域划分为:饮料;日用品、毛巾、袜子等;日用小型电器;卫生纸等厕所用品;洗发水等日化用品;办公学习用品;生活用品;营养品;散装促销;酸奶、饮料;方便面;饼干;散装膨化食品;面包促销;饮料促销。

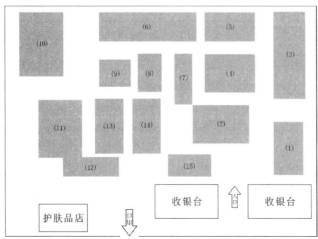

图10.11 某卖场形状图

(2)测试任务

请在背景资料所给的商品种类中,选择 6 到 8 个商品种类填入下表,再根据卖场布局的相关理论,为你所选择的每个商品种类在背景资料所给的卖场形状图中选择你认为合理的商品陈列货位,并将商品货位编号填入下表,同时在下表中说明你选择该商品陈列货位的理由。

(3)要求

①所选择商品种类及其合理的商品陈列货位要能充分体现磁石点理论(至少体现 3 个磁石点)、顾客需求原则、分组陈列原则或关联陈列原则等卖场布局与商品配置相关理论对商品配置的要求。

②所选择商品种类及其合理的商品陈列货位要能反应消费者的消费习惯、行走习惯等对商品配置的要求。

序号	商品种类	商品货位编号	陈列理由
1			
2			
3			
4			
5			
6			
7			
8			

T10-12　测试题十二

(1)背景资料

某卖场形状及各商品货位编号如下图 10.12 所示,经营商品区域划分为:仓库;首饰区;化妆品区;手机饰品区;帽子区;医药店;滞货区;冷冻食品;肉类;蛋类;熟食区;奶酪区;海产品区;杂粮区;水果蔬菜区;饼干区;糖果区;宠物食品区;促销区;特价区;粮油区;咖啡区;速冲食品区;冰吧;生活调料区;啤酒饮料区;营养品区;副食品区;红酒区;白酒区;干货区。

(2)测试任务

请在背景资料所给的商品种类中,选择 6 到 8 个商品种类填入下表,再根据卖场布局的相关理论,为你所选择的每个商品种类在背景资料所给的卖场形状图中选择你认为合理的商品陈列货位,并将商品货位编号填入下表,同时在下表中说明你选择该商品陈列货位的理由。

(3)要求

①所选择商品种类及其合理的商品陈列货位要能充分体现磁石点理论(至少体现 3 个磁石点)、顾客需求原则、分组陈列原则或关联陈列原则等卖场布局与商品配置相关理论对商品配置的要求。

②所选择商品种类及其合理的商品陈列货位要能反应消费者的消费习惯、行走习惯等对

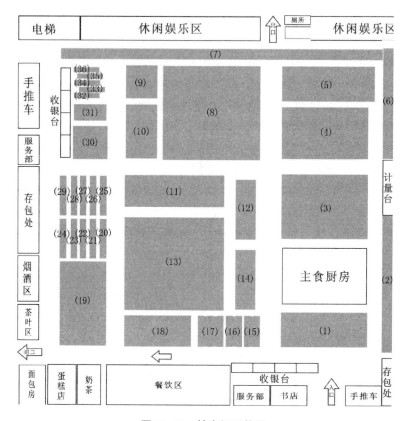

图 10.12 某卖场形状图

商品配置的要求。

序号	商品种类	商品货位编号	陈列理由
1			
2			
3			
4			
5			
6			
7			
8			

T10-13 测试题十三

(1)背景资料

某卖场形状及各商品货位编号如下图 10.13 所示(卖场面积约 6000 平方米),经营商品区域划分为:金银首饰区;皮包腰带区;高档红酒区;饰品区;工艺品类;美术设计类;儿童娱乐区;儿童鞋包;滞货区;女装、男装;高档鞋区;衣服展台;化妆专柜;内衣区;散架区;箱包;女士专包;家居用品区;球类区;车类;体育用品区;运动机械;球拍区;学习用品区;床上用品区;特价区;办公用品;电子产品;家用电器;美容美发用品区;休闲百货;女妆区;日用装饰品;仓库。

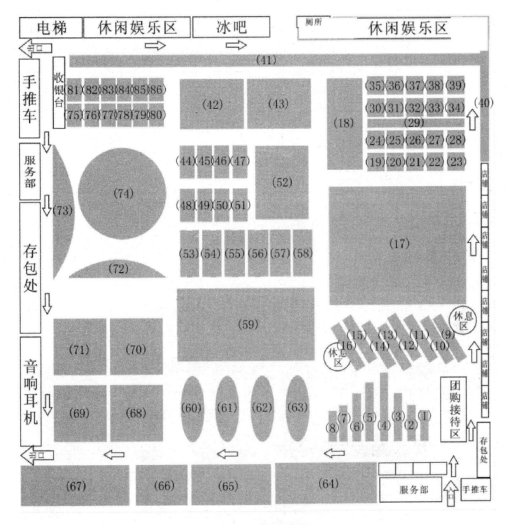

图 10.13　某卖场形状图

（2）测试任务

请在背景资料所给的商品种类中,选择 6 到 8 个商品种类填入下表,再根据卖场布局的相关理论,为你所选择的每个商品种类在背景资料所给的卖场形状图中选择你认为合理的商品陈列货位,并将商品货位编号填入下表,同时在下表中说明你选择该商品陈列货位的理由。

（3）要求

①所选择商品种类及其合理的商品陈列货位要能充分体现磁石点理论（至少体现 3 个磁石点）、顾客需求原则、分组陈列原则或关联陈列原则等卖场布局与商品配置相关理论对商品配置的要求。

②所选择商品种类及其合理的商品陈列货位要能反应消费者的消费习惯、行走习惯等对商品配置的要求。

序号	商品种类	商品货位编号	陈列理由
1			
2			
3			
4			
5			
6			
7			
8			

T10-14　测试题十四

(1)背景资料

某卖场形状及各商品货位编号如下图10.14所示(卖场面积约5000平方米),经营商品区域划分为:冷藏区;生肉加工区;海鲜区;水产品区;特色小吃区;水果区;泡菜区;蛋糕区;五谷杂粮区;熟肉区;米面台;调味品、食用油区;茶叶区、糖果区;副食品区;干果区;酒水区;饮料区;牛奶区;罐头类产品;小食品;蔬菜区。

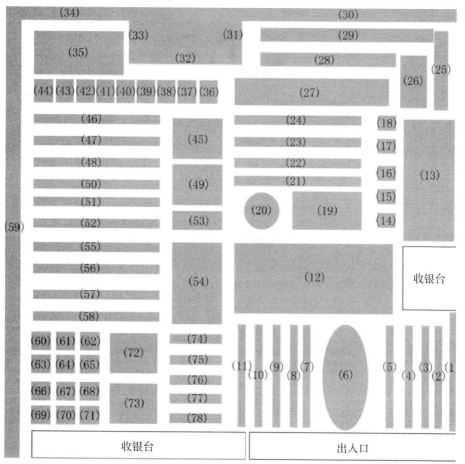

图 10.14　某卖场形状图

（2）测试任务

请在背景资料所给的商品种类中，选择 6 到 8 个商品种类填入下表，再根据卖场布局的相关理论，为你所选择的每个商品种类在背景资料所给的卖场形状图中选择你认为合理的商品陈列货位，并将商品货位编号填入下表，同时在下表中说明你选择该商品陈列货位的理由。

（3）要求

①所选择商品种类及其合理的商品陈列货位要能充分体现磁石点理论（至少体现 3 个磁石点）、顾客需求原则、分组陈列原则或关联陈列原则等卖场布局与商品配置相关理论对商品配置的要求。

②所选择商品种类及其合理的商品陈列货位要能反应消费者的消费习惯、行走习惯等对商品配置的要求。

序号	商品种类	商品货位编号	陈列理由
1			
2			
3			
4			
5			
6			
7			
8			

T10-15　测试题十五

（1）背景资料

某卖场形状及各商品货位编号如下图 10.15 所示（卖场面积约 3000 平方米），经营商品区域划分为：小家电区；鲜奶箱陈列；饮料；酒；化妆品；个人护理；洗涤；日杂；卫生巾；文教；玩具；纸品；手提纸地堆；奶粉；肉干；鱼片；膨化食

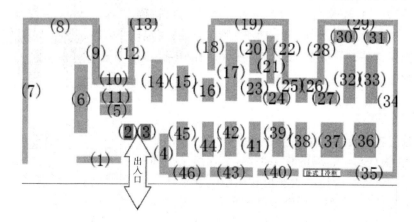

图 10.15　某卖场形状图

品;罐头;方便面;酱菜;袋装调料;瓶装调料;散杂粮;食用油;散装食品;糖果;果冻;蜜饯;干果;饼干;面包;派;冲饮;婴儿用品;蔬菜水果;南北干货;袋粮挂面;剃须刀、钟表、电池;烟酒柜;家电橱窗陈列;特价商品。

(2)测试任务

请在背景资料所给的商品种类中,选择6到8个商品种类填入下表,再根据卖场布局的相关理论,为你所选择的每个商品种类在背景资料所给的卖场形状图中选择你认为合理的商品陈列货位,并将商品货位编号填入下表,同时在下表中说明你选择该商品陈列货位的理由。

(3)要求

①所选择商品种类及其合理的商品陈列货位要能充分体现磁石点理论(至少体现3个磁石点)、顾客需求原则、分组陈列原则或关联陈列原则等卖场布局与商品配置相关理论对商品配置的要求。

②所选择商品种类及其合理的商品陈列货位要能反应消费者的消费习惯、行走习惯等对商品配置的要求。

序号	商品种类	商品货位编号	陈列理由
1			
2			
3			
4			
5			
6			
7			
8			

T10-16　测试题十六

(1)背景资料

某卖场形状及各商品货位编号如右图10.16所示(卖场面积约2000平方米),经营商品区域划分为:仓库;调料;罐头;酒;饮料;冷饮;冷冻;方便面;包装熟食;膨化食品;面包;饼干;干果、蜜饯、糖果;卫生纸、巾;日用百货;洗涤化妆、文教、散货台;烟柜;特价商品。

(2)测试任务

请在背景资料所给的商品种类中,选择6到8个商品种类填入下表,再根据卖场布局的相关理论,为你所选择的每个商品种类在背景资料所给的卖场形状图中选择你认为合理的商品陈列货位,并将商品货位编号填入下表,同时在下表中说明你选择该商品陈列货位的理由。

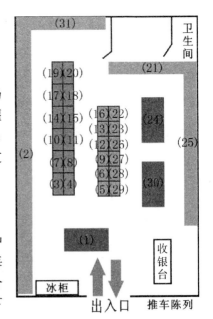

图 10.16　某卖场形状图

(3)要求

①所选择商品种类及其合理的商品陈列货位要能充分
体现磁石点理论(至少体现3个磁石点)、顾客需求原则、分组陈列原则或关联陈列原则等卖场
布局与商品配置相关理论对商品配置的要求。

②所选择商品种类及其合理的商品陈列货位要能反应消费者的消费习惯、行走习惯等对
商品配置的要求。

序号	商品种类	商品货位编号	陈列理由
1			
2			
3			
4			
5			
6			
7			
8			

T10-17   测试题十七

(1)背景资料

某卖场形状及各商品货位编号如下图10.17所示(卖场面积约2000平方米),经营商品区
域划分为:健康食品;奶酪;鱼类产品;蔬果;冷冻乳制品;肉制品;熟食;预制食品区;冷冻食品;
健康美容;宠物护理;纸质产品;清洁用品;甜品糖果;软饮;咖啡、茶;家庭用品;罐装食品;民族
食品;红酒、烈酒;蛋糕、烘焙制品;零食;杂志;沙拉吧;厨房用具;烟草;零食;三明治;自制烘焙
制品。

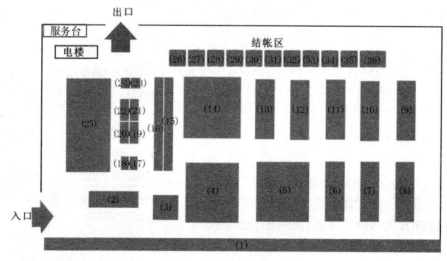

图10.17　某卖场形状图

(2)测试任务

请在背景资料所给的商品种类中,选择 6 到 8 个商品种类填入下表,再根据卖场布局的相关理论,为你所选择的每个商品种类在背景资料所给的卖场形状图中选择你认为合理的商品陈列货位,并将商品货位编号填入下表,同时在下表中说明你选择该商品陈列货位的理由。

(3)要求

①所选择商品种类及其合理的商品陈列货位要能充分体现磁石点理论(至少体现 3 个磁石点)、顾客需求原则、分组陈列原则或关联陈列原则等卖场布局与商品配置相关理论对商品配置的要求。

②所选择商品种类及其合理的商品陈列货位要能反应消费者的消费习惯、行走习惯等对商品配置的要求。

序号	商品种类	商品货位编号	陈列理由
1			
2			
3			
4			
5			
6			
7			
8			

T10-18　测试题十八

(1)背景资料

某卖场形状及各商品货位编号如右图 10.18 所示(卖场面积约 3000 平方米),经营商品区域划分为:住居用品;内衣;化妆品;服装;儿童区;工艺品;钟表眼镜;鞋区;饰品;皮具;运动区;休闲区;家纺用品。

(2)测试任务

请在背景资料所给的商品种类中,选择 6 到 8 个商品种类填入下表,再根据卖场布局的相关理论,为你所选择的每个商品种类在背景资料所给的卖场形状图中选择你认为合理的商品陈列货位,并将商品货位编号填入下表,同时在下表中说明你选择该商品陈列货位的理由。

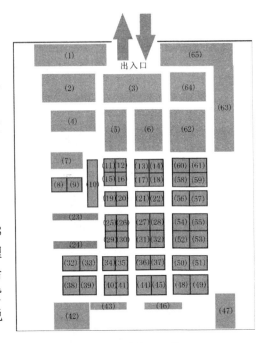

图 10.18　某卖场形状图

(3)要求

①所选择商品种类及其合理的商品陈列货位

要能充分体现磁石点理论(至少体现3个磁石点)、顾客需求原则、分组陈列原则或关联陈列原则等卖场布局与商品配置相关理论对商品配置的要求。

②所选择商品种类及其合理的商品陈列货位要能反应消费者的消费习惯、行走习惯等对商品配置的要求。

序号	商品种类	商品货位编号	陈列理由
1			
2			
3			
4			
5			
6			
7			
8			

T10-19 测试题十九

(1)背景资料

某卖场形状及各商品货位编号如下图10.19所示(卖场面积约5000平方米),经营商品区域划分为:冲调干杂;南北干货;五谷杂粮;土特产;散装果冻;散装糖果;酒水饮料;休闲食品;个人清洁;家用清洁;日用百货;家纺针织;冰鲜活鱼;鲜肉;主题促销区;日配区;果蔬区。

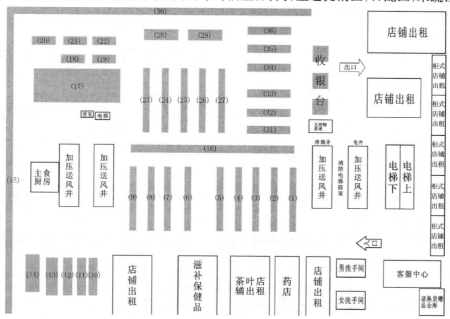

图10.19 某卖场形状图

(2)测试任务

请在背景资料所给的商品种类中,选择6到8个商品种类填入下表,再根据卖场布局的相关理论,为你所选择的每个商品种类在背景资料所给的卖场形状图中选择你认为合理的商品陈列货位,并将商品货位编号填入下表,同时在下表中说明你选择该商品陈列货位的理由。

(3)要求

①所选择商品种类及其合理的商品陈列货位要能充分体现磁石点理论(至少体现3个磁石点)、顾客需求原则、分组陈列原则或关联陈列原则等卖场布局与商品配置相关理论对商品配置的要求。

②所选择商品种类及其合理的商品陈列货位要能反应消费者的消费习惯、行走习惯等对商品配置的要求。

序号	商品种类	商品货位编号	陈列理由
1			
2			
3			
4			
5			
6			
7			
8			

T10-20　测试题二十

(1)背景资料

某卖场形状及各商品货位编号如下图10.20所示(卖场面积约5000平方米),经营商品区域划分为:奶制品区;速冻食品;肉制品;海鲜类;面点区;熟食区;水果区;特价水果;果蔬区;调味品;酱菜区;凉菜区;日用百货区;休闲百货区;饮料区;促销区;烟酒休闲区;清洁用品区;婴幼儿食品区;白酒专区;红酒专区;茶叶区;干货;干果蜜饯;特价食品;家纺区;办公用品区;副食区;音像制品;调味品;粮油区;饰品专区。

(2)测试任务

请在背景资料所给的商品种类中,选择6到8个商品种类填入下表,再根据卖场布局的相关理论,为你所选择的每个商品种类在背景资料所给的卖场形状图中选择你认为合理的商品陈列货位,并将商品货位编号填入下表,同时在下表中说明你选择该商品陈列货位的理由。

(3)要求

①所选择商品种类及其合理的商品陈列货位要能充分体现磁石点理论(至少体现3个磁石点)、顾客需求原则、分组陈列原则或关联陈列原则等卖场布局与商品配置相关理论对商品配置的要求。

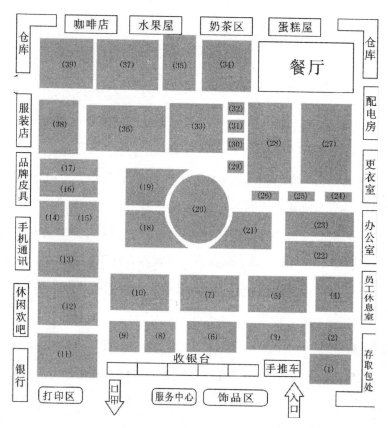

图 10.20　某卖场形状图

②所选择商品种类及其合理的商品陈列货位要能反应消费者的消费习惯、行走习惯等对商品配置的要求。

序号	商品种类	商品货位编号	陈列理由
1			
2			
3			
4			
5			
6			
7			
8			

后 记

本书是研究与编著组在其《高等职业院校学生专业技能抽查标准与题库丛书——连锁经营管理》(2013)一书的基础上经过深入研究后形成的。

2012年,湖南商务职业技术学院根据教育厅通知,联合省内开设有连锁经营管理专业的其余高职院院及省内部分连锁企业共同开发、制定了适用于全省连锁经营管理专业学生技能抽查标准与题库,并出版了《高等职业院校学生专业技能抽查标准与题库丛书——连锁经营管理》一书。5年来,省教育厅将此标准与题库作为考核我省高职连锁经营管理专业教学水平的依据,并应用于高职连锁经营管理技能抽查实践,对规范我省高职连锁经营管理专业建设,引导专业教师教育教学改革等方面起到了重要作用。

为进一步发挥标准的作用,从2016年开始,湖南商务职业技术学院根据省教育厅的要求,再次组建校企、校校联合开发团队,深入连锁经营企业进行人才需求调研;根据适用岗位及岗位能力要求的变化,对原有标准及题库的结构进行了调整,对考核项目与内容进行了大范围的改动与更新;经由省教育厅组织省内外专家进行了审核,并组织高职院校连锁经营专业学生进行了试测;研究与编著组根据专家反馈意见及学生试测中反映出来的问题进行修改后最终定稿交付。

最后,我们要衷心感谢在本书编著过程中支持和帮助我们的省教育厅及各相关高职院校领导,感谢省内外各专家的指点和同行的帮助与鼓励。

研究与编著组

2017 年 9 月 23 日